日本仏教再入門

末木文美士　編著

講談社学術文庫

はじめに　「日本仏教」という問題

仏教への関心の高まり

今日、仏教への関心は次第に強くなっている。社会が停滞化して、先行きが見えにくいこと、少子高齢化で様々な不安が大きいこと、大きな災害が続いて人の生死の問題に直面していることなどによるものであろう。

そうした状況から、外の物質的な世界から、内面的な心の問題へと関心が移り、「心の時代」と呼ばれたりする。また、海外で宗教による争いが続くことも、宗教への関心が高まっている理由であろう。

仏教への関心もそのような動向によるものと思われるが、仏教は私たちにもっとも身近な宗教であり、日本人の伝統的な死生観のもとを作っているだけに、他の宗教以上に注目されることが多い。書店に並ぶ仏教関係の本を見ていると、若い僧侶の方が積極的に発言し、意欲的な本を出されている。また、日本の伝統仏教だけでなく、チベットのダライ・ラマの系統や南伝系の上座部の仏教の立場からも、従来の仏教の常識を打ち破るような新鮮な本が出されている。

仏教研究の諸分野

学問的な研究の面はどうであろうか。今日、仏教研究は多面化し、さまざまなアプローチがとられるようになってきている。仏教は、というか宗教はどれもそうであるが、単に狭い範囲の宗教的な問題に関わるだけでなく、人間の広範な営みすべてと関わっている。それ故、それを研究する学問領域も、仏教学・歴史学・考古学・宗教学・人類学・哲学・倫理学・文学・美術など、多岐にわたる。

仏教学というと、仏教に関するすべてを研究する学問のように思われるかもしれないが、今日の仏教学はもっと限定的である。これは、十九世紀のヨーロッパのインド研究に端を発するもので、当時イギリスの植民地であったインドから持ち去られた多数の古い写本を解明する作業がもとになっている。そこでは、古代インドの言語であるサンスクリット語の習得と写本の厳密な解読が何よりも重視された。そのような学問が日本に導入され、近代的な仏教学が形成された。それ故、仏教学はインド研究と密接に関係していること、古典文献の研究が中心であることが特徴である。なお、宗教学は、広義には仏教学をも含めて、宗教に関する研究をすべて包括するが、狭義には仏教学のような文献主義よりも、文献を使いながらも、宗教とは何かを一般化してみていくような方法を用いる。

仏教学とともに、仏教研究に当たってもうひとつ重要な部門が歴史学である。もっとも古代インドは歴史のない社会と言われるように、普遍的な真理を重んじ、歴史叙述が少ないが、それと対照的に中国は歴史の国であり、仏教史に関しても豊富な史料が残されている。

さらに日本には膨大な寺院史料が残されていて、未解明のところも少なくない。仏教の歴史研究が、とりわけ東アジアに関しては重要となる所以である。その他の分野に関しては、改めて取り上げなくても、だいたい分かるであろう。

「日本仏教」という問題

さて、本書では、「日本仏教」というところに限定して焦点を当てる。後ほどもう少し見るように、仏教はアジアの諸地域に広まったが、現在活発なのは、南伝系の上座部仏教と、チベット系の仏教と、東アジア系の仏教という三つの系統である。日本仏教は東アジア系の仏教の流れを受け、その一部ということができる。日本仏教は、六世紀に朝鮮半島から伝わって以来の長い伝統を持つ。現在に至るまで、断絶することなく継承され、日本文化の大きな軸となっている。それ故、日本仏教を理解することは、一方では仏教という、文化圏を超えて広がった大きな宗教の思想文化を理解することであるとともに、他方では日本文化を理解することでもある。

以前、あるアメリカの仏教研究者であり、同時に仏教者として活動している方に講演していただいた時、その方は「私たちはあくまでも仏教徒であり、たまたま私はアメリカ国籍を持っていて、皆さんは日本の国籍を持っているだけだ。そうでしょう?」と問いかけられた。その方の決然とした態度に感銘を受けたが、もう一方では、どうもそう簡単に割り切れないのではないかという思いも抱いた。

もちろん日本出身でありながら、日本という場に縛られず、仏教者として世界的に活動している方も多い。例えば、インドで仏教のために身をなげうっている僧侶の方もいる。しかし、多くの日本人にとっては、仏教徒というアイデンティティは日本人というアイデンティティを超えるほど強力なものとは言えないのではないだろうか。必ずしもナショナリストではなくても、「日本人の無宗教」と言われたり、「日本教徒」と言われるような、曖昧な「日本的」とでもいうべき共通地盤は、それなりに納得がいくものとして認められるであろう。日本の仏教はそのような日本の伝統の中で形成され、発展してきた。

確かに仏教は文化圏を超えて広がる普遍性を持った宗教である。仏教の真理は普遍的だという立場に立てば、チベット仏教とか上座部仏教とかいう区別も意味はないし、あえて「日本仏教」というタイトルを立てる必然性はないことになる。例えば、イスラームの場合、もちろんそこにスンニ派やシーア派の違いがあり、また地域によって多少の相違があるとしても、基本的にはその信仰や礼拝儀礼、生活上の戒律は変わらない。キリスト教の場合、カトリックと東方教会、プロテスタントなどの大きな区分がある上に、プロテスタントはかなり細かく分かれているが、カトリックであれば、世界中同じ信仰の原理に立っている。

それに対して、仏教は地域差が大きい。確かに世界仏教徒連盟というのがあるが、それによって教理や実践が統一されるわけではない。それ故、Buddhism という単数ではなく、Buddhisms という複数形で考えるべきだとさえ言われる。あえて言えば、紀元前四、五世紀ころに出現した釈迦族出身のゴータマ・シッダッタ（釈迦仏）を開祖とするということだけが、さまざまな仏教の共通するところかもしれない。それさえも、密教の場合のように、怪しいところもある。

その中で、日本の仏教はかなり特徴の強い、独特の形態を発展させてきた。そこにはさまざまな批判されるべきところもあるが、同時に、今日改めて見直されるべき重要な思想も少なくない。私たち自身の踏まえるべき伝統的な思想・宗教として、日本仏教を取り上げて考え直すことは、私たちにとって不可欠なことではないだろうか。本書が「日本仏教」に焦点を当てるのは、このような理由による。

本書のねらい

今日、仏教研究は次第に新しい進展を見せ、従来の常識は大きく書き換えられつつある。しかし、さまざまな方向から研究が進められているために、研究者の間でも必ずしもそれらの研究成果が広く共有されているわけではない。そこで、本書では三人の分野を異にする書き手によって、それぞれ異なる観点から日本仏教に検討を加え、その重層的な性格を明らかにしたい。

第一章は、日本仏教の輪郭を明確化させるための概説で末木文美士が担当する。

第二章から第六章は、頼住光子氏が担当する。頼住氏は倫理学を専門とする。倫理学は、いかに生きるべきかを問う学問である。その観点から、祖師をはじめとする主要な日本仏教の思想家の思想を検討する。聖徳太子・最澄・空海・法然・親鸞・道元・日蓮など、特別仏教に関心を持たない人でも、日本史や倫理の教科書などでおなじみの名前であるが、彼らが具体的にどのような教えを説いたかということになると、必ずしも十分に知られているとは言いがたい。西洋思想の行き詰まりの中で、彼らの思想は今日欧米でも注目されている。私たち現代人の生き方を問い直すためにも、彼らの思想をしっかり検討することは不可欠である。

第七章から第十章までは、大谷栄一氏が担当する。大谷氏は社会学から出発して、日本の近代社会の中で仏教がどのような役割を果たしてきたかという問題を探求している。近代仏教に関しては、ごく最近までほとんどまともな研究対象として見られてこなかった。それが、最近の十数年のうちに急速に関心が高まり、あっという間にきわめて多数の若い研究者により多くの研究成果が挙げられるようになった。それは、日本の近代化を問い直すという観点から、仏教の果たした大きな役割が注目されるようになったからである。大谷氏はそのような新しい研究を主導してきた。その成果をここで披露していただく。これまで知られていなかった日本仏教の新しい魅力が示されるであろう。

第十一章から第十四章までは、末木文美士が担当する。末木はもともと仏教学の立場から思想史的な研究を行ってきたが、近年、それでは捉えきれない日本仏教の複雑な実態を解明したいと考えるようになっている。例えば、日本仏教は肉食妻帯《にくじきさいたい》を認めて戒律無視だと言われるが、本当か。葬式仏教という形態はどのように発展してきたのか。神仏習合とははたしていい加減な宗教観だと言えるのか、などの問題である。これらの日本仏教の特徴とされるような実態を、「日本仏教の深層」というタイトルで、歴史をさかのぼりながら、検討してみたい。

以上の三人の書き手のそれぞれの章の後で、最終章は三人で、もう一度本書を振り返るとともに、今後の日本仏教にどのような可能性があるかを検討することにしたい。

目次

日本仏教再入門

日本仏教再入門

第一章　仏教の展開と日本　序説

1　仏教の諸形態

仏教の三つの流れ

「はじめに」で簡単に触れたように、仏教には大きく言って三つの流れがある。

第一に、スリランカから東南アジア、即ちビルマ（ミャンマー）やタイに伝わった系統で、これを南伝系と呼ぶ。

第二に、東アジア、即ち中国から韓国やベトナム、さらに日本に伝わった系統で、東アジア系と呼ぶ。

第三に、チベットに伝わったもので、その後モンゴルにも広まった。これをチベット系と呼ぶ。

この三つの系統は同じ仏教といっても性格が大きく異なっている。言語の点から見ると、南伝系はパーリ語というインド系の言語を用い、チベット系はチベット語、東アジア系は漢文を中心としている。僧侶の衣も異なっていて、すぐに見分けがつく。

このように系統によって大きく分かれているが、その源流は紀元前四世紀、または五世紀のインドに遡る。仏教の開祖はブッダ（仏陀・仏）と呼ばれるが、この呼称はもともと「悟った人」という意味の一般名詞で、必ずしもひとりに限らない。しかし、その中でも仏教の開祖を特に指して用いることも多い。仏教の開祖とされる人の本名はゴータマ・シッダッタ（ガウタマ・シッダールタ）と言い、そこからしばしばゴータマ・ブッダとも呼ばれる。その出身の種族はシャーキヤ（釈迦）族で、そこからシャーキヤ・ムニ（釈迦牟尼。釈迦族の聖者）、あるいは釈尊とも呼ばれる。また、如来・世尊などとも呼ばれる。その伝記は伝説的な色彩に彩られているが、北インド、現在のネパール地方の王族の出身とされる。世俗の生活に満足できずに出家し、二九歳、あるは三五歳で悟りを開いたと言われ、その後、当時のインド文化の中心であったガンジス川中流地域で伝道を続け、八〇歳で亡くなった。

ブッダ滅後、しばらくはブッダの教団はその弟子たちによって維持された。ブッダの在世時からこの頃までの仏教を原始仏教、あるいは初期仏教と呼ぶ。ブッダ滅後百年頃から教団が分裂するようになり、最終的に二〇から三〇くらいの派に分かれた。これらの分派のことを部派《ぶは》と呼び、この頃の仏教を部派仏教と呼ぶ。その一つで、保守的な傾向の一派が上座部で、その後も長く続き、現在の南伝系の仏教はこの系統を受けている。

部派がさまざまに分かれて煩雑になると、それに対する批判的な動向が出てきて、紀元前後頃から大乗仏教の運動が起こってきた。大乗仏教の立場から、従来の仏教は小乗仏教と呼ばれて批判の対象となった。大乗仏教も長い歴史的な展開の中で、さまざまな立場があるが、東アジアには比較的早い時期のものが伝わった。紀元一世紀には早くも仏教は中国へ伝えられた。中国へは部派のものと大乗仏教と両方が伝えられたが、大乗仏教のほうが主流となった。中国への伝来は、中央アジア経由と南方の海を経由して来るものと二つのルートがあるが、早い時期には中央アジア経由の方が盛んで、従って北西インドの仏教が主として伝わった。次にチベット系の仏教ははるかに遅れ、伝来は七世紀頃まで下る。この頃、インドの仏教は大乗仏教の活動の後期に入っているので、チベット系の仏教は後期の大乗仏教が中心となった。同じ大乗仏教でありながら、東アジア系とチベット系が大きく相違するのはこのような理由による。

初期仏教の思想

ブッダ自身の教えがどのようなものであったかは、必ずしもはっきりしない。しかし、教理的には比較的単純で、この生の苦悩から離脱することを目的として、実践を重視したものであったと考えられる。初期仏教の基本思想を表すのに、諸行無常《しょぎょうむじょう》・諸法無我《しょほうむが》・涅槃寂静《ねはんじゃくじょう》のセットで三法印《さんぼういん》と呼ばれる。それに一切皆苦《いっさいかいく》を加えて四法印《しほういん》とも言われる。南伝系では、苦・無常・無我の三つをもっとも根本とする。

苦というのは、この人生のあり方を苦と見ることで、それからの離脱が仏教の目標とされる。主要な苦として、生・老・病・死の四苦が挙げられ、また、愛別離苦《あいべつりく》（愛する人と別れる苦）・怨憎会苦《おんぞうえく》（いやな人と会う苦）・求不得苦《ぐふとくく》（求めるものが得られない苦）・五蘊盛苦《ごうんじょうく》

（すべてのものが苦に満ちているということ）の四つを加えて八苦とする。このような苦は無常によって生ずるという。無常というのはあらゆるものは時間的に変化するということである。変化することによって、老・病・死の苦が生まれるのである。

無我は、永続する実体的な自我（アートマン）が存在しないことである。無常と無我はセットになるもので、無我、即ち変化しない実体がないのであるから、あらゆるものは変化することになり、無常だということになる。無我ということは、あらゆるものははじめから不変のものとしてあるのではなく、何らかの原因によって生ずるということであり、それは縁起と呼ばれる。無常や無我であることがそのまま苦というわけではない。無常の理を知って、執着から離れるならば、それは苦とは逆に楽（幸福）を生むことになる。その究極的な状態が悟りであり、涅槃である。涅槃寂静とは、涅槃に達して心が静まった状態である。それに対して、無常の理を知らずに、変化するものに執着するときに苦が生ずるのである。

執着を離れるために修行が必要とされる。それは、規律正しい生活を行う戒《かい》、精神集中して心の散乱を防ぐ定《じょう》、正しい智慧を身に付ける慧《え》（智慧）の三つであり、それを三学と呼ぶ。そのような修行に専念するためには、出家して、世俗の欲望を離れなければならない。出家修行者を男性は比丘《びく》、女性は比丘尼《びくに》と呼び、比丘や比丘尼の集団を僧（サンガ）と呼ぶ。東アジアでは、後には個人の修行者を僧と呼ぶこともある。仏と仏の教え（法）と僧を三宝《さんぼう》と呼ぶ。三宝を信じ、拠り所とすること（帰依）によって、仏教信者となることができる。

大乗仏教の形成と思想

ブッダは真理の発見者であり、その教えはブッダが亡くなっても変わることはない。しかし、実際の信仰の立場からすれば、ブッダが亡くなったことは大きな衝撃であった。ブッダが亡くなることは完全な涅槃（無余涅槃）と呼ばれる。生きている限り、最低限の生存活動は続くのであるが、それがなくなることで、完全な涅槃の状態に達すると考えられたのである。本来の教えからすれば、亡くなったブッダを崇拝しても意味はないはずであるが、ブッダの遺骨（舎利）を祀った仏塔（ストゥーパ）に対する信仰は盛んになり、そこからブッダの伝記（仏伝）や、さらにはブッダの前世の善行の話（ジャータカ）などが発展することになった。

悟りを開く前のブッダは、その前世のあり方も含めて菩薩（ボーディサットヴァ）と呼ばれ、布施・持戒・忍辱《にんにく》・精進・禅定《ぜんじょう》・智慧の六の徳目（六波羅蜜）を完全に実現することによって、ブッダとしての悟りを開くことができたと考えられた。

このように、悟りに至るまでのブッダの修行が明らかになると、それを実践していけばブッダになれるのであるから、ブッダは必ずしも釈尊（ゴータマ・ブッダ）だけに限る必要はなくなる。すでに早い時期から釈尊以前に六人のブッダが出現していて、釈尊は第七人目のブッダだという説が広まっていた。過去七仏《かこしちぶつ》と言われる。それに対して、釈尊の次に、やがて将来この世界に出現すると考えられたのが弥勒《みろく》（マイトレーヤ）仏であり、現在兜率天《とそつてん》で菩薩として待機していると言われる。ただし、一つの時代にあらわれるブッダは一人ということが原則となっている。

大乗仏教の起源は、今日では必ずしも一つでなく、いくつかの源泉があったと考えられているが、その一つはこのようなブッダ観の進展をもとにしている。この世界だけでなく、それ以外にも同じような世界が無数にあると考えれば、それらの世界で同時にブッダが出現したとしても矛盾しない。大乗仏教では、このような現在他方仏を考え、それ故、多仏の可能性を認める。『無量寿経』などに説かれる阿弥陀仏（無量寿仏）は典型的な現在他方仏であり、菩薩としての修行が成就して、極楽世界にいると言われる。

このように考えれば、ブッダは必ずしも特殊な存在ではなく、むしろブッダを模範的な理想像として、同じように菩薩としての修行を目指す修行者も現れた。菩薩の修行は、自分だけの利益（自利）を求めるのではなく、他者の利益をも図ろうとする（利他）ところに特徴があり、それまでの仏教では明確でなかった他者に対する倫理性が強く主張されるようになった。このように誰でもが菩薩として仏になる可能性を持つと説くのが『法華経』であり、また、菩薩の修行の途を説くのが『華厳経』である。

大乗仏教はまた、理論的には「空」を説くところに特徴がある。「空」は初期仏教の無我説の発展したもので、物事は固定的な実体がないからこそ、自由なはたらきが可能になると見るのであり、それを正しく知る智慧が六波羅蜜の最後の般若波羅蜜である。そのことを説く一連の大乗経典が般若経典である。「空」の理論はナーガールジュナ（龍樹《りゅうじゅ》、二世紀頃）

によって大成された。その流れを受けた一派を中観派《ちゅうがんは》と呼ぶ。その後の大乗仏教理論としては、人間の心の分析を精緻に進めた唯識説がヴァスバンドゥ（世親《せしん》）によって確立された。唯識派は、中観派と並ぶインド大乗仏教の大きな学派である。その後、大乗仏教の理論はさらに精密化するとともに、他方で密教が大きく発展することになった。

2　東アジアの中の日本仏教

東アジア仏教の形成と展開

日本仏教は、先の三つの系統の中では、東アジア系に属する。東アジア系の仏教は共通して漢訳仏典に基づいている。中国へは後漢の時代、西暦六七年頃仏教が伝えられたとされる。その後、さまざまな系統の仏教が雑多なまま伝えられるようになったが、最初の作業は経典の翻訳であった。中国語（漢文）はインドの言語と全く構造が異なり、かつ中国は文字の国であって一つ一つの漢字に多くの意味が籠められている。このために読みやすく、かつ正確な訳を作ることは大変な作業であった。

初期の試行錯誤の後、鳩摩羅什《くまらじゅう》（三四四～四一三）の訳はその言葉の流麗さによって普及した。鳩摩羅什以前を古訳と言い、鳩摩羅什以後を旧訳《くやく》と呼ぶ。その後、唐代に玄奘《げんじょう》（六〇二～六六四）によって、より正確な訳が大規模になされた。それ以後を新訳と呼ぶ。

このような翻訳作業の次に必要とされたのは、雑多な多数の経典や論書を集大成するとともに、それらを体系づけて整合的に解釈する作業であった。インドにおいては、経典や論書は経・律・論の三部構成をなすものとされ、三蔵と呼ばれたが、大乗になるとそのような体系が崩れていった。そこで、中国では改めてそれらの集大成が図られ、大蔵経《だいぞうきょう》と呼ばれる叢書に纏められた。当初は写本で伝えられたが、宋代以後には印刷されて普及した。

相互に矛盾も含む多数の経典や論書をどのように整合的に解釈するかという解釈学的な課題は、六朝《りくちょう》時代から始まった注釈者たちによって研究が進められた。さまざまな経典や論書をその重要度に従って価値判断をして、合理的に体系づけることを教相判釈《きょうそうはんじゃく》（教判）と呼ぶ。それを集大成した一人が天台智顗《てんだいちぎ》（五三八〜五九七）であり、後に五時八教と呼ばれる組織的な教判体系を確立した。日本仏教にも大きな影響を与えた。他に、隋代にはインドの中観派にもとづく三論教学を確立した吉蔵《きちぞう》（五四九〜六二三）がいる。

唐代になると、玄奘によってインドの新しい唯識学がもたらされると、その弟子の基《き》（六三二〜六八二）によって法相教学《ほっそうきょうがく》が確立され、また、華厳教学が法蔵《ほうぞう》（六四三〜七一二）によって確立された。このような教学の進展の一方で、浄土教は善導《ぜんどう》（六一三〜六八一）によって大流行し、また、禅や密教も大きく発展した。このような隋・唐代の仏教が日本に入ってくるのである。

宋代になると、儒教が復興し、朱子学が科挙の制度に用いられて正統化され、仏教は思想界の主流から外れることになる。しかし、それによって衰退したというわけではなく、むしろ民衆化して、定着するようになる。それがやがて一九世紀の楊文会《ようぶんかい》（一八三七〜一九一一）による仏教復興へとつながっていく。

朝鮮では、三国時代の四世紀に仏教が伝えられ、新羅時代（六六八～九三五）には、元暁《がんぎょう》（六一七～六八六）や義相《ぎしょう》（義湘、六二五～七〇二）によって、朝鮮独自の仏教が確立した。高麗時代（九一八～一三九二）には、高麗大蔵経の開版など、国家保護のもとに仏教が大きく発展した。しかし、続く李氏朝鮮（一三九二～一九一〇）時代には、儒教を国教化して仏教を排撃したために、仏教は衰退した。

日本仏教の形成と展開

日本へは、六世紀に朝鮮半島を経て百済から仏教が伝わった。七世紀初めに聖徳太子が現れ、七世紀後半から八世紀にかけて、唐から大蔵経が伝えられるとともに、それが組織的に写経されて広められ、次第に教学研究が行われるようになった。奈良時代には、南都六宗（倶舎《くしゃ》・成実《じょうじつ》・律・三論・法相・華厳）が競い合い、平安初期には最澄《さいちょう》（七六七～八二二）による天台宗、空海《くうかい》（七七四～八三五）による真言宗が加わり、八宗体制が確立した。

その後、一二～一三世紀には、仏教は社会的に広く浸透し、禅・念仏などの実践仏教が展開した。それによって、一三世紀末には八宗に浄土宗・禅宗を加えた十宗が立てられるようになった。一三世紀には、法然《ほうねん》（一一三三～一二一二）・親鸞《しんらん》（一一七三～一二六二）・道元《どうげん》（一二〇〇～一二五三）・日蓮《にちれん》（一二二二～一二八二）など、優れた仏教思想家が現れた。彼らは今日の仏教諸宗派の宗祖とされる。ただし、当時は今日考えられるような、固定的な教理・成員・本山を有する組織的な教団としての宗派はなく、「宗」と言っても非常に流動的で兼修兼学が可能な学派的な性格が主であった。

中世の終わりころになると、イエズス会士ザビエルによってキリスト教が伝えられ（一五四九）、従来の仏教中心の体制が崩されるようになった。戦国時代には、一向一揆・法華一揆など、仏教勢力が政治的・軍事的にも伸張したが、信長や秀吉によって鎮圧され、キリスト教も激しい弾圧の末に禁教とされて、近世体制が確立した。

近世はしばしば儒教の時代で、仏教は堕落して力を失うかのように思われているが、これは誤りである。近世には寺檀制度の下で、仏教は幕府によって統制されつつも保護を受け、民衆の生活の中に定着した。思想的には、儒教や国学・神道などと論争しながら、少なくとも一八世紀ころまでは大きな影響力を持ち続けた。とりわけ、隠元隆琦《いんげんりゅうき》（一五九二～一六七三）による黄檗宗《おうばくしゅう》の将来は、鎖国下で明末の新しい文化をもたらしたものとして、広範な影響を与えた。

一九世紀になると、欧米勢力の伸張とともに、ナショナリズム的な動向から神道が勢力を伸ばし、仏教を圧倒するようになった。その展開上に明治維新が起こり、神仏分離や廃仏毀釈の影響で、仏教は大きな打撃を受けた。しかし、その中から近代社会に適した新しい仏教を模索する動きが進展した。従来、近代社会の中で、仏教はあまり影響を与えることなく、いわば時代遅れの迷信的宗教として消えていくかのように考えられてきた。

しかし、近年の研究ではそれは誤りであり、近代社会の中で、仏教はきわめて創造的な活動をしてきたことが分かってきた。教団改革の動きとともに、清沢満之《きよざわまんし》（一八六三〜一九〇三）・鈴木大拙《すずきだいせつ》（一八七〇〜一九六六）・田中智学《たなかちがく》（一八六一〜一九三九）などの思想家が新しい運動を起こして大きな影響を与えた。

また、南条文雄《なんじょうぶんゆう》（一八四九〜一九二七）・高楠順次郎《たかくすじゅんじろう》（一八六六〜一九四五）らの学者がいちはやくヨーロッパに留学して、西洋の新しい仏教学を学び、日本に導入するとともに、世界的に大きな成果を上げた。

このように、近代仏教は日本国内に留まらず、欧米やアジアの動向とも関連しながら、全世界的な規模で展開してきたのである。そのような近代仏教の動きを受けながら、それが大きな曲がり角に来た今日、これから仏教がどのように展開し、私たちの生き方と関係していくことになるのか、それが今日の大きな課題となっている。

参考文献

石井公成『東アジア仏教史』（岩波新書、岩波書店、二〇一九）
三枝充悳『仏教入門』（岩波新書、岩波書店、一九九〇）
末木文美士『日本仏教史』（新潮文庫、新潮社、一九九六）
末木文美士『思想としての仏教入門』（トランスビュー、二〇〇六）
高崎直道『仏教入門』（東京大学出版会、一九八三）
松尾剛次『仏教入門』（岩波ジュニア新書、岩波書店、一九九九）

第二章　仏教伝来と聖徳太子　日本仏教の思想1

はじめに

本章では、仏教を考える視点として、人間の自我や共同体の成り立ちとその外部に存する「超越的なもの」との関係についてまず考察する。その上で、日本人にとっての超越を考える際に最重要な教えである仏教の受容をめぐる諸問題について、儒教受容との対比や、仏教公伝に関わる『日本書紀』の叙述の検討を通じて考察したい。また、「和国の教主」とも呼ばれ、日本に仏教が定着するその方向性を定めた人物とも言える聖徳太子を取り上げ、「十七条憲法」の条文を検討し、そこからうかがえる思想の特徴を考える。

1　仏教を考える視点

「超越的なるもの」と人間

現代を宗教的な視点から捉えてみた場合、世俗化、脱宗教化が問題となってくる。宗教原理主義が世界中で影響力を増す一方で、日本をはじめとする先進諸国では既成宗教の信者数は減少の一途をたどっており、宗教の役割は低下しつつあるようにも見える。科学技術が長足の発展を遂げ社会組織が複雑化した現代にあっては、「荒唐無稽」な神話や宗教的ドグマへの忠誠に基づく社会的紐帯などは、もはや前代の遺物でしかないともみなされている。しかし、これら先進諸国においても、高度消費社会の中で次々に現れるさまざまなシンボルやイメージが、ある種の「超越的なるもの」としての役割を果たしていると思われる。人間が宗教の基盤となる「超越的なるもの」と全く無関係に生きることは、人間の意識や自我の成り立ちからして困難ではないかと考えられるのだ。

人間の精神が、現在あるようにまで発達するためには、長い年月が必要であった。その時間の中で、人間は、自己について、共同体について、さらに、生と死についてのさまざまな観念を生み出し、それらを拠り所として、自らの生を意味付けてきた。そして、それらの観念の中心に位置してきたのが、神、仏、天、霊、道、法（ダルマ）、理、真実在などとも呼ばれる「超越的なるもの」であった。

例えば、未開社会を研究したイタリアの民族学者E・デ・マルティーノ（一九〇八～一九六五）は、現代人が当然のものと考えている人間の意識や人格の統一性、自我の自律性は、最初から強固なものとして存在していたわけではないという興味深い指摘を行っている。未開人は、予期しない何らかの衝撃を与えられると、非常に簡単に意識の水準が低下し、自己意識、すなわち、今、ここにおいて、他ならぬこの私が世界に対峙しているという現存在の意識を喪失し、他者や環境に同調する「即融」（コイノニア）状態に陥ってしまうというのである。そのような状態において、人は暗示にかかりやすくなり、自らに衝撃を与えた他者や他存在の動きや音の受動的模倣を無意識的に反復する。一例をあげれば、木の葉の音に驚いた未開人が木の葉そのものと化し、カサカサという音を自分で繰り返し続けるという事例が観察されている（E・デ・マルティーノ『呪術的世界――歴史主義的民族学のために』）。以上からわかるように、人間の意識の統合、人格の統一とは、決して自明とも所与とも言えないのだ。

ともすれば流動化し、「即融」状態に陥りがちな原初の意識に統一性を与える、いわば虚焦点（imaginary focus）が、「超越的なるもの」である。一枚の皮膚によって区切られたその内側に次々と生起するとりとめのない感覚の連鎖を、有機的に統合された一つの全体として、すなわち、今、ここにいる「この私」として自覚的に成立させ、同時に、その外側を一つの世界として構造化するためには、「今」でなく、「ここ」でなく、「この私」でない「何か」が必要なのだ。その「今」でなく、「ここ」でなく、「この私」ではないからこそ、「今」「ここ」（そしてその延長としての）「この世界」「この私」を確固たるものとして自覚的に成り立たせることのできる「何か」は、「今」「ここ」「この世界」「この私」を超え、かつ、その成立を基礎付けているが故に、「超越的なるもの」と言うことができるだろう。

そして、この「超越的なるもの」は、「この私」を成立させると同時に、「この私」の延長上にある共同体（「私たち」）をも基礎付ける。「超越的なるもの」は、共同体を超えた外部であり、その外部としての確立こそが、同時に、共同体それ自体の、一つの内部としての成立でもある。

文化と自然

さらに考えてみると、「超越的なるもの」を出現させることによって、人間も含めて万物がそこから生まれてきた母胎（原自然＝一次的自然）が分節されて、文化の領域と自然（環境としての自然＝二次的自然）とに分かれる。

文化の領域とは、「この私」を含む「私たち」人間がそこで生まれて死んでいく共同体である。他方、自然とは、人間の生活領域の基盤であり、一見したところ、人間によって加工され馴致《じゅんち》されたかに見える。それは、豊かで恩恵的な自然として人々に生活の糧を与えるが、しかし、時には自然災害として、生活それ自体を脅かし危機に陥れもする。自然の暴威を前にして、共同体（文化）はなすすべもなく、自然は決して完全には馴致し切れない。その意味で、文化と自然（二次的自然）を超越した原自然は、完全には分節され得ない絶対的な力そのものである。「超越的なるもの」は、原自然と二次的自然との、また、自然と文化との分岐点に位置して、両者を司るべきものとされる。

このように、原初において、人間の意識と共同体の成立は「超越的なるもの」の成立でもあった。脱宗教化、世俗化の時代とも呼ばれる現代、確かに既成宗教の文脈における「超越的なるもの」についての関心は低下したということもできるかもしれない。しかし、これまでの伝統的な「超越的なるもの」に代わる新たなそれ――例えば、現代社会に浮遊するさまざまなイメージやシンボル――が登場し、人々の自我や共同体のアイデンティティを目に見えない所で依然として支えている。「超越的なるもの」との関わりは、人間にとって本質的なものだと言うことができる。

さて、世界の諸宗教は、このような関わりを基盤として、教義、儀礼、組織を発達させ制度化させたものである。人間は、古今東西、さまざまな宗教を生み出し、自我と共同体とを支えてきた。東アジアの東端に位置する日本列島には、ユーラシア大陸で生まれ発展したさまざまな宗教が伝わり、土着の信仰と相互に影響し合いつつ独自の展開を遂げた。その中で、とりわけ日本人に大きな影響を与えたのが、仏教である。仏教によって、日本人は、人間や世界についてロゴス的に考え表現することを教えられた。仏教を抜きにして、日本の伝統的な思想や文化を考えることは困難であろう。以下では、日本の伝統的な思想や文化を考える上で不可欠な仏教について理解することを通じて、「超越的なるもの」との私たち自身の関わりについて改めて考えてみたい。

外来思想と日本の思想・文化

さて、日本の思想・文化の形成にあたって、外来思想の果たした役割は大きい。古代の仏教、儒教、道教にはじまって、近代の西洋思想に至るまで、さまざまな外来の思想・文化がもたらされ、日本人はそれらを選択しつつ受け入れた。そして、それらを自らに適合するように再解釈し自己の文化体系に組み込み、またそれによって文化体系それ自体をも変容させてきた。

このようにして受容された諸思想・文化は日本の歴史・風土に深く根を張っていった。日本独自の思想・文化は、まさに外来の思想・文化を主体的に受け入れることによって成立したと言っても過言ではない。日本民族古来の固有信仰とされる神道にしても、土着のカミ信仰が外来の思想・文化の刺激の下で自覚され対象化されたものである。

また、外来の諸宗教どうしも、日本という場においてある時は融合し、またある時は反発し合いながら、自らを変容させつつ、各々が日本の土壌に根を下ろしていった。ここでは特に、仏教と並んで日本の思想・文化の発展に大きな影響を与えた儒教にも着目して、仏教と儒教とを対比させつつ、仏教の日本への定着について考えてみたい。

仏教と儒教

さて、仏教も儒教も日本には朝鮮半島を経由して中国から入って来ている。日本最古の勅撰正史『日本書紀』（七二〇年〔養老四〕成立）によれば、応神天皇一五年（五世紀初頭と比定）に、百済王が阿直岐《あちき》（詳細不詳）という儒教経典に通じた人物（一説には百済王の弟）を派遣し、翌年、阿直岐がすぐれた学者として天皇に推薦した王仁《わに》（生没年不詳）が来日した。同様の記事が『古事記』（七一二年〔和銅五〕献進）にもあり、その時、王仁（和《わ》邇吉文《にきし》）は『論語』一〇巻と『千字文《せんじもん》』一巻とを携えて来たという。他方、仏教の方は、後述のように、『日本書紀』によれば五五二年（欽明天皇一三）に、百済から朝廷に伝えられたとされている（仏教公伝年代に関しては、他にも五三八年説等、諸説がある）。

古代日本に伝えられた儒教と仏教のうち、儒教は漢民族の中で生まれたものであるが、仏教の方はインドを発祥の地としており、日本には、中国で変化を遂げた仏教が入ってきた。日本仏教もそして日本儒教も、その源流は中国であるが、仏教も儒教も外来として受け入れた日本と、自国で生まれた儒教が社会に根付いた状況の中で、異国から来た仏教を受け入れた中国とでは、仏教と儒教との関係を考える上での前提が大きく異なる。まず、この問題について触れておこう。

中国と日本の仏教について比較した場合、まず目につく大きな違いとして廃仏がある。儒学者が仏教を人倫日用の立場から、その出世間性（俗世離脱）を批判したことは、中国も日本も共通しているが、中国では、「三武《さんぶ》一宗《いっそう》の法難」など、たびたび王朝主導による全国規模の廃仏があり、その度ごとに寺院が破却されたり、僧侶が還俗《げんぞく》させられたりして、仏教側は大きな打撃を受けた。

他方、日本では、明治維新期の廃仏毀釈運動を唯一の例外として、全国的規模の「廃仏」が実行されたことはなかった（ただし、江戸時代には水戸藩、岡山藩、会津藩など藩単位の廃仏運動が散発的に起こった）。このことは、日本では、仏教が祖先祭祀や個人の死後の安心を保証すると同時に、鎮護国家を通じて国家の超越的な基礎づけをも果たしており、各層に仏教が広く浸透し、社会的にも有効に機能してきたが故に、仏教を社会から排除する動きがほぼ起こらなかったということを示している。江戸時代の寺請檀家制度に顕著なように、近代以前の日本では、公的な分野に仏教が深く入り込んでいたと言えよう（なお、中国で、主に公的分野に食い込んでいたのは儒教であった。中国では基本的に、統治の道徳的基礎付けと祖先祭祀を儒教が担い[1]、道教が個人の不老長生の願望を満たして、社会的に大きな影響力を発揮していた。仏教は除災招福などの現世利益《げんぜりやく》や来世安穏《らいせあんのん》〔死後に善処に生まれかわる〕、また時には鎮護国家を担ったが、その影響力は〔とりわけ明清代以降は〕、日本ほど大きいとは言えず限定的なものであった）。

さて、日本において仏教が広く受容され社会に根付いたのに対して、儒教の方は、仏教と比べれば日本では中国ほどには強い影響力を持たなかったと言うことができる。中国における儒教の主要な担い手としては、科挙官僚を輩出した士大夫層を挙げることができるが、中国からさまざまな制度を摂取した日本は、この科挙制度は採り入れなかった。つまり、日本においては、儒教を学び実践する社会階層が中国ほど確固たる基盤をもって成立しなかったのである。儒教が浸透した江戸期ですら、儒学者たちのうちで、儒学者の主たる実践である「修己治人《しゅうこちじん》」のうちの「治人」、すなわち「経世済民《けいせいさいみん》」「治国平天下《ちこくへいてんか》」などの現実政治に関わることのできる仕官の機会に恵まれ、儒教的理念に基づいて現実的な手腕を振るえた者は、林羅山《はやしらざん》（一五八三〜一六五七）、新井白石《あらいはくせき》（一六五七〜一七二五）をはじめとする朱子学者や荻生徂徠《おぎゅうそらい》（一六六六〜一七二八）など、ほんの一握りに過ぎず、多くの儒学者は市井の学者に留まっていた。

確かに、日本では古くから、為政の道徳的理念の供給源として漢学の知識が尊ばれ、『論語』『孝経』からはじまり各種の漢籍が積極的に日本に輸入され研究されもしたが、しかし、五山における儒教の場合がそうであったように、それらはあくまでも教養に留まり、現実の政治的実践に結び付くことは決して多くはなかった。そのような中、江戸時代には儒教が幕府や諸藩の文教政策に一定の影響を与え、また民間においては、寺子屋での教育や、神儒仏一致の心学による社会教育を通じて、儒教が一定程度浸透した。とはいえ、多くの民衆にとっては、仏教こそが、寺請檀家制度や庶民教化、各種の習俗的信仰などを通じて、最も身近で強い影響力を持つ教えだったことは疑い得ないだろう。

また、日本においては、儒教本来の礼や葬送・祭天儀礼が行われなかったことも、注意すべきであろう。日本に儒教的な礼が一部の例外を除いて持ち込まれなかったことは、当然のことである。なぜなら儒教的な礼の体系の頂点には、皇帝による祭天の儀礼があるからだ。

中国の皇帝は天命を受けて即位し、代々その子孫が皇帝の位を継承するが、もし皇帝の徳が著しく低い場合、別の人間に天命が下り、皇帝の家系が変更する。易姓革命《えきせいかくめい》である。しかし、日本では、天皇は天を祀りはしない。天皇が祀るのは、皇祖神の天照大神《あまてらすおおみかみ》を中軸とする神々である。中国では天と皇帝との間は距離があり、徳のない皇帝は天から譴責《けんせき》され、それでも不徳を改めないと最後には易姓革命が起こる。日本では、天皇と天皇が祀る神は血縁によって繋がり、天皇位を継承できるのはその男系血縁に繋がる者だけであるとされているから、易姓革命は起こりようがない。いわゆる「万世一系」である。

さらに、秩序の頂点に立つ天皇と皇帝とのあり方が違うとともに、その下にある社会のあり方も大きく異なる。中国儒教は、父系の同族集団で外婚制（同姓不婚）の宗族社会を前提として成り立っているが、日本にはそのような集団はなく、日本の家制度の「家」は、中国とは違って、非血縁の養子をとることを許すなど、必ずしも血筋で結び付いているわけではない。その意味でも、中国の家族制度とそれを支える「孝」の道徳を基盤として発達した中国儒教を、日本がそのままに受け入れることは不可能であり、そのことが古学派や崎門《きもん》学派など日本的な儒教の形成を促す遠因となったとも言えよう。

仏儒関係の三類型

以上、述べたように、仏教と儒教とのあり方は、中国と日本とでは大きく異なっている。まずこのことを念頭においた上で、さらに日本における両者の関係について簡単にまとめてみると、私見では以下の三類型に分けられる。

①対立　②融和（共存）　③包摂

まず、①対立であるが、例えば、江戸時代の儒者による仏教批判が挙げられる。儒教側が、人倫日用を軽視する仏教を有害無益なものとして非難するのである。実際に江戸初期の岡山藩では山鹿素行《やまがそこう》（一六二二〜一六八五）の教えに基づいて、仏教寺院の廃絶、僧侶の還俗を行った。水戸藩や会津藩でも一時期、廃仏政策が行われた。そのような儒教の仏教に対する否定的態度に対抗して、仏教が攻撃的に儒教を批判することは少ない。もちろん、儒教

春日大社での興福寺僧侶らによる神前読誦（春日大社「日供始式並興福寺貫首社参式」）古代以来の協調的な神仏関係を今に伝える。

側からの批判に対して護教的に反駁することは積極的に行うが、仏教側から儒教を全否定することはまずない。これは、仏教が、例えば神仏習合などに顕著に見られるように、方便として異なる教えを収め取る回路を持ち、自分と異質な教えをも取り込む論理を発達させていたことによると思われる。

　次に②融和（共存）であるが、これは、仏教と儒教とをそれぞれ独立したものとして認めた上で、両者ともに存在を肯定するものである。その場合、ある究極的な真理の顕現として両者を認める場合と、両者がそれぞれ異なる機能を持ち互いに補い合うと考える場合がある。五山の神儒仏の三教一致説をはじめとして、仏教側からの護教的な主張として、この「融和」（共存）が見られることが多い。

　最後に、③包摂であるが、これは一方が上位に立って、他方を取り込む場合である。例えば、後の章で述べる空海の十住心《じゅうじゅうしん》論の体系は仏教が上位に立つ場合であるし、荻生徂徠が、統治を受け持つ儒教の下に民衆教化を行う仏教が存在すると位置づけたのは、儒教が上位に立つ場合になる（もちろん、現実に行われる主張としては、特に②と③においてその境が曖昧な場合が多いが、ここでは作業仮説として類型化を試みた)。

以下では、古代日本における仏教の受容と定着について儒教と対比させつつ具体的に考えてみよう。その場合、必要に応じて、日本の土着のカミ信仰(神道と呼ばれる)との関係についても言及することにする。中国にとっては、仏教は外来思想であり、儒教は漢民族の作り上げたものであったが、日本においては、仏教も儒教も外来思想であり、土着のカミ信仰がその受け皿になることで神仏習合や神儒一致が発達し、さらに仏教との交渉の過程において、土着の信仰が、神道という相対的に独立した教義体系として形成されたからである(2)。

2　仏教の伝来と受容

儒教と仏教の初伝記事

『日本書紀』(七二〇年〔養老四〕成立)によれば、仏教の初伝は、五五二年(欽明天皇一三)一〇月、百済の聖明王《せいめいおう》が欽明天皇の朝廷に仏像と経典を贈ってきたことであったという。この初伝記事について考えるにあたって、先にも触れた儒教の初伝記事と対比してみよう。儒教に関する最も古い記事は、『日本書紀』応神天皇一五年(五世紀初頭と比定)の、百済王が阿直岐という儒教経典に通じた人物を派遣し、阿直岐は、応神天皇の皇太子菟道稚《うじのわき》郎子《いらつこ》の師となったというものであった。そして、この菟道稚郎子は、仁孝の誉れの高かった異母兄(後の仁徳天皇)と皇位を譲り合い、最後は兄に譲るために自殺したと書かれてい

『日本書紀』巻第十残巻（国宝、奈良国立博物館蔵、9世紀）『日本書紀』の最古の写本である。巻十応神天皇紀には、仏教伝来に先立つ儒教伝来も記載されている。

る。このエピソードは、謙譲、長幼の序、仁孝などの儒教的理念を語っており、古代日本における統治者観の形成に儒教が影響を与えたことを物語っている。儒教は、日本において、まず、為政者のための統治理念と道徳を示す教えとして受容されたのである。

このように儒教が、支配層から統治のための教えとして、何の摩擦もなく受容されたのに対して、仏教の方は、それが本格的に受容されるまでに紆余曲折があった。そのことをよく示すのが、以下のような欽明紀の仏教初伝記事である。

五五二年（欽明天皇一三）一〇月、百済の聖明王が、欽明天皇の宮廷に使者を派遣して、釈尊の金銅の仏像と経論と天蓋《てんがい》を贈り、「仏教は、周公・孔子でさえ理解できなかった深遠な教えである。先進国においてこぞって信仰されており、仏に祈れば何でも願いがかなう」と告げさせた。欽明天皇は仏教を信じるべきかどうかを群臣に諮問した。蘇我稲目は受け入れに積極的だったが、物部尾輿と中臣鎌子は「日本の神々を祀《まつ》ることで自らの尊貴性を確保している天皇が、もし自分から蕃神《あだしくにのかみ》（外国から来た神）を拝むならば、天神地祇の怒りを招くだろう」と反対した。豪族の中で意見が割れてしまって決着がつかなかったため、欽明天皇は、百済の献上した仏像を、試しに稲目に預けて拝ませてみた。すると国中に疫病が流行って多くの国民が死んでしまったので、日本の神の祟《たた》りだとして、物部氏は仏像を「難波の堀江」に流し捨てさせた。そうしたところ、今度は、風も雲もなかったのに皇居の大殿に火災が起きた。

ここで注目されるのは、まず、仏教を儒教の聖人である周公や孔子すら理解できない深遠な教えであると、先行する儒教に対する優越を強調していることと、仏像を「蕃神」、つまり共同体の外部からやってきた「神」として捉えていることである(3)。特に後者では、仏が神と呼ばれていることから、伝来当初、日本古来の神々と仏との明確な区別はなされていなかったことがはっきりと見て取れる。

仏教の受け入れ

そして、その受け入れをめぐって崇仏派の蘇我氏と廃仏派の物部氏・中臣氏が対立する。仏像は、一時は蘇我氏によって礼拝されるが、外国の神を祀ったことによる日本の神の「祟り」が起こり捨てられてしまう。しかし、仏像を流し捨てた後（これは外から付着した穢れを払い、水によって洗い流す禊《みそ》ぎを意味する）、皇居が火事になる。言ってみれば、これは捨てられた仏による祟りということになる。仏とは本来、修行によって真理を体得した覚者、ブッダであって祟るようなものではないが、ここでは日本の神の特質である「祟り」が、仏に投影されていると言えよう。

この「祟り」というのは、本来、「たちあらわれ」であり、神の出現を意味していた。神の出現によって、共同体が祝福され恵みを与えられることもあるのだが、災いがもたらされることもある。神とは、その原初的な有りようにおいては、人間がコントロールすることのできない自然の力の象徴であり、その本来コントロールできない自然の力を何とか人間にとって恵みを与える方向に馴致し秩序を創出しようとする営為が、古代においては「祭祀」であったと言うことができる。このことに関連して、さらに仏教初伝記事の翌年のできごとについて検討してみたい。それは以下のようなものである。

五五三年（欽明天皇一四）五月、茅渟《ちぬ》の海中に不思議な光と音が出現した。そのことが上奏されたので天皇が役人を派遣して調べさせると、その正体は海中の楠であった。その楠を天皇が仏像に刻ませ吉野寺（比蘇〔曽〕寺に比定）に安置させた。今でも時々その仏像は光を放つと言う。

海中の不思議な光と音というのは、人間にコントロールできない不可思議な、正体不明の現象という意味においては、「祟り」と考えることができる。この「祟り」は、前年の何の原因もないのに皇居の大殿に火災が起こったという出来事と、人間のコントロールを越えた災いという点で同質である。そして、現世的な知恵では統御できない不可思議な存在としての楠（土着の信仰においては、楠をはじめ榊《さかき》や樒《しきみ》、松などの常緑樹は神霊の宿る聖樹とされた）を、天皇が海から引き揚げて仏像に刻ませ祀らせたということは、仏の祀り方、すなわちコントロールの仕方が確定されたということである。若干の矛盾葛藤はあったにせよ、最終的には、天皇を頂点とする神々の祭祀の中に仏教が位置付いたということ、つまり王権と仏教とが結び付いたことを示す。少なくとも『日本書紀』の編纂者たちは、仏教の日本への定着を、天皇を軸として構想したと言うことができるだろう。

仏教と儒教とが日本に取り入れられる過程を見てみると、先述のように、儒教は何の葛藤も抵抗もなく取り入れられたのに対して、仏教受容には大きな抵抗があったことが分かる。これは、仏教と儒教との取り入れられ方の浅深に関わるものと考えられよう。

最も強力な「超越的なるもの」の供給源となった仏教

確かに日本は儒教を受容し、徳治主義など、統治の道徳的基礎を学んだのであるが、先述のように、その根幹にある「祭天」の儀礼については取り入れなかった。古来、天皇は神々の祭祀を行い、それが天皇の尊貴性の源になっていたことから、それを取り入れることはできなかったのである。それに対して、仏教の方は、当初は天皇による神々への祭祀の体系に抵触するものと考えられたので摩擦を起こしたものの、いったんそれが王権守護、鎮護国家、祖先祭祀（豪族の氏寺）などのかたちで共同体と結び付けられ、それらのアイデンティティを支える宗教的な基盤として取り入れられてからは、深く日本文化の最深部に根付いていった。

生まれては死んでいく人々からなる眼前の共同体を永続するものとし、人々の拠り所とするためには、眼前の共同体を超えて持続する何らかの精神的基礎、すなわち「超越的なるもの」が必要であった。日常世界では目にすることのできない光輝を発する仏像、日常世界を越えた知の地平を開く仏典、そして、国民の多くがまだ竪穴式住居に住んでいる中で建立された大伽藍とそこで繰り広げられる壮麗な儀式を伴って入ってきた仏教こそが、非日常的な次元を切り拓くとともに、その現世否定性を梃子《てこ》にして現前の現実を相対化し超出することを教えることによって、人々にとって最も強力な「超越的なるもの」の供給源と成り得たのである。

ここで改めて確認しておきたいのは、古代日本を統一した天皇と仏教、儒教との関係である。古代日本は、儒教と仏教とを、大陸からきた先進文明の一環として取り入れた。しかし、儒教はそもそも漢民族中心主義であり、漢民族から見て辺境の野蛮な異民族「東夷」である日本は、儒教に依る限り、結局は中華への文化的、精神的従属に甘んじなければならない立場にあった。しかし、古代日本人たちは、天皇に、中国の皇帝とは別の正当化機能と超越的世界との通路を持つ存在という性格を付与した。このような性格の天皇を軸として立てることで、古代日本は、中国とは別の「天下」を確保しようとしたのである。

そして、中華に従属しない独自の超越的基礎を樹立するにあたっては、仏教のもつ普遍性が大きな助けとなった。当時における全世界を意味するインド、中国、日本という三国を貫く普遍性、さらには「法」（＝普遍的真理）に基づくという普遍性を持った仏教を援用することによって、日本が小なりと言えども一つの天下として独立することが可能となった、と言えるだろう。

以上述べたように、儒教の場合は限定的受容であるが故に何の抵抗もなく、仏教の場合は超越性、普遍性に関わる全面的受容であるが故に少なからぬ抵抗にあった末に、王権に受容され日本に定着していった。そしてこれらの影響の下に成立したのが聖徳太子の「十七条憲法」である。次に、節を改めて聖徳太子の「十七条憲法」について考えてみよう。

3　聖徳太子と「十七条憲法」

十七条憲法の誕生

聖徳太子（五七四〜六二二）は、用明天皇の皇子で、推古天皇（五五四〜六二八）の摂政をつとめた飛鳥時代の代表的政治家、思想家である。近年、聖徳太子[4]をめぐっては、その実在性も含めて議論が盛んであるが、後年聖徳太子と呼ばれた人物が、推古朝に蘇我氏の協力の下、国政を司ったことは確かだとされている。また、推古朝遺文の研究が進み、国語学の側からもまた歴史学の側からも、『日本書紀』所載の「十七条憲法」(『日本書紀』によれば、六〇四年〔推古天皇一二〕成立)について、少なくともその原型は推古朝に遡れる可能性が指摘されている。

当時、律令制を整備し中央集権化を推進する隋が勃興したことで、東アジア情勢は大きく変動し、新たな歴史的段階に入った。日本もそれに連動して新たな国政の仕組みを作らなければならないことは、聖徳太子と蘇我氏の共通の認識であったと思われる。このような認識の下、諸豪族の連合体を超える中央集権的官僚制秩序の創出、ひいては、「中華」に取り込まれない独立した「天下」の構築に向けて大きな脱皮が図られ、その一環として生まれたのが、大和朝廷の官人への訓戒である「十七条憲法」なのだ。そこでは、天皇と民との間を媒介する官人に対して、「以和為貴」「篤敬三宝」「承詔必謹」「懲悪勧善」「背私向公」などさまざまな心構えが説かれた。

「十七条憲法」は、地方官に対する倫理規定である北周の六条詔書をはじめとする中国北朝の官僚に対する倫理規定と類似しており、これらの影響下で作成されたと言われている。しかし、これら中国で成立した官僚の倫理規定は、「和」を冒頭に掲げてはおらず、「和」の強調が「十七条憲法」の大きな特色となっている点は、注意すべきであろう。

「和を以て貴しと為」とは

「和」は、「十七条憲法」の冒頭において次のように説かれる。

一に曰く、和を以て貴しと為《す》。忤《さか》ふること無きを宗《むね》と為。人皆党《たむら》有り、亦達《またさと》る者少なし。是を以《も》ちて、或いは君父に順《したが》はず。乍《ある》いは隣里に違《たが》へり。然《し》かるに上和らぎ下睦《むつ》びて、事を論《あげつ》らふに諧《かな》ふときは、則ち事理自《おの》づからに通《かよ》ふ。何《いずれ》の事か成らざらん。

【現代語訳】第一条。和を尊重し、人に逆らわないことを心がけよ。世の人はとかく党派を結びがちであり、また、物事を弁えた人は少ないから、主君や親に逆らったり、近隣の人と争ったりする。しかし、上に立つ者が下の者に和やかに接し、下の者も上位者に親しんで、穏やかに議論して調和すれば、物事の理はおのずから明らかになり、何事もうまく行くのである。

第一条では、官人に対する訓戒のうちでも最も大切なものとして「和」を説いている。「和を以て貴しと為」が、そのすぐ次の文で「忤ふること無きを宗と為。」と言い換えられたように、「和」とは、「人に逆らい争う」ことなく、他者となごみ調和することを意味している。

この「十七条憲法」（の原型的文書）が書かれたのが推古朝であるとするならば、朝廷においては有力豪族たちが熾烈な権力闘争を繰り広げており、それが「人皆党有り」という言葉にも色濃く反映されている。そして、「達る者少なし」とは、人は皆、自己の立場や属する党派の利害得失に目が眩んでしまって、それを超える公共の立場にたって物事を認識することが難しいということを意味しよう。官人として国政を担うにあたっては、偏狭な党派性を超えることが必須であり、そのために「和」が説かれているのである。

第一条で特に注目したいのが、「事を論らふ」ことの重要性が述べられているということである。つまり、「和」とは、同調圧力によって集団の価値観に盲従したり、上位者の意見に唯々諾々として追従したりというような、悪しき集団主義における「従順」を意味しているのではない。人の持つ党派性、そして、そこに由来する偏狭さは、議論をし、その中で相手の立場を知り議論を重ねることによって超えられていくべきものだ、という考え方が、ここからは見て取れる。

そして、「則ち事理自づからに通ふ」と言われているように、議論を重ねることで、自他対立を調停する、より高次のものとして「理」が自ずから浮かび上がってくる。「理」とは物事の正しい筋道のことであり、それは、議論においてそのつど明らかになるものであって、決して、前もって従うべき「理」として押し付けられるようなものではないのである。

同様の発想は、例えば第十条や第十七条においても見られる。第十条では、「是非の理」（善悪の理）を特権的に定めることができる人などおらず、みな「凡夫《ぼんぷ》」（仏教用語で煩悩を離れられない愚かな人を意味する）に過ぎないのだから自説ばかりに執着するなと戒め、第十七条でも、独断専行せずに皆と議論すれば、「理」が得られると教える。眼前の直接的な利害関係を離れ議論をすることを通じて、より高次の公共性を持った結論が得られるというのである。

以上、簡単に第一条の内容を検討した。その結果、昨今「和」という名のもとに想定されているような、物事の正不正を問わずひたすらに集団に随順し同化するような精神のありようとは全く違うものが、この「十七条憲法」の「和」によって意味されていることが明らかになった。ここで想定されている国家とは、個を圧殺するような巨大な「暴力装置」などではなくて、各人が党派性（＝私性）を超えて公共的次元へと跳躍することで維持される「和」を最終的に保証する全体性そのものであり、その国家の長たる「君」は、このような社会の全体性の象徴として「十七条憲法」では、位置づけられていると言えるのである。

「和」の典拠について

次に、この「和」の性質と背景を、その典拠という面から見定めてみたい。「和」の典拠については、奈良時代に遡る『日本書紀』研究の中で継続的に行われており、仏教からという説と儒教からという説がある。もちろん、『論語』学而篇で「礼の用は和を貴しと為す」と言われ、「礼」（秩序を維持するための規範・作法）の実現のためには「和」（人と人との調和）が伴わなければうまくいかないとされていることから、この部分が「十七条憲法」と結びつけて語られるのは理解できる。確かに「礼」（秩序・隔たり）と、「和」（親愛・融和）の両者を重んじる姿勢は「十七条憲法」に見られるものではあるが、しかし、「十七条憲法」冒頭では「和」が挙げられるに留まり、原典にあった「礼」が省かれていることは注意すべきだろう。

また、当時は「和」が、必ずしも儒教における中心的な徳目としては考えられていなかったことも指摘できる。儒教の中心徳目は、「仁義礼智信」の五常や「孝悌忠信」「礼楽」であることは言うまでもなく、「和」は、それらのように儒教の中軸をなす徳と当時考えられていたとは言えない。つまり、儒教の立場からすれば、「仁義」や「礼楽」を差し置いて「和」を第一に主張するというのは違和感があるのだ。

こう考えると、仏教における「和」が浮上してくる。もちろん、儒教の徳目としての「和」を無視することはできないが、第二条の「篤敬三宝」との関わりで、仏教の徳目の一つである「和」についても考える必要が出てくるのである。仏教では共に成仏（真理の体得）を目指す共同体である僧伽《そうぎゃ》（サンスクリット語で教団を意味するサンガの音写）における「和」が重視され、「六和合」（六和敬《わきょう》）、すなわち、身和（礼拝などにおける和合）・口和（讃詠などにおける和合）・意和（信仰における和合）・戒和（生活規範を共にする和合）・見和（見解における和合）・行和（行動を同じくする和合）を重んじた。僧伽の構成員である僧たちは、合議制による平等主義を貫きつつ、互いに調和し合って修行に励んでいた。もちろん教団内での序列は存在したが、それは出家してからの年月（法臘《ほうろう》）の長短によってのみ決まった。

「十七条憲法」が想定する官人集団も、上下の位階はありつつも同じく「共にこれ凡夫」であり、その意味で平等であった。つまり、僧伽も官人集団も、それぞれが悟りの成就と「国家永久」（第七条）という究極目標をもって、互いに議論を行うことで自己絶対化を免れつつ「和」を保って目標の実現のために邁進した。両者はこの点で共通しているのである。そして、この「和」の、仏教における理論的基礎を考えた時、大乗仏教で説かれる「自他不二」が浮かび上がってくる。

「自他不二」とは、大乗仏教の「空―縁起」思想に基づき主張される考え方であり、自己と他者とが二元対立的に存在するのではなくて、互いが互いを関係の中で成立させ合っており、関係が変わるならば、自己も他者も変容していくという関係主義的な見方である。「和」の基盤とは、まさにこの大乗仏教の基本説である「自他不二」だといえよう。

以上、「和を以て貴しと為」の「和」について考察してきた。これを通じて、「十七条憲法」の「和」の精神の意義が明らかになったと言えよう。「和」の精神とは、決して、既存の集団に対して何ら疑問を持たず、何の異論も唱えず従うような態度を良しとするものではなかった。それは、議論によって現れてくる繋がりであり、また、「空―縁起」という、大乗仏教が重んじる根源的かつ超越的次元によって支えられて、そのつど、今、ここに立ち現れる連帯性、調和なのであった。

注

（1）例えば、加地伸行『儒教とは何か』（中公新書、一九九〇年）は、儒教の源流を生命論に基づく祖先祭祀に見ている。「原儒」は、祖先の名を書いた木主（位牌）にその魂魄を依り付かせるシャーマンであり、「孝」とは、祖先の魂魄を「招魂再生」させる儀礼を継続することによって、先祖から未来の子孫へと永遠に継続する血筋を絶やさないことであった。

（2）神仏習合とは、明治初年の神仏分離まで続いた神仏の融合的信仰で、奈良時代には神宮寺建立、平安時代には神前読誦、神への菩薩号授与、本地垂迹説が盛んで、鎌倉時代以降、天台宗の山王一実神道、真言宗の両部神道が栄えた。他方、儒教では神儒一致に基づき林羅山（理当心地神道）や山崎闇斎（垂加神道）が神道説を唱えた。

（3）折口信夫が日本古代の神観念として「まれびと」を挙げたように、古代日本人にとって神は共同体の外部から来る存在と理解されており、仏も国外からやって来た来訪神と捉えられた。

（4）聖徳太子という呼び名は、後に神格化されてからの尊称であり、近年は歴史学を中心に「厩戸王《うまやとおう》」（史料に根拠を持たない、戦後に作られた仮称）という呼び方も普及しているが、「日本思想史」の観点から、ここでは歴史的に聖徳太子と呼ばれてきた事実を重んじ、この呼称を使うことにする。

参考文献

家永三郎他『聖徳太子集』（日本思想大系2、岩波書店、一九七五）
石井公成『聖徳太子　実像と伝説の間』（春秋社、二〇一六）
石田尚豊『聖徳太子事典』（柏書房、一九九七）
小島憲之他『日本書紀（2）』（新編　日本古典文学全集3、小学館、一九九六）
坂本太郎『聖徳太子』（人物叢書、吉川弘文館、一九七九、新装版、一九八五）
佐藤正英『聖徳太子の仏法』（講談社現代新書、講談社、二〇〇四）
曽根正人『聖徳太子と飛鳥仏教』（吉川弘文館、二〇〇七）
中村元編『聖徳太子』（日本の名著2、中央公論社、一九七〇、中公バックス、一九八三）

中村元『決定版　中村元選集　別巻6　日本の思想II　聖徳太子』（春秋社、一九九八）
E・デ・マルティーノ『呪術的世界――歴史主義的民俗学のために』（上村忠男訳、平凡社、一九八八）
吉村武彦『聖徳太子』（岩波新書、岩波書店、二〇〇二）

第三章　最澄と空海　日本仏教の思想2

はじめに

奈良仏教では、三論・成実・法相・倶舎・華厳・律などのいわゆる南都六宗が、都を中心として栄えた。これらは、中国で興隆した宗派を学び忠実に受け入れたものである。他方、平安仏教と呼ばれる天台宗と真言宗は、それぞれ比叡山と高野山という深山を本拠地としていた。

天台宗の開祖最澄《さいちょう》（七六七〔一説に七六六〕～八二二）も真言宗の開祖空海《くうかい》（七七四～八三五）も、同時期に遣唐使に随行して中国に渡り(1)、それぞれ天台宗と真言密教を学んで帰国し、それらを日本の地に根付かせたが、とりわけ、両者が青年期に山林で厳しい修行を行い、自らの宗派を開創するにあたっては山を根拠地とし、弟子たちにも、山での厳しい修行を課したことは、仏教渡来以前からとも言われる伝統的な山岳信仰と仏教との習合を促し、仏教が日本の地に深く根を張るための足掛かりの一つとなったと言えるだろう。

このように山林修行を重視したとはいえ、両者は、世俗世界を全否定し山林に籠ったわけではなかった。朝廷から保護を受けた彼らはともに、鎮護国家や現世利益のための祈禱を仏教の大きな役割として認めており、仏教によって世俗世界を補強するべきことを主張した。

世俗を否定することなく仏教によって世俗世界を裏打ちすることを目指すのは、奈良仏教をはじめとして、日本に仏教が入って来て以来の顕著な傾向であり、これは、日本仏教の源流である中国仏教にまで遡ることができよう。

また、両者は自らが厳しい修行を行った経験から、理論の学習のみならず実践を重んじた修行体系を確立した。彼らは、それぞれ天台止観や三密修行によって、人間の意識の日常的な限界を突破して、真理を直接的に体験することを目指したのであるが、そのことは、高踏的になって人間の現実を捨てることを意味しはしなかった。むしろ、彼らは、それを通じて得た悟りの智慧を基盤としてこの世に交わり、この世の苦しみを救うことを目指したのである。

本章ではまず、後世に大きな影響を与えた最澄の多様な事跡について説明した上で、空海について、「曼荼羅的思考」に注目して検討する。「曼荼羅的思考」は、現代にも大きな示唆を与えるシンボル的、統合的なものの見方である。また、彼が生きた具体的な場所に即しながら、その思考の特性を考える。さらに、空海の思想の中軸をなす「即身成仏」についても、主著の一つである『即身成仏義』の言葉を手がかりとして検討する。

1　最澄の生涯と思想

山林修行と入唐

最澄は、七六七年（一説には七六六年）近江国滋賀郡古市郷（現在滋賀県大津市）に渡来系氏族の子として生まれ、一二歳の時に近江国分寺で出家し、一九歳の時に東大寺戒壇で具足戒（正式な僧侶となるための三師七証方式による『四分律』の二五〇戒）を受けるが、通例と異なり本師のもとに戻ることなく、すぐに比叡山に登り、その後、十数年に渡り山林修行を続けた。

修行にあたって作成した願文の中で最澄は、「愚が中の極愚、狂《おう》が中の極狂、塵禿の有情、低下の最澄」（愚者中の愚者、狂人中の狂人、煩悩にまみれた愚かな僧、最低の存在である最澄）と自己規定した上で、「無上第一義のために金剛不壊不退の心願を発す」（この上もなく優れた仏法のために金剛のように堅固な心願を発す）として、「六根相似の位」（眼耳鼻舌身意の六つの感覚器官から執着が無くなり仏と同様の境地に至ること）を達成するまでは山に籠もって修行を続け、もしその位を得たら、世俗に混じって迷える人々を悟りへと導こうという自利利他の誓願を立てた。願文からは最澄の純粋な求道の志と、俗世に交わり他者を救済しようとする慈悲心が読み取れる。

このような誓願のもとで山林修行に励む最澄の評判は宮中にも達し、七九七年、三一歳の

最澄像

時には、内供奉十禅師（天皇のために祈禱する高位の僧官）に任命された。道鏡《どうきょう》（七〇〇？～七七二）事件に見られるように、ともすれば政治に介入しようとする奈良仏教のあり方に批判的であった桓武《かんむ》天皇（七三七～八〇六）にとって、最澄は、出来たばかりの都である平安京に相応《ふさわ》しい、仏教界の新たなリーダーだったのである。

さらに、最澄は天台教学興隆のため、請益僧《しょうやくそう》・還学生《げんがくしょう》（短期留学生）として入唐することを桓武天皇に願い出て勅許を得た。八〇四年秋には入唐し、天台山で、湛然《たんねん》（七一一～七八二）の弟子の道邃《どうずい》（生没年不詳）（天台山国清寺・天台座主）と行満について天台教学を学び、道邃からは大乗菩薩戒を受け、翛然《しゅくねん》からは禅、順暁《じゅんぎょう》からは密教を相承する。これを「四種相承」というが、そのうち密教は不十分な相承に過ぎず[2]、それ故、帰国後、同時期に入唐し正式な灌頂を受けた空海の教えを受けることになった。

さて、最澄は滞在わずか九ヵ月程で帰途についた。帰国当時、最澄の最大の支持者であった桓武天皇は病床にあり、最澄は宮中で天皇の病気平癒の祈禱を行った。病気平癒の祈禱は仏教伝来当初より行われており、このころも盛んに行われていた。また、最澄は勅によって高雄山で灌頂を行った（日本初の密教灌頂）。これらのことが物語っているように、平安時代の仏教は、奈良時代から引き続いて、その儀礼的呪術力によって、現世安穏を達成することが大いに期待されていた。特に、最澄や空海によって本格的に導入された密教の加持祈禱は、背後に壮大な思想体系の裏付けを持つ、儀礼の新奇さや荘厳さによって、天皇や貴族の心を捉えたのである。

天台宗の開創と空海との交流

帰国翌年の八〇六年（延暦二五、大同元）、四〇歳の時、最澄は、自らの奉じる天台宗の新たな宗派としての公認を求めて朝廷に働きかけた。とりわけ、最澄は、各宗の年間出家公認数である年分度者の割り当て数を、天台宗を加えて変更することを求め上表した（それ以前の法相宗五人・三論宗五人を、法相宗三人・三論宗三人・律宗二人・華厳宗二人・天台宗二人に変更）。この請願は、一ヵ月もたたないうちに異例の早さで認められ、天台業二人（止観業：『摩訶止観』を読む：天台：一人、遮那業：『大日経』を読む：密教：一人）が割り当てられることとなった。これをもって日本天台宗の開宗とするのが通例である。

しかし、その直後、最大の後ろ盾であった桓武天皇が崩御し、これまで順調だった最澄の将来に暗雲が漂い始めた。太政官符により認められたにもかかわらず、年分度者を四年間出すことができず、八一〇年（大同五、弘仁元）に四年分ということで八人が出家したが、そのうち一人は亡くなり、六人は、東大寺に具足戒を受けに行ったきり戻らず法相宗などに転向してしまい、結局、天台宗に残ったのはたった一人だけだった。この苦い体験は、後述する法相宗との論争などとも相まって、最澄に、奈良仏教、南都戒壇からの独立の必要性を痛感させ、後の大乗戒壇設立運動のひとつの契機となったと考えられる。

さて、先述のように、最澄は、自分が不十分なかたちでしか中国で学べなかった密教を、帰国後に空海から学んだ。最澄と空海とは、同じ遣唐使で中国に留学しているが、最澄が桓武天皇の全面的なバックアップを受けた恵まれた国費留学生であったのに対して、空海は留学直前に具足戒を受けたに過ぎない一介の無名の山林修行僧に過ぎず、伊予親王（七八三？〜八〇七）の侍講を勤めた母方の伯父阿刀大足《あとのおおたり》（生没年不詳）などさまざまな伝手を頼っての私費留学生であった。立場が大きく異なっていた上に、乗船していた船も別であったため、留学時には面識はなかったとされている。

帰国後は、密教をめぐって最澄が空海に教えを乞う立場となった。最澄は、持ち前の純粋さでひたむきに密教を吸収しようとして、次々に経典を借りては密教学を学んでいき、自らの弟子の泰範《たいはん》（七七八？〜？）らとともに金剛界灌頂と胎蔵界灌頂を受けた。最澄は、最高の灌頂である伝法灌頂をも受けることを求めたが、空海は、それを許さなかった。天台宗の興隆のために密教を導入しようとする最澄と、密教こそがあらゆる仏教のうちで最高のものであると考える空海とでは、密教の位置づけが大きく異なっており、経論の貸借や弟子泰範の帰属をめぐるトラブルも起こり、両者は絶交した。

三　権実論争と大乗戒壇の主張

この後の最澄の人生は、論争に明け暮れるものとなった。まず、法相宗の学僧である会津の徳一《とくいつ》との間に、一乗思想と三乗思想のどちらが真実の教えかについて、三一権実論争《さんいちごんじつ》と呼ばれる論争が戦わされた。三とは三乗、一とは一乗を、権とは仮《かり》、実とは真実を表す。三乗とは、声聞乗《しょうもんじょう》、縁覚乗《えんがくじょう》、菩薩乗《ぼさつじょう》であり、このうち声聞乗と縁覚乗は小乗で、大乗（菩薩乗）からは利他に欠けると批判される対象である。

天台宗の所依経典である『法華経』によると、仏の教えは三乗に分かれているが、これはあくまで方便であって、真実の一乗（大乗）に最終的には帰す。大乗の極致である『法華経』の教えに従い、小乗である二乗の徒も含めて、一切のものが、最終的には一乗真実に帰依可能であるとするのが、天台宗の最澄の立場である。なお、後述のように、空海もあらゆるものが救われるという立場を取り、生きとし生けるもの全ての救済の主張は、平安仏教の大きな特徴と言える。

それに対して南都六宗の中でも有力であった法相宗は、五性《ごしょう》（姓）各別《かくべつ》を説き、声聞定性、縁覚定性、菩薩定性、不定性《ふじょうしょう》（仏になれるかどうか先天的には決まっていない者）、無性（生まれつき仏には成れない者）はそれぞれ別のものであり、その立場からは、声聞定性、縁覚定性、無性の者は真実を悟れず、救われることはない、と説いた。『法華経』が主唱する一乗説は、せいぜい不定性の者を導く方便（権）に過ぎないことになる。

このような三乗と一乗をめぐる法相宗と天台宗の論争は、すでに中国においても盛んに行なわれており、徳一（七六〇？〜八三五？）と最澄はそれを日本において再現したことになる。徳一が『仏性抄《ぶっしょうしょう》』を著して最澄を論難し、最澄は『照権実鏡《しょうごんじっきょう》』『法華去惑《ほっけこわく》』『守護国界章《しゅごこっかいしょう》』『決権実論《けつごんじつろん》』『法華秀句《ほっけしゅうく》』などを著し徳一を批判し、結局は決着が付かなかったが、最澄はこの論争を通じて、南都六宗と天台宗との救済観の違いを痛感し、そのことが、以下に述べる最澄の具足戒破棄による奈良仏教との決別と単受大乗戒の主張に繋がっていったものと思われる。

八一八年、最澄は、大乗戒壇設立を目指しみずから具足戒の破棄を宣言し、同時に『山家学生式《さんげがくしょうしき》』を定めて、「仏法を住持し、国家を守護」（八条式）する「菩薩僧」の受戒や修行の在り方を決めた。それによれば、天台宗の年分度者は比叡山において大乗戒を受けて菩薩僧となり、一二年間山中で修行することを義務づけられていた。

当時、大乗仏教においても、一人前の僧侶としての正式な資格を得るためには、小乗仏教以来の具足戒（男性僧侶二五〇戒、女性僧侶三四八戒など。小乗戒とも呼ばれる）を、一〇人の僧侶を前にして誓うことになっていた。これは、インドから南アジア、東アジアへと仏教が広まったどの地域でも共通であった。

『顕戒論』と『内証仏法相承血脈譜』

大乗仏教が成立すると、大乗の精神に基づいた大乗戒も考案されたが、その場合でも大小兼受（大乗戒と小乗戒の両方を受ける）であり、正式な僧侶となるにあたっては、あくまで

比叡山戒壇院

も基本の具足戒を受けることを前提として、それに加えて大乗戒も受けたに留まる。具足戒が、例えば「正午を過ぎれば翌日の日の出まで固形物を食べてはならない」（非《ひ》食戒《じきかい》）など、僧侶の修行生活を細かに規定する具体的規範であったのに対して、大乗戒は項目数も少なく、大乗戒だけでは僧侶の禁欲的修行生活を規制できなかったのである。そのような中で、最澄は単受大乗戒、すなわち、具足戒を受けずに大乗戒だけを受ければよいとした（ただし『顕戒論』における主張によれば、一二年の山中修行ののちに利他の方便として具足戒を受けることは許容されている）。

このような単受大乗戒は、他の仏教国では行われていない極めて異例のものである（日本以外の仏教国では、現在でも、基本的には小乗戒に従った教団生活が厳修されている）。しかし、日本では、この後、単受大乗戒が天台宗のみならず広まっていった。その意味で、最澄は日本仏教の方向性を決めたといえる。最澄においては、単受大乗戒は一二年間の籠山修行とセットになっており、当初それが守られているうちは、破戒による堕落した行いが目立つなどの問題は起こらずにすんだが、後には、大きな弊害を生むことになった。

このような最澄の単受大乗戒の主張は、南都側からすれば当然許容できるものではなく、激しい批判を呼んだ。そこで最澄は、八一九年、南都の僧綱《そうごう》からの反駁に応えるかたちで単受大乗戒の正当性を宣揚する『顕戒論《けんかいろん》』を執筆し、また『内証仏法相承血脈譜《ないしょうぶっぽうそうしょうけちみゃくふ》』を著し、両書を嵯峨上皇に献上した。この『内証仏法相承血脈譜』において、最澄は、「達磨大師付法」（禅）、「天台法華宗」（円教）、「天台円教菩薩戒」（大乗戒）、「胎蔵金剛両曼荼羅」「雑曼荼羅」（密教）のそれぞれについて、三国（天竺・震旦・日本）に渡る血脈譜（系図）を明示した。そして、この五種類の血脈譜を示し、円・密・禅・戒の四種法門が、インド、中国を経て日本の最澄にまで代々伝えられたとすることで、自らの主張の系譜的正統性を証明せんとしたのである。

八二二年、このような激しい論争の中、最澄は比叡山の中道院で入滅した。没後七日になって、生涯の悲願であった大乗戒壇の設立が勅許され、比叡山中に今も堂宇を構える戒壇院が建立されるに至ったのである（織田信長による比叡山焼打ちのため、現存の建物は江戸時代初期に再建）。

天台宗の展開

最澄の後半生は論争に終始し、それ故に著した書物も基本的には論争の書ばかりで、空海の『十住心論《じゅうじゅうしんろん》』、源信《げんしん》（九四二～一〇一七）の『往生要集《おうじょうようしゅう》』、道元《どうげん》（一二〇〇～一二五三）

の『正法眼蔵《しょうぼうげんぞう》』、法然《ほうねん》（一一三三〜一二一二）の『選択本願念仏集《せんちゃくほんがんねんぶつしゅう》』、親鸞《しんらん》（一一七三〜一二六三）の『教行信証《きょうぎょうしんしょう》』、日蓮《にちれん》（一二二二〜一二八二）の『観心本尊抄《かんじんほんぞんしょう》』などのような深い思索を体系的に結実させた著作はない。しかし、生きとし生けるものの救済を説く『法華経』の重視にしても、単受大乗戒の主張にしても、最澄が据えた礎《いしずえ》は、その後の日本仏教の展開にとって決定的であった。

また、最澄が教義体系として未完成さを残したことは、その後の天台宗の展開にとってはプラスに働いた。それは、空海が、真言宗の体系を完成させ、その後は念仏との習合がわずかに新しい展開を付け加えただけに留まったのとは対照的だと言える。体系的完成度の高さ故に空海の後は大きな教学的展開が見られないとされる真言宗に比べて、最澄が教学体系を完成しないままに没した天台宗では、「四種相承」の上に、四種三昧の一環として念仏をも取り入れ、[3]『法華経』に基づく天台教学、密教（台密《たいみつ》）、禅定《ぜんじょう》の修行、大乗菩薩戒、念仏などを有機的に結合した総合的仏教を発展させた。そして平安末期から鎌倉時代にかけて、法然、親鸞、道元、日蓮など鎌倉仏教を開いた祖師たちが青年時代比叡山で勉学と修行に打ち込み、山を下りてからは、その学問的伝統を母胎として、各々、独自の仏教を築いたのである。

2　空海の生涯

山と都の往還

「万能の天才」とも言われる真言宗の開祖空海（七七四～八三五、諡号《しごう》弘法大師）は、さまざまな領域を横断し、互いに異なったもの——例えば、仏教と仏教以外の教え、密教と顕教、奈良仏教と平安仏教、仏教哲学と仏教儀礼、理論と呪術、都と辺境、文化と自然、中国と日本など——を統合していった。その統合は、相対立するものに対して一つの立場に立ってもう片方を排除したり、一方的に従属、同化させたりするのではなくて、より高次の見地から、つまり、真言密教の立場から、それぞれを位置づけ所を得させ、ネットワーク化していくという「曼荼羅的思考」に貫かれている。

このような空海の「曼荼羅的思考」を検討する上で、空海が讃岐国多度郡《さぬきのくにたどのこおり》屛風浦《びょうぶがうら》という辺境の地の出身であり、青年期に都で仏教教学を学ぶと同時に各地の海浜・山岳で修行をし、また、東寺を中心とする都で鎮護国家の呪術儀礼を行うと同時に本拠地高野山で深い禅定の境地を修行したことは、見逃すことができない。空海は、都において新たな仏教の担い手として活躍すると同時に、深山幽谷の中での修行を通じて自らの思索を深化させていった。都も辺境も、儀礼も瞑想も、空海にとっては両方とも捨てることのできないものであり、互いが互いを生かしつつ共存するべきものであったのだ。

ここでは、空海の思想の特徴を明らかにしつつ、都と山の往還を通じて空海が目指したものは何であったのかをその生涯と思想を手がかりにしながら考えてみよう。

入唐以前の修行時代

空海は、七七四年（宝亀五）に讃岐国多度郡屏風浦（香川県善通寺市）に生まれた。豪族佐伯氏の出身で幼名を真魚《まお》といった。七八八年（延暦七）、一五歳で上京して、中央佐伯氏の氏寺である佐伯院に滞在し、桓武天皇の皇子である伊予親王の家庭教師であった母方の伯父、阿刀大足《あとのおおたり》について儒教を学んだ。一八歳の時に官僚を目指して大学明経科《みょうぎょう》に入り儒教を修めるが、居住地の佐伯院の近所にあった大安寺に出入りし勤操《ごんそう》らと交流するうちに仏教に心を惹かれるようになり、一九歳で大学を中退することになった。その後は、在家のまま五戒等の戒律を保つ私度僧（優婆塞《うばそく》・乞食僧《こつじき》）となって各地で修行をするとともに、南都仏教なども学んだと伝えられている。

二四歳の時には、自らの思想遍歴をもとに儒教・道教・仏教を比較してどれが優れているのかを対話形式で語る、日本初の比較思想の書でもある『三教指帰《さんごうしいき》』（初稿本は『聾瞽指帰《ろうこしいき》』）を著し、仏教の儒教や道教に対する優越を示した。

『三教指帰』では、亀毛《きぼう》先生（儒教の立場）が、兎角《とかく》公の求めによって、欲望のままに快楽に耽る甥、蛭牙《しつが》公子に「学問道徳を身につけ国家の官僚になり、忠孝の徳を尽しつつ子孫繁栄を目指すべきだ」と説くが、それをそばで聞いていた虚亡《きょぶ》隠士《いんし》（道教の立場）が、さらに「世俗でいくら権勢を振るったとしても死んだらおしまいだ。それよりも虚しい世俗を断ち切って、何ものにも心を煩わせない無為の境地に身を置いて神仙術を修するなら、不老長生を得られる」と説き、亀毛先生までがその見解に感心する。

すると最後に仮名乞児《かめいこつじ》（仏教の立場、空海の自画像でもある）が現れる。乞食坊主のみすぼらしい風体ながら、彼は、「儒教と道教に分かれて相争っているようだが、実は孔子も老子も仏陀が東方に派遣した菩薩であり、人々の能力に合わせて卑近な説き方をしているだけであるから、教えの違いに固執するべきではない。」と堂々と論陣を張り、さらに「無常の賦」「受報の詞」「生死海《しょうじかい》の賦《ふ》」「大菩提の果」を詠む。

それらの中で空海は、仏教の基本教理を織り込みつつ、仏教的理想世界を描き出す。それは、あらゆるものが雲のように風のように集まってきて天に地にめぐりつつ「八部、四衆、区《まちまち》にして各交り連なれり。讃唱関々たり。鼓騁《こてい》淵々たり。鐘振磕磕《しょうしんかいかい》たり。」（天、竜、夜叉などの八部衆の神々や、比丘、比丘尼、優婆塞、優婆夷などの四衆が、それぞれ一応の区別を持ちながらそれぞれに交わり連なり、仏を讃美する歌声はのびやかに響き、鼓や鐘の音が響きわたる）と言われる、あらゆるものが一体となって仏を讃える理想世界である。

弘法大師像　右手に握っているのが密教法具の金剛杵《こんごうしょ》（三鈷杵《さんこしょ》）である。

このように空海は仏教を学びはじめた青年時代から、仏教的な理想世界のヴィジョンを確固たるものとして持っていた。すべてのものが緊密に結びつき合いながら調和し、万物が仏を讃える声が響き渡る荘厳な光景は、まさに、後年に空海が全面的に展開することになる曼荼羅世界の先取りと言ってもいいだろう。空海は、このような世界を、各地における山岳修行の中で自らありありと直感、感得したに違いない。これから後の空海の活動の軸となったのは、直感、感得したこの「曼荼羅的」世界をどのように意味付け、表現を与えて、人々に伝えていくのかということであった。

厳しい修行

さて、この修行時代の空海の活動については資料が乏しく不明な点が多いが、『三教指帰』の序文によれば、阿波の大瀧岳（現在の太竜寺山付近）や土佐の室戸岬の御厨人窟《みくろど》、隣接する神明窟等で虚空蔵求聞持法《こくうぞうぐもんじほう》[4]などを修行したという。

特に注目されるのは、室戸岬の洞窟での修行である。洞窟に籠もって百日間、虚空蔵求聞持法の真言を唱え、百万回に達した成就の日に、空海は、明星（虚空蔵菩薩のシンボルであると同時に、釈尊も明けの明星を見て悟ったとされる）が飛来して口の中に飛び込むという神秘的合一（unio mystica）を体験したという。このことについて空海は、『三教指帰』の序文に、「大瀧岳に躋《のぼ》り攀《よ》ぢ、土州室戸の崎に勤念《ごんねん》す、谷響きを惜しまず、明星来影す。」と書いている。

空海が修行した洞窟（御厨人窟）からは、空と海が溶け合う光景が現在でも見られる。自らが体験した、世界（空・海）と真理（明星）と自己との一体感を表すために、「空海」と名乗るようになったと言われている。

この時期の空海は、他にも、吉野の金峰山《きんぷせん》や四国の石鎚山などでも山林修行を続けたという。日本では仏教が受容される以前から、山林修行を行う宗教者がいた。山岳は、古来より神々や悪霊、祖先の霊などの超越的な存在が住まう非日常的な空間である他界だと考えられており（山中他界説）、彼ら宗教者は、山林における修行によって霊力を高め民衆のために呪術儀礼などを執行した。日本への仏教伝来の早い時期から山林の宗教者は仏教を受容し、役行者《えんのぎょうじゃ》などに見られるような山岳修験が盛んに行われた。彼らは、僧尼の役割を国家的儀

御厨人窟の内部と室戸の海の光景

礼や学問に基本的には限定した僧尼令《そうにりょう》に反する存在（私度僧）ではあったが、熱心に民衆布教を行い、日本に仏教を根付かせるために大きな役割を果たしたと言える。青年時代の空海も、私度僧として山林修行を行う修験者であったと考えられる。

このように空海は、二〇代を各地の深山幽谷や海浜崖岸における修行と、仏教や語学の学習に費やしたものと思われる。南都では、元興寺や大安寺に来ていた異国の僧と交流し唐の最新の宗教事情を知るとともに、唐招提寺で四分律を、興福寺で法相教学を、東大寺で護国経典と華厳教学を学んだとされるが、裏付ける資料に乏しくその詳細は不明である。また、空海は、久米寺で『大日経』を発見したと伝えられるが、当時、密教教学は、まだ断片的にしか入ってはいなかった。そこで、本格的に密教を学ぶために、空海は、密教の本場である唐に渡ることを志したものと思われる。

密教とは何か

ここで、密教について簡単に説明しておこう。

密教とは、法身仏《ほっしんぶつ》（真理そのものとしての仏）である大日如来（毘盧遮那仏《びるしゃなぶつ》と同体）が、少数の限られた者のためだけに秘密に説いた教えであり（法身説法）、万人を対象にする顕教と対照される。インドでは四～六世紀ごろ成立し、インドにおける大乗仏教の思想展開の掉尾を飾った。

密教儀礼として火供（護摩、ホーマ）が行われ、また、仏菩薩や諸天（神々）を召還するために、仏の世界の縮図である曼荼羅が作成された。そこで描き出される神格は、仏菩薩や神々のみならず、それまでの仏教では説かれなかった多様な明王や鬼神までもが含まれ、そのすべてが大日如来の現れであると考えられた。

密教では、多種多様な民間呪術・土着信仰を大胆に取り入れたが、呪術的土着的で雑多な要素を含む雑密《ぞうみつ》に対して、『大日経』『金剛頂経』などが志向する、大乗仏教の「空」の思想に基づく体系的成仏思想としての密教を純密と言う。空海以前に日本に入ってきていた密教は雑密的なものであり、空海が中国長安の青龍寺《しょうりゅうじ》において、インドから伝わった純密を学んで来て初めて、大乗仏教に根差した高度に体系化された理論基盤を持つ密教が日本に入ってきたと言える。

密教というと呪術がすぐに連想されるが、加持祈禱の「加持」とは、「護念」とも呼ばれ、仏の慈悲が衆生、すなわち生きとし生けるものに加わり、感応して、衆生の中にある仏の本質としての仏性《ぶっしょう》が目覚めさせられ、仏に対する信心が発動することである。仏から衆生へ、衆生から仏へという感応が響き合い、仏と衆生とは一体になる。これを「入我我入」という。このような一体性は、大乗仏教の基本理論である「空―縁起」に基礎づけられており、さまざまな儀礼や修法によってこの境地を実現することで、多様な現世利益の実現を目指すのが密教の大きな特徴である。

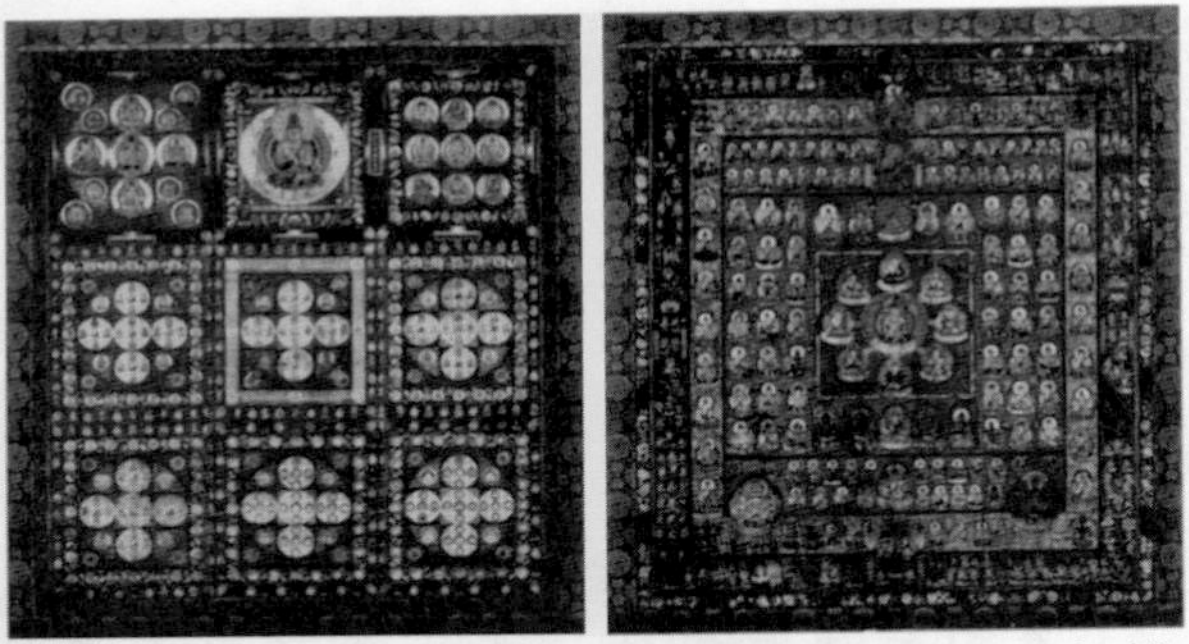

両界曼荼羅（左・金剛界曼荼羅と右・胎蔵曼荼羅）（国宝、東寺〈教王護国寺〉、９世紀）現存する最古の彩色両界曼荼羅であるが、空海請来の曼荼羅との関係は不明。

唐における修行と伝法

さて、空海は、八〇四年（延暦二三）三一歳の時、密教を本場で究めるべく、二〇年滞在予定の留《る》学僧《がくそう》として遣唐使に加わった。上述のようにその時の遣唐使には、最澄も参加していたが、当時は両者の面識はなかったとされている。最澄は桓武天皇の外護の下、当時の仏教界ですでに確固たる地歩を築いており、留学に際しても専用の通訳を連れていくなど恵まれた立場での短期留学であった。

それに対して、空海は入唐直前に東大寺で具足戒を受けたとはいえ、長い期間を私度僧として過ごしてきた無名の僧に過ぎなかった。なお、彼らはともに山林修行を長年行ったが、最澄が比叡山に籠もり続けたのに対して、空海は各地を遊行し民衆とも直接交流を行っていたと考えられる（後年、民衆の間に空海に対する弘法大師信仰が盛んになり、空海の事跡を巡る四国八十八ヵ所巡礼が盛んになったり、各地に弘法大師にまつわる伝説が残されたりしているが、これも空海と民衆との深い結びつきに端を発していると言えよう）。

さて、唐の都の長安に到着した空海は、眼を見張るような活動を始める。恵まれた語学の才能を生かしてサンスクリット語を習得し、当代随一の真言密教の学僧で千人の弟子がいたとされる青龍寺の恵果《けいか》阿闍梨《あじゃり》（七四六〜八〇五）からは、その才能を認められ伝法灌頂《でんぽうかんじょう》を受け、密教の奥義を授かって阿闍梨位に上り、真言付法の八祖、遍照金剛となった。その後は、恵果の指示に従って曼荼羅の作成や造像を行っていたが、恵果は、空海に速やかに本国に戻って密教を広めるように勧め、それを受けて空海は帰国を決意した。帰国にあたって、空海は密教関連の多くの新来、新訳の経論に加え、密教の儀礼に必要な法具や各種曼荼羅なども携え長安を旅立った。なお、この時に請来した金銅製の密教法具は、京都の教王護国寺（東寺）に現存しており（国宝に指定）、現在も後七日御修法《ごしちにちのみしほ》の際に使用されている。

帰国後の活躍――密教の布教

八〇六年（大同元）、三三歳の空海は日本に帰国した。二〇年の滞在予定を勝手に切り上げて二年弱で戻ってきてしまったために、本来であれば闕期《けつご》の罪に問われるはずであったが、空海の持ち帰った密教の膨大な知識を生かすためにその罪は許され、空海は都に入り高雄山寺《たかおさんじ》（後の神護寺《じんごじ》）を真言密教の道場とし住持となった。

このような空海に対する朝廷の寛大な処置の陰には、同じ遣唐使の一団で入唐した最澄の尽力や支援があったとされる。最澄は、天台宗を学ぶために唐に留学したが、中国での密教の隆盛を目の当たりにして、密教を本格的に導入する必要性を痛感し、空海から密教を学びたいと大きな期待をよせたのである（その後、二人は経典の借覧や文通を通じて一〇年ほど交友関係を持つが、先述のように密教に対する位置づけの決定的な相違から、八一六年〔弘仁七〕初頭には絶交するに至った）。

さて、当時は、都の政変や東北地方の蝦夷の反乱、無実の罪で死んだ皇族の祟りとされた疫病の流行などが相次ぎ民心が動揺したが、空海は、混乱した世情を鎮め社会を安定させるために嵯峨天皇の勅許の下、鎮護国家の修法をたびたび行った。空海にとって国家と国民の除災招福を祈ることは利他行の一環に他ならなかったのである。

そして、八一二年（弘仁三）には高雄山寺で金剛界結縁灌頂と胎蔵結縁灌頂を行い、最澄をはじめ多くの僧が入壇するなど、密教宣布のため盛んに活動した。そのころ空海が、高雄山寺で作った有名な漢詩に「後夜、仏法僧鳥を聞く」（明け方午前五時ごろに、木葉木菟《このはずく》の声を聞く）と題された詩がある（高野山説もある）。その詩には空海の当時の思いが籠もる。

閑林独坐す　草堂の暁　三宝之声は　一鳥に聞く
一鳥声有り　人心有り　声心雲水　倶に了了

【現代語訳】静かな山中の粗末な草庵で、一晩中独り坐禅していると、明け方に、どこからともなくブッポウソウと鳴く木葉木菟の声が聞こえてくる。これは、「仏法僧」という三宝の名を唱える一羽の鳥の声である。この一羽の鳥の声を聞いて、私の心の中で悟りが開けた。鳥の声と人の心、山中の雲と渓流の水、つまり、修行するこの私と山中の自然と仏法を説く鳥の声とが溶け合って、真理が明らかに現れてくるのである。

深山幽谷での修行の中で、空海は「仏法僧」と三宝を唱える鳥の声を聞く。その声を聞くうちに空海は鳥と自分とが、つまり仏法僧と唱えるものと唱えられるものとが、坐禅する自分と自分のまわりにある山水とが一体となるのを悟った。空海にとってこれこそが真理の顕現であり悟りの世界の現成なのであった。空海の鎮護国家のための密教儀礼や活発な布教活動などの利他行を支えていたのは、まさに、この万物が一体化して所を得た真理の世界の体験だった。そこで感得した真理の世界を、空海は、さまざまなやり方で現実世界において実現しようとしたのである。そして、このような体験を深めるための修行の根拠地を、空海は高野山（和歌山県伊都郡）に築き上げようとした。

高野山金剛峰寺と東寺の開創

八一六年（弘仁七）、空海は、修禅の根本道場として、古来山中他界・水源信仰の聖地とされた高野山の下賜を天皇に願い出て許しを得た。空海は、千メートル級の高い山々に囲まれた平坦地（海抜約八〇〇メートル）である高野山を八葉蓮華（八枚の花弁を持つ蓮の花で、曼荼羅の象徴）とみなし、山上に密教の理想的国土である密厳浄土《みつごんじょうど》の曼荼羅的世界の出現をはかったものと思われる。

高野山には現在多くの寺が建立されているが、その中心になるのが空海によって開かれた壇場《だんじょう》（上《じょう》）伽藍《がらん》である。壇場とは、曼荼羅の道場ということを意味する。奥の院が金剛界曼荼羅と考えられているのに対して、壇場伽藍は胎蔵曼荼羅とされる。空海は、高野山の地に曼荼羅そのものとして伽藍を配置しようとしたが、交通の不便な山中のこともあり、空海の在世中には開創事業はあまり進捗せず、ほんのわずかな堂宇が建てられたに過ぎなかった。

しかし、空海死後五二年後の八八七年（仁和三）には、真然《しんねん（ぜん）》（空海の甥。？～八九一）らの尽力により、空海自身が作成した伽藍建立計画案「御図記《ごずき》」に基づいて根本大塔が完成した。これは日本初の多宝塔で、この後、密教寺院を中心に盛んに建立される。根本大塔の中には、本尊の胎蔵大日如来が祀られ、周囲には金剛界の四仏が配され、一六本の柱には十六大菩薩、四隅の壁には密教を伝えた八祖像が描かれ、堂内が「金胎不二」の立体曼荼羅となっている。

つまり、曼荼羅世界である高野山の中に、壇場伽藍と奥の院という金胎二つの曼荼羅世界があり、壇場伽藍自身も曼荼羅世界を現すとともに、伽藍を構成する建物中にも二つの曼荼羅世界があるというように、幾重にも曼荼羅が組み合わさり、マクロコスモスとミクロコスモスとが相即相入するという有機的な統合構造が出来上がっている。まさに空海の曼陀羅的世界観の表現であると言えよう。

その後、八二三年（弘仁一四）には、嵯峨天皇は空海に東寺（京都市南区）を託し、密教による鎮護国家の根拠地とするように要請した。空海は、この寺を「金光明四天王教王護国《こんこうみょうしてんのうきょうおうごこく》寺《じ》秘密伝法院《ひみつでんぼういん》」（教王護国寺）と名付けた。講堂には、二一体の仏像（金剛界の五仏である五智如来・五大菩薩・五大明王・四天王に帝釈天と梵天）を配置した立体曼荼羅による神聖な空間を作り、そこで鎮護国家のためのさまざまな儀礼を行った。先に作られた高野山は瞑想などの禅定修行の場所と位置づけられたが、そこで得た法力、世界の真相に対する深い理解をもとに、都において鎮護国家儀礼をはじめとするさまざまな利他の社会的活動を行うという構想を空海は持っていたものと思われる。

無限の菩薩行

そして、八二八年（天長五）、空海は綜藝種智院《しゅげいしゅちいん》を開校した。これは日本初の庶民の学校であり、入学者の身分にかかわらず広く門戸を開いた。また、八三〇年（天長七）には、主著となる『秘密曼荼羅十住心論』一〇巻を著す（後述）。

これは、淳和《じゅんな》天皇の各宗の宗義要諦を提出せよとの命に応えたもので、天長六本宗書（三論・法相・華厳・律・天台・真言の六宗が提出した各宗の教義解説書）の一つである。後にこの略本として『秘蔵宝鑰《ひぞうほうやく》』三巻を著している。八三二年（天長九）には、前年に病を得たこともあり、空海は、高雄山寺の経営を弟子の實慧《じち(じつ)え》（七八六〜八四七）・真済《しんぜい》（八〇〇〜八六〇）らに任せて自分は高野山に籠もった。そして高野山では四恩への感謝のために、現在まで続く万灯万華会を開催した。その際の願文に次のような言葉がある。

虚空尽き、衆生尽き、涅槃尽きなば、わが願いも尽きん……六大の遍ずる所、五智の含ずる所、排虚・沈地・流水・遊林、すべて是れ我が四恩なり。同じくともに一覚に入らむ。

【現代語訳】もし無限であるとされる虚空が尽きてしまい、無数にいるとされる衆生（生きとし生けるもの）も尽きてしまい、無限の悟りである涅槃も尽きてしまうならば、私の誓願（煩悩の暗さを仏の灯りによって払い、人々の安楽を実現しようという祈り）も尽きてしまうだろう。（実際にはそれらは、無限なので、自分の誓願も無限である。誓願をもって無数のものたちが無限に涅槃を得て悟れるように導いていくのである）……全世界を構成する要素（地水火風空識の六大）があまねく展開するところ、五智（仏の智慧であり、密教修行者が体得する智慧でもある法界体性智《ほっかいたいしょうち》、大円鏡智《だいえんきょうち》、平等性智《びょうどうしょうち》、妙観察智《みょうかんさっち》、成所作智《じょうしょさち》）が包み込む世界、すなわち、全世界の鳥（排虚）・虫（沈地）・魚（流水）・獣（遊林）に対して、すべて四恩（父母・衆生・国王・三宝の恩）同様に、私は恩を感じている。それだから、それらすべてとともに同じく一つの悟りに入ろう。

ここで、空海は、無限の利他行である菩薩行について述べている。それは無数の衆生を無限に悟りへと導いていくことである。そして、とりわけ鳥虫魚獣とともに同じく悟ろうと言い、生きとし生けるものとの一体性を強調する。四恩とは、中国と日本の仏教において重視されたもので、一般に父母・衆生・国王・三宝の恩を意味する。空海はここで、とりわけ鳥虫魚獣の恩を言い、それらとの一体性を強調する。仏教では、実際に自分と何らかの関わりのある有縁の者ではなく、何の関わりもない無縁の者への慈悲を重んじる。鳥虫魚獣とともに同じく悟ろうという空海の言葉は、まさに無縁の慈悲の表現である。悟りの世界である曼荼羅世界においては、鳥虫魚獣までもが一つの場を占め自己と一体のものとなるのである。

真言宗の確立と入定

そして、八三三年（天長一〇）、空海は、高野山を真然らに任せ、五穀を口にせず、静かな瞑想三昧の日々を送り、未来世に現れ世を救うという弥勒菩薩《みろくぼさつ》の前に結跏趺坐《けっかふざ》し、慈氏念《じしねん》誦法《じゅほう》を行い、また金剛界曼荼羅や胎蔵曼荼羅に描かれる弥勒菩薩に心を集中させ、その真言（オン　マイタレイヤ　ソワカ）を繰り返したとされる。

そして、八三四年（承和元）、死が遠からず訪れることを覚悟した空海は、天下泰平、玉体安穏、除災招福のために宮中真言院で真言法を修することを上奏し認められ、翌年の一月八～一四日「後七日御修法《ごしちにちのみしほ》」と呼ばれる密教の祈禱を行った。

当時、宮中では正月一～七日までは神式による祈願、八～一四日までは仏式（大極殿《だいごくでん》における『金光明最勝王経《こんこうみょうさいしょうおうきょう》』読誦など伝統的な南都の鎮護国家儀礼「御斎会《みさいえ》」による祈禱が慣わしとなっていたが、空海は、これらとは別に密教による祈禱を宮中の一室で八〜一四日に行いたいと上奏し認められたのである（なおこの儀式は現在でも場所を宮中から東寺に移して行われている）。さらに年分度者三名も認められ、金剛峰寺も定額寺《じょうがくじ》（国立寺院）となることが許され、これらをもって真言宗を盤石《ばんじゃく》なものとした。

臨終直前の一五日には諸弟子を集め、自分は三月二一日にこの世の生を終えるが、その後兜《と》率《そつ》天《てん》に往生し、弥勒菩薩が下生する五六億七千万年後に、ともにこの世に降りて来て人々を救済すると予告した。そして予告通りの日に六二歳で入定《にゅうじょう》（禅定《ぜんじょう》に入ること）し、即身成仏を遂げたと伝えられる。空海は、今でも高野山奥の院廟所の下の石室で入定中だと信じられており、生きていた時と同じように衣食が供えられている。

3　空海の思想

密教の確立

密教は、先述のようにインドの大乗仏教の中で最も遅く成立したもので、中国を経て日本に伝わる。中国では不空三蔵が玄宗以下三帝から帰依をうけるなど鎮護国家儀礼として一時隆盛を極め（ただし八四五〜八四六年の会昌の廃仏以降衰微）、不空の弟子の恵果が空海に伝法した。

空海は『弁顕密二教論』を著し、報身《ほうじん》（修行の報いで得た仏身）や応化身《おうげしん》（衆生の機根に応じて現す仏身）が説く方便の教えである顕教に対して、密教は法身大日如来が、自らの内なる悟りを自らのために無始無終に永遠に説く真実の教えであるとした。顕教が修行過程にある顕機のための浅略の教えであるのに対して、密教は身口意《しんくい》において悟りを成就した真言行者（秘根）のための深秘の教えだと主張し、空海は真言宗の立教開宗を宣言したのである。

特にここで注目されるのは、法身説法である。従来、法身仏は説法しない、つまり究極的な真理は言語を超えているとされており（「言亡慮絶《ごんもうりょぜつ》」）、それ故に、『華厳経』では、大日如来と同体とされる毘盧遮那仏《びるしゃなぶつ》は説法をしていなかったのであるが、空海は、法身大日如来が説法すると主張した。

このことは、以下に述べる空海の即身成仏思想と関わりがあるものと考えられる。つまり、仏と一体化し仏として修行する真言行者には、顕教のような、修行者に対する教えの言葉はもはや必要ない。そこで交わされる言葉は、内実をもって指示したり説明をしたりする言葉ではなく、仏と仏とが自らの境地をともに楽しみ交流し感応道交する「自受法楽《じじゅほうらく》」のための真言（真理を象徴的に表す、神秘的威力を持つ言葉）であるのだ。

即身成仏

空海の目指したものは、即身成仏と民衆の福利であった。これは、大乗仏教の実践の柱となる自利行と利他行とに当たる。即身成仏とは、顕教（密教以外の教え）の三劫成仏（何度も生まれ変り死に変り、極めて長い時間修行して悟る）に対して、この身のままで究極の悟りを得ることであり、三密修行といって身口意《しんくい》における修行が重視された。

三密とは、本来、仏の身口意のはたらきを指すが（無相の三密）、修行者は、それを自らの身口意において顕現することができるとされた（有相の三密）。そのために修行者は、手に印契《いんげい》（手指を組み合わせたり、蓮華や刀剣を持ったりして仏菩薩の悟りを象徴的に表現）を結び、口に真言（マントラ）を唱え、心に本尊を念じ三昧《ざんまい》に住する必要がある。それらの三密修行を通じて、仏と衆生は感応道交し一体のものとなり（三密瑜伽《さんみつゆが》）、現世において父母所生のこの身のままで成仏できるとされた。そして、即身成仏を遂げた者は（自利）、仏として衆生教化、救済を行うことになるのである（利他）。次に、空海の即身成仏思想について、その著『即身成仏義』の有名な一節を取り上げて、さらに詳しく見ておこう。

六大無礙《ろくだいむげ》にして常に喩伽なり。四種曼荼各離れず。
三密加持すれば速疾に顕わる。重重帝網《たいもう》なるを即身と名づく。

【現代語訳】六大（地水火風空識の万物の構成要素）は、本来、妨げなく自由自在にはたらき合って、常に究極の悟りを表し、真理世界を顕現している。四種類の曼陀羅（本尊の尊容を描く大曼荼羅、諸尊の誓願を象徴する法具を描く三昧耶《さんまや》曼荼羅、諸仏を象徴する梵字を描く法曼荼羅、諸仏の行為を描く羯磨《かつま》曼荼羅で、金剛界曼荼羅の一会から四会に当たる）、つまり真理世界のさまざまな観点からの象徴表現は、それぞれが密接に（真理世界と、また、お互いに）結びついている。身に印契を結び、口に真言を唱え、意（心）に本尊を観想して心を三昧に住まわせ、真理世界の人格表現たる大日如来にはたらきかけるならば、感応によって、速やかに、（真理世界が）現れ自己の本来的な真理性が自覚される。帝釈天の宮殿に張り巡らされた網の結び目に編み込まれた無数の珠が、互いに互いを際限なく映し合っているように、（三密加持において、）自己と世界の諸事物が、相互相依しつつ関係しあっていることを「まさに真理を顕現したこの身」（即身）と名付けるのである。

ここに挙げた偈《げ》（詩）は、「即身」の偈と呼ばれるもので、各句は、体、相、用、無礙と名付けられている。この偈では、即身成仏する真言の行者の心身とはどのようなものなのかということが説明される。空海は、まず、衆生の心身を成立させる、六大という構成要素（地・水・火・風・空・識）によって、真理世界も成り立ち、衆生と真理世界とが、その本質として、何の妨げもなく、互いに永遠に結び付き融合していると指摘する。つまり、真理世界とは、衆生にとって遠く遥かな、「今、ここ、この私」を断絶した世界なのではなくて、自らの身心において本来的に成就している世界なのである。

そして、そのような真理世界を象徴的に表したものが曼荼羅であり、仏の世界を多様な角度から具体化した表現（四種曼荼）を介して、行者は、自らの身口意において三密加持を行う。三密加持を行うことは、自らの本来性の自覚であり、自覚に基づきこの身において仏となって、仏の世界の中に位置付いていくことである。

自己がその世界に位置付いた悟りの瞬間、自己と全世界の全存在とは、自他不二となり、無限に自他が関係し合い、はたらき合っていく（重重帝網）。以上から、「即身」とは、この身がすでに本来的に全世界の全存在と関係し合い、はたらき合っていることを意味することが分かる。そして、その「即身」の自覚を基盤として、行者が三密修行をなして、本来的世界をこの身に覚証するのである。ここには、本来あるところのものを回帰的に成就するという、大乗仏教の基本構造が認められる（なお、最澄も『法華経』等に基づき速疾頓成《とんじょう》を説いており、平安初期の即身成仏思想の盛り上がりを見て取ることができる）。

曼荼羅的思惟――『十住心論』の体系

曼荼羅とは、サンスクリット語で本質を得ることを意味し、仏の最高の悟りの境地を表す。また、悟りの世界ということで聖なる道場をも意味し、道場には壇が設けられてそこに諸仏菩薩が集合するとされたことから、諸仏菩薩を規則的に秩序正しく配置した集合像なども曼荼羅と呼ばれ、仏の世界を、仏の図像やシンボル（法具）、文字（梵字）、神々などを用いて象徴的に表した。曼荼羅はインドにおいては、数重の土壇に諸尊を配置した立体的なものであったが、中国や日本では、平面的な図にして、修行や儀式の際に道場に掛けたり敷いたりされた。

この曼荼羅の軸となるのが、真言密教の本尊である大日如来である。この仏は、諸仏諸菩薩をすべて包含する仏であり、世界の中心であり、曼荼羅の中では、すべての仏菩薩が大日如来を中心として結びつき、密接に相互相依しつつ調和的に統合されている。それは、大乗仏教の根幹である「空─縁起」の世界を、色鮮やかな象徴的世界として示したものといえる。曼荼羅には、仏菩薩以外にも天や悪鬼（荼枳尼天《だきに》）までもが描かれ、すべてのものがその本来性において肯定され、場を与えられるという、密教の曼陀羅的思惟を端的に示している。

このように、あらゆる存在を否定せず、究極的立場から肯定するという、空海の曼陀羅的思惟をよく示すのが、他教や他宗に対する位置付けである。空海は、その処女作『三教指帰』においては、儒教や道教に対する仏教の優越性を、『弁顕密二教論』においては、密教の顕教に対する優越性を、また主著である『十住心論』においては、煩悩にまみれた俗世から儒教、道教、小乗仏教、諸々の大乗仏教に対する密教の優越性を説いたのであるが、空海は密教以外の教えを全否定したわけではない。それぞれの限界を認めつつ、それぞれを密教を頂点とする思想体系の中に位置付けている。『十住心論』の中で空海は、心を次のような十の段階からなるものとし、それぞれの心に対応する教えをあげている。

①異生羝羊心《いしょうていようしん》　善悪の道理に暗く、煩悩のままに生きる、凡夫の段階
②愚童持斎心　本来持つ仏性が少し顕在化され倫理道徳に目覚める、倫理の段階

③嬰童無畏心　人間界の苦をのがれ天上界に憧れ安心立命を求める、仏教以外の諸宗教の段階
④唯蘊《ゆいうん》無《む》我《が》心《しん》　無我を説くものの構成要素たる蘊の実在を説く、声聞乗（小乗）の段階
⑤抜《ばつ》業《ごう》因《いん》種《じゅ》心《しん》　十二縁起観により自己の業や煩悩を滅する、縁覚乗（小乗）の段階
⑥他縁大乗心　これ以降は大乗仏教で利他を重んじる。ただし本段階では五性各別（開悟成道して成仏する可能性の有無が生まれつき決定されている）で、法相宗（権《ごん》大乗《だいじょう》―大乗に準じる）の段階
⑦覚心不生心　すべてを空じるが否定面に終始する、三論宗（権大乗）の段階
⑧一道無為心　一切諸法は事理相即すると主張する、天台宗の段階
⑨極無自性心　万法の事事無礙円融を説く、顕教では最高の段階で、華厳宗の段階
⑩秘密荘厳心　自己の心を知り尽くし、身に仏の印契を結び、口に本尊の真言を唱え、心に仏を観想することによって、仏と自己とが一体となる、真言宗の段階

以上のような空海の段階付けに対して、後代の弟子たちは空海の真意を表そうとして種々の解釈を加えたが、中でも代表的な解釈によれば、この諸段階の関係はまず、「九顕一密」と考えられる。つまり、①から⑨は顕教であり、それらすべての上に密教の⑩があるとする立場である。

その上でより高次の解釈として「九顕十密」が主張される。つまり、⑩のみが密教なので

はなくて、より深い立場から見れば、①から⑨のすべてにも既に密教の真理世界がそなわっており、そのままで密教の悟りを表しているという。このような考え方からすれば、世俗世界の中に既に真理世界が表れているということになる。これは、現実を絶対肯定する思想であり、空海の教えの真髄であると言える。

注

（1）両者ともに第一四回遣唐使（八〇四～八〇六）に随行し、最澄は使節団第二船に短期滞在で仏教を学ぶ還学生《げんがくしょう》・請益僧《しょうやくそう》として、空海は第一船に長期滞在の留学僧《るがくそう》として上船した。

（2）灌頂とは密教の伝法や受戒に際して頭に香水《こうずい》を注ぐ儀式で、古代インドの即位式にちなむ。伝法・弟子・結縁《けちえん》灌頂等がある。

（3）四種三昧とは、天台智顗が『摩訶止観』で説いた四つの修行方法で、年分度者のうちの止観業を行う者が修することになっていた。常座三昧は、一期九〇日で、静寂な堂内に一人で入堂し結跏趺坐して坐禅し実相を観じ、日に二度の食事と用便以外ひたすらに坐禅する。常行三昧は、一期九〇日で、念仏を唱えつつ本尊阿弥陀仏の周囲を回り続け、天井から下がる麻紐につかまって休むことは可能だが坐臥は不可とされた。半行半坐三昧は、七日もしくは二一日に渡って行われ、方等三昧と法華三昧があり、五体投地、『法華経』の読誦、懺悔などを行った。非行非坐三昧は、期間や行法は定めず、毎日の生活の中で実相を観じることになっていた。後には、四種のすべてが阿弥陀仏と関連付けて行われるようになった。

（4）「虚空蔵求聞持法」では、無限の知恵と慈悲の象徴である虚空蔵菩薩の画像の前に修法壇を設け香華・灯燭を供え、行者は斎戒沐浴し、威儀を正して結跏趺坐するなど一定の作法に則って行法を行う。その一環として、虚空蔵菩薩の真言を百日間で百万回唱える修行も行い、この修行によって行者は虚空蔵菩薩の知恵を体得しあらゆる経典を記憶できるとされた。その真言は、「ノウボウ　アキャシャ　ギ（キ）ャラバヤ　オン　アリキャ　マリ　ボリ　ソワカ」（サンスクリット語で、「虚空蔵に敬礼する。オーム。華鬘《けまん》よ、蓮華よ、宝冠よ、成就あれ」Namo Ākāśagarbhāya, Oṃ ali kalmai mauli svāhā）というものであった。

参考文献

大久保良峻『伝教大師最澄』（法藏館、二〇二一）
木内堯央『最澄と天台教団』（講談社学術文庫、講談社、二〇二〇）
高木訷元『空海と最澄の手紙』（法藏館、一九九九）
高木訷元『新装版　空海入門――本源への回帰』（法藏館、二〇一五）
竹内信夫『空海の思想』（ちくま新書、筑摩書房、二〇一四）
立川武蔵『最澄と空海　日本仏教思想の誕生』（角川ソフィア文庫、KADOKAWA、二〇一六）
福永光司編『最澄・空海』（日本の名著3、中公バックス、中央公論社、一九八三）
松長有慶『密教』（岩波新書、岩波書店、一九九一）
宮坂宥勝、福田亮成『空海コレクション　1～4』（ちくま学芸文庫、筑摩書房、二〇〇四、二〇一三）
師茂樹『最澄と徳一　仏教史上最大の対決』（岩波新書、岩波書店、二〇二一）
頼富本宏『密教とマンダラ』（講談社学術文庫、講談社、二〇一四）
渡辺照宏、宮坂宥勝『沙門空海』（ちくま学芸文庫、筑摩書房、一九九三）

第四章　法然・親鸞と浄土信仰　日本仏教の思想3

はじめに

本章においては、専修念仏の教えを説いて大乗仏教史の中で画期をなした法然の考え方の特徴を、『選択《せんちゃく》本願《ほんがん》念仏《ねんぶつ》集《しゅう》』(『選択集』)や「一枚起請文」を手がかりとして理解する。

また、法然の弟子であり、「絶対他力」と呼ばれる独自の浄土思想を展開した親鸞の思想を、主著『教行信証』や「自然法爾章《じねんほうに》」などの著述に基づいて検討する。併せて、法然や親鸞の浄土の教えなど鎌倉時代に現れた新たな仏教の意味を、「顕密仏教」「正統と異端」など近年注目されている観点から考えるとともに、さらに、単に社会的、政治的、経済的な動向に還元され得ない思想の固有性、普遍性という視座についても触れてみたい。

鎌倉仏教を捉える視座

鎌倉時代は日本仏教が最も盛んであった時代とされ、現代にまで続く浄土宗、浄土真宗、時宗、臨済宗、曹洞宗、日蓮宗を開いた宗祖として知られる、法然、親鸞、一遍、栄西《えい(よう)さい》(一一四一～一二一五)、道元、日蓮などが活躍した。従来、定説とされてきた、鎌倉仏教の主流を新たに生まれたこれらの「鎌倉新仏教」に求める見方に対して、近年、疑義が呈されている（第十五章の「仏教を哲学・思想として読み解く」の項も参照）。

それによれば、鎌倉時代を含め中世仏教の中軸は、依然として「顕密仏教」（南都六宗と平安二宗、つまり、三論宗、成実宗、法相宗、倶舎宗、華厳宗、律宗、天台宗、真言宗）であり、これらの南都北嶺《なんとほくれい》の寺院は神仏習合を進行させつつ、武家、公家と並ぶ権門（権門勢家）として中世社会で権力を振るった。それに対して、法然、親鸞、一遍、栄西、道元、日蓮らは、周縁的な存在であり、彼らの開いたとされる宗派が社会的に大きな力を持ってくるのは、戦国時代以降である。

また、いわゆる旧仏教側でも、華厳宗の明恵《みょうえ》（一一七三～一二三二）、凝然《ぎょうねん》（一二四〇～一三二一）、律宗の忍性《にんしょう》（一二一七～一三〇三）、俊芿《しゅんじょう》（一一六六～一二二七）、叡尊《えいそん》（一二〇一～一二九〇）などが出て、教理研究や社会救済事業、戒律復興など活発な活動を行ったことが指摘され、彼らは「顕密仏教」側に所属しながら、その中での改革を図ったことが改めて見直されてもいる。

このように、近年、鎌倉仏教研究は、従来の鎌倉時代を在地領主制の成立による荘園制貴族社会の克服とする通説や公武二元支配論に対する見直しという政治史、経済史、社会史の研究動向とリンクするかたちで、「顕密仏教」「権門体制」という捉え方を新たな前提として進められていると言える。

もちろん、思想が社会や時代によって大きな影響を受けることは当然であり、特に、その思想がどのような社会的時代的基盤から出てきており、またその形成に外的諸条件がどのような役割を果たしたのかを探究することは必要であろう。しかし、思想は個々の特殊な状況の反映であると同時に、思想それ自体として相対的に独立し、時代を超えた普遍性を持つことを目指すものであり、そこに思想としての達成があるという見方もできるのではないだろうか。思想の固有性、普遍性という観点からは、先述したような仏教者の思想を、単に日本のある時代、社会の反映としてのみ見るのではなくて、例えば、インド、中国、朝鮮半島を経由して成立した日本の大乗仏教という、大乗仏教史としての広がりの中で、その思想がどのような深まりを見せているのか、それらの思想家の固有の意味は何かというような視点も重要になってくるであろう。

以下、そのような視点を意識しながら、個別的な鎌倉仏教の思想家について検討していきたいが、その前に、まず、鎌倉時代に登場して既成の仏教に対抗して新たな教えを説いた、諸仏教思想家たちに共通する傾向についてまとめておこう。

1　鎌倉時代に新たに起こった仏教の特徴

末法思想への対応

一〇五二年（永承七）、日本は末法の世に入ったと言われた。末法とは、仏教の時代区分であって、正法、像法に続くものである。正法とは釈尊の死後、五百年または千年続くとされた、仏の教え（教）、それに基づく修行（行）、修行による悟り（証）の三つが具わる理想的な時代である。その後の五百年または千年続くとされた像法では、教と行はあるが、証が得られなくなり、さらにその後一万年続くとされた末法は、教のみかろうじて残るが、行も証も得られなくなってしまう末世である。この末法の世における時機（時代と教えを受ける側の衆生の能力）にふさわしい教えの探求が、鎌倉時代に新たに登場した仏教の大きなテーマとなる。

浄土宗、浄土真宗、時宗は、末法思想を受け入れ、修行も悟りも不可能な時代にあっては、阿弥陀仏の「念仏するすべての衆生を西方浄土に往生させ、そこで成仏させよう」という誓願を信じて「南無阿弥陀仏」と念仏するしか救済はない、念仏門以外の教えである聖道門によっては救われないと説いた。自分たちの宗派以外の教えによる救済の可能性を否定したことによって、既成仏教（顕密仏教）と結び付いた権力者からの厳しい弾圧にさらされ、法然も親鸞も流罪に処されたが、転換期の不安的な社会の中で貴族から民衆まで広汎な支持を集めた。

浄土信仰に対する激しい批判者であった日蓮も、末法思想を受け止め、『法華経』こそが末法の世を救う第一の経典であるとして「南無妙法蓮華経」という題目を唱えることを説いた（なお、日蓮は、『法華経』如来寿量品の娑婆即常寂光土《しゃばそくじょうじゃっこうど》の教えに依拠して、今、この現実こそが、真理が顕現されるべき真実の世界であり、霊山《りょうぜん》浄土であるとした）[1]。

このような末法思想を前提とした思想が隆盛する中、末法思想を否定したのが道元である。日本曹洞宗の開祖とされる道元は、今、ここで行う坐禅修行によって「悟り」を顕現するという立場から、この世においては修行も「悟り」も不可能であると説く末法思想を強く否定したのである。

天台本覚論との関係

天台本覚論とは、中古天台（一一世紀末〜一七世紀頃）で隆盛をみた、衆生には本来的な「悟り」（本覚）が具わっているから、ありのままでいれば悟った仏であり、改めて修行などする必要はないという考え方で、大乗仏教の理論的究極とも、絶対的一元論とも呼ばれている。鎌倉時代に新たな宗派を起こした祖師たちの多くは比叡山で天台教学を学んでいるので、この時代に盛んであった天台本覚論も十分に理解している。しかし、彼らはこのような本覚論とは一線を画している。

例えば、道元は、本来悟っているならば修行は不要ということになるのかという疑問を起こして比叡山を下り、坐禅修行を始めたと伝えられているし、後世の夾雑物を払い捨て最澄の原点に戻るべきだという日蓮の主張も、ありのままを説く天台本覚論とは鋭く対立した。日蓮はまさに、『法華経』の立場にたって現実の社会を批判し、また、修行実践としての題目を説いたのである。他方、法然や親鸞の専修念仏の教えでは、衆生は自分自身によっては救われない「悪人」「罪悪深重《じんじゅう》の凡夫」であって、天台本覚論の説くありのままで救われているという人間観とは相いれなかった。

易行《いぎょう》性、選択《せんちゃく》性、民衆性という観点

一般に鎌倉仏教の特徴は、「選択」性、「易行」性、「民衆」性と説明される。複雑な教理を理解できない民衆でも近付きやすいように複雑な教えから単純な行を選んで教えを説いたというのである。もちろん、そのように言える面もあるのだが、しかし、その内実は決して単純な教えというわけではない。確かに、念仏のみ、坐禅のみ、題目のみという教えは、単純で民衆にも近寄り易いとしても、その教えを説く法然にしても親鸞、道元、日蓮、一遍にしても、大乗仏教経典を広く深く学んだ上でそのような主張をしている。彼らの念仏なり坐禅なり唱題なりの主張の背後には、大乗仏教の真髄を体得した上で築いた思想が存在しており、仏教思想としてアプローチする場合には、その背景まで含めて彼らの思想を総体として捉える必要がある。親鸞が、他力信仰とは自分では何もなさずに他力を依り頼むだけであるから簡単なのかというと決してそうではなくて、真の意味での他力への「信」は「難中の難」であると言ったように、単純な教えだから手軽に実践でき簡単に救われるということでは決してない。単純であるからこそ、むしろ主体の側の理解と覚悟が厳しく問われるのである。

また、親鸞の言行を伝える『歎異抄』所載の悪人正機説で知られる悪人住生の思想は、生存のために罪を造らざるを得ない武士や民衆の心を捉えた。仏教の広まりとともに、末法の世の中で、生きるために殺生などの悪行を犯さざるを得ない人々の救いということが問題になってきた。

例えば、法然登場前夜とも言える後白河上皇の時代に作られた今様集である『梁塵秘抄《りょうじんひしょう》』には、「弥陀の誓ひぞ頼もしき　十悪五逆の人なれど　一たび御名を称《とな》ふれば　来迎引接《らいごういんじょう》疑はず」（阿弥陀仏が、念仏する衆生をすべて往生させようと立てた誓願こそ頼りになる。十悪〔殺生、邪淫、綺語《きご》、悪口《あっく》、瞋恚《しんい》、偸盗《ちゅうとう》、妄語、両舌《りょうぜつ》、貪欲《とんよく》、愚痴〕や五逆〔殺父《せっぷ》、殺《せつ》母《も》、殺阿羅漢、出仏身血《しゅつ(すい)ぶっしんけつ》、破和合僧《はわごうそう》〕を重ねる悪行の人である私でも、一たび阿弥陀仏の名号を称えれば、阿弥陀仏が来迎し浄土に迎え入れて下さる）、「鵜飼はいとをしや　万劫《まんごう》年経る亀殺し　又鵜の頸を結ひ　現世は斯《か》くてもありぬべし　後生《ごしょう》我が身を如何《いか》にせん」（鵜飼は気の毒だ。万劫の寿命を持つ亀を殺して鵜の餌とし、鵜の呑み込んだ魚を吐き出させるなどの残酷な行いをせざるを得ない。このような悪業を重ねていけば、現世はともかくも、来世はどうなるだろう。地獄が必定だ）などの歌が収められている。今様という庶民的な歌謡の中に歌われるほど、悪人である自分でも救われたいという願望が広がっていたことがよく分かる。このような願望に応える形で現れたのが、法然、親鸞の専修念仏の教えであり、さらに日蓮の唱題の教えであったのだ。

鎌倉時代の神仏習合

仏教は、無神的宗教、もしくは多神教であると言われている。無神的宗教と言われるのは、キリスト教やイスラームのような人格神を立てないからであり、多神教と言われるのは、仏教が土着の多様な神々を仏教の守護神というかたちで取り入れ信仰したからに他ならない。例えばインドの川や芸能の神サラスヴァティは、仏教の守護神として取り入れられ、それが中国に伝わって弁才（財）天となり、やがて日本でも弁才（財）天信仰が広まった。このような土着信仰との習合は、仏教が広まったアジア各地で見られ、唯一絶対の神を説くキリスト教が、ゲルマン布教に際してゲルマン人が古来信仰していた神々を追放したのとは対照的だとされている。

先述のように、日本に仏教が伝来した当初は、土着のカミ信仰との若干の摩擦があったものの、結局のところ、東アジア共通の高度な文明の源としての仏教の伝来を拒むという選択肢は、当時の日本にはなく、その後は、日本の神々への信仰と仏への信仰とは、矛盾せずに重なり合うとする神仏習合が発達した。奈良時代には神宮寺建立、平安時代には神前読誦、神への菩薩号授与、本地垂迹説が盛んに行われ、天照大神《あまてらすおおみかみ》の本地が阿弥陀仏や大日如来であるというように、日本の神をインドの仏が垂迹したものと捉える信仰が広まった。

鎌倉時代になると、神道でも新たな動きが見られた。古代神話が本地垂迹の立場から解釈し直されて中世神話として蘇り、神仏習合がさらに進行した。鎌倉時代における神仏習合の一面を表すのが、時宗の開祖とされた一遍《いっぺん》（一二三九〜一二八九）である。一遍は、熊野本宮証誠殿《しょうじょうでん》に参籠して「信不信をえらばず、浄不浄をきらはず、その札（念仏札）をくばるべし」という熊野権現（本地は阿弥陀仏）の神勅を受け、それをきっかけとして本格的な念仏布教を開始した。また、日蓮は『法華経』を中心とするその大曼荼羅に、天照大神や八幡《はちまん》神《しん》を組み込むなど、神と仏の新たな関係を追求した。それに対して親鸞は、「神祇不拝《じんぎふはい》」を称え、阿弥陀仏の絶対他力への信仰を強調したのである。
以下では、これら新たな動きを担った鎌倉仏教の祖師たちについて、その生涯と思想を瞥見してみよう。本章では、浄土信仰の祖師として法然と親鸞を取り上げる。

２　法然の生涯と思想

父の遺言による出家と比叡山での修学

浄土宗の開祖でありいわゆる鎌倉新仏教の先駆者である法然《ほうねん》（一一三三〜一二一二、諱《いみな》は源空で法然房と号する）は、美作国《みまさかのくに》久米南条稲岡荘（岡山県久米郡久米南町）で生まれた。父は押領使の漆間時国《うるまときくに》であったが、法然が九歳の時に荘園支配を巡る内紛から討たれ命を落としてしまう。

法然は、父の「今度のことは前世の因縁とあきらめ、菩提を弔うため出家してほしい」という遺言に従って、出家を決意したと伝えられる。最初は故郷の寺で修学し、その後一五歳（一説に一三歳）の時に、比叡山延暦寺に入り正式に出家する。のちに「智慧第一」と謳《うたわ》れた法然は、比叡山で天台教学を習得し優れた学才を示したが、一八歳の時遁世し、当時、念仏信仰で知られていた比叡山中の黒谷別所の叡空の門下に入り、法然房源空と称した。叡空は、融通念仏宗の開祖である良忍の弟子で、天台の円頓菩薩戒も伝受していた。

当時、黒谷では二十五三昧会(2)が実修されており、法然は、二十五三昧会の始祖である源信

法然上人行状絵図（国宝、知恩院所蔵、京都国立博物館、14世紀）法然が老若男女に対して念仏の教えを説いている。

（良忍の師に当たる）の『往生要集』にも親しんだものと考えられる。ただし、源信が口称《くしょう》念仏を観想念仏のできない劣った機根の者のためのものと低く評価していたことは、後に確立された法然の専修念仏の教えとの大きな相違点である。

専修念仏の布教と弾圧

　その後、法然は、広く、法相、三論、華厳、密教、律等諸宗を学んだ。特に、南都（奈良）では、比叡山の天台浄土教とは異質な、三論宗で行われていた浄土教（南都浄土教）に触れる機会があったとされる。源信らが確立した天台浄土宗が、観想念仏（心の中に阿弥陀仏や浄土の素晴らしい様子を思い浮かべる修行）を中心としたものであったのに対して、南都浄土教では、称名念仏などのより容易な行が重視されていた。また、この時期、比叡山黒谷の報恩蔵に籠もり一切経（仏教経典の全て。大蔵経）を五回通読したと伝えられる。

　これらの体験を通じて、法然は、末法の凡夫の救いを説く時機相応の仏教としての念仏の教えに一層、傾斜していき、一一七五年（承安五）、四三歳の時、唐の善導《ぜんどう》（六一三〜六八一）著『観無量寿経疏《かんむりょうじゅきょうしょ》』「散善義《さんぜんぎ》」の「一心に専ら弥陀の名号を念じて、行住坐臥に時節の久近を問わず、念念に捨てざるもの、これを正定《しょうじょう》の業《ごう》と名づく。かの仏の願に順じるが故に。」という言葉に触れ、「たちどころに余行を捨て、ここに念仏に帰」（『選択本願念仏集』）し、他の行によらず一心に称名《しょうみょう》念仏をすれば阿弥陀仏の救いにあずかれるという専修念仏の確信を得、回心《えしん》を遂げた。この後、生涯にわたり「偏依善導《へんねぜんどう》」（ひとえに善導による）を貫く。

ただし、善導が観想念仏を否定はしなかったのに対して、法然は観想念仏を原則としては認めなかった点が大きな違いである。末法の罪悪深重の凡夫が救われるには、ただ一心に「南無阿弥陀仏」と阿弥陀仏（一切衆生を救済する無限の光と命、智慧と慈悲の仏）の名号《みょうごう》を称えるしかないと法然は主張したのである。

この後、法然は比叡山を去り、東山吉水《よしみず》に移り住み、そこで称名念仏と諸経典の学習に励みつつ、人々に念仏の教えを説き始めた。現在の浄土宗では、この一一七五年（承安五）をもって立教開宗を遂げたとする（ただし、法然が後年、比叡山に送った起請文に「叡山黒谷沙門法然」と署名したことなどから、どの時点で天台宗から独立して一宗をなしたのかについては、諸説ある）。

貴賤、男女、老少、善悪、身分の高下などは一切問わず、戒律も修行も全く不要で、口称念仏だけで救われると説く法然の教えは、またたくまに広がり、庶民や武士だけではなく関白太政大臣九条兼実《くじょうかねざね》夫妻もその熱心な信者となった。また、初期浄土宗諸派の始祖となっ

た証空《しょうくう》（一一七七～一二四七）（西山義《せいざんぎ》）、源智《げんち》（一一八三～一二三八）（紫野門徒）、弁長《べんちょう》（一一六二～一二三八）（鎮西義《ちんぜいぎ》）、幸西《こうさい》（一一六三～一二四七）（一念義）、親鸞（大谷門徒）、長西《ちょうさい》（諸行本願義）らも相次いで入門した。

このように専修念仏の教えが社会各層に広がっていった一一九八年（建久九）、法然は、念仏による三昧境に入り極楽の様相を感得した。その時は仏の姿が見えるなど、いわゆる「三昧発得《ほっとく》」の己証《こしょう》を得、手ずからそれらの体験の詳細を書き残している。法然自身、善導が三昧発得者であったことを重視しており、自らもこの体験によって称名が真正な教えだと確信した。専修念仏が、三昧と両立するものとして法然において捉えられていたことは注目される。

同年、法然は、主著となる『選択本願念仏集』を、関白九条兼実の求めに応じて著した。その中で法然は、教えの要義を一六章に分けて説き、経論の引用文をあげて自分なりの解釈を加えた（後述）。なお、執筆に先立って、夢定《むじょう》中に腰から下が金色に輝く「半金色《はんこんじき》」の善導が現れ、専修念仏の教えの正しさを、法然に証明したという。

旧仏教側の攻撃

さて、専修念仏の教えが広まるにつれて、旧仏教側は批判を強め、専修念仏の教えを「偏執」であると攻撃した。法然は、摩擦を避けるために、弟子たちに「七箇条制誡《しちかじょうせいかい》」を示し署名させるなどして対応につとめたが、一二〇五年（元久二）、興福寺衆徒が、「新宗を立てるの失」「万善を妨げるの失」等、専修念仏の九ヵ条の過失をあげて、念仏停止と法然一派の処罰を求める上奏を行った。

この書状は「興福寺奏状」と呼ばれ、起草者は笠置の解脱房貞慶《げだつぼうじょうけい》（一一五五〜一二一三）だとされている。そして、後鳥羽院は、官女らの無断出家事件をきっかけとして、一二〇七年（承元元）、専修念仏禁止を発令し、事件関係者を処罰した。官女らと関わった法然の弟子が死罪となり、法然自身や親鸞など有力な弟子も流罪になった（建永〔承元〕の法難）。

七五歳の老齢で流罪になるという苦難に直面して、法然は「われたとひ死刑にをこなは（行）るとも、この事（専修念仏）いはずばあるべからず。」、「（流刑によって）辺鄙におもむきて、田夫野人を（念仏に）すすめん事、年来の本意なり。」と言ったと伝えられている。流罪の地に赴く途中で、遊女や漁師を教化したというエピソードも有名である。

その後、法然は赦免され、一二一一年（建暦元）一一月、ようやく入洛の勅許がおり大谷の小庵に住するが、次第に病のために衰弱していった。翌年一月二三日重体におちいった法然は、高弟の勢観房源智の要請により、一枚の紙に専修念仏の教えの要義を書き与えた。「一枚起請文《いちまいきしょうもん》」である。

これは短く平易な文章ではあるが、法然の生涯をかけた思想のエッセンスともいえる。そこで法然は、「念仏を信ぜん人は、たとい一代の法をよくよく学すとも、一文不知《いちもんふち》の愚鈍の身になして、尼入道の無智のともがらに同じうして、智者のふるまいをせずしてただ一向に念仏すべし。」（念仏を信じる人は、たとえ釈尊一代の教えをしっかりと学んだ者であったとしても、何も知らない愚鈍の身となって、尼や在家の信者（入道）のような無知の人々と自分は同じだと思って、知者ぶった振る舞いをせずに、ただひたすら念仏を称えよ。）と言う。

この「一枚起請文」こそが、まさに、大乗の菩薩、すなわち「被救済者の外延の無限拡大化」という使命に生きた法然にふさわしい後世への遺言であろう。法然は、大乗の菩薩として「空―縁起」思想に依拠して、あらゆるものとの一体性（自他不二）を基盤とする共同成仏を目指したという意味で、きわめて正統的な大乗仏教の担い手であったと言えよう。

そして、「一枚起請文」執筆のその二日後、法然は八〇歳で入滅した。臨終にあたって法然は、円頓戒相承の印とされる、円仁～叡空相伝の九条袈裟をかけ、「光明《こうみょう》遍照《へんじょう》　十方世界　念仏衆生　摂取不捨《せっしゅふしゃ》」（阿弥陀仏の智恵と慈悲の光は遍く全世界を照らし、念仏する衆生をすべて救済する）と、『観無量寿経』の一節を、西を向いて称えたと伝えられている。

慈円《じえん》（一一五五～一二二五）の『愚管抄』には、法然の臨終の時に多くの人が集まったが、皆が期待したような、紫雲たなびき仏の来迎する輝かしい姿が見えるというような奇瑞は起こらなかったと述べられている。天台座主《ざす》をつとめた慈円の思惑とは別に、生前の法然が、「型通りの臨終行儀などを行わなくてもかまわない、「平生《へいせい》の念仏」（日常的に称える念仏）こそ大切にすべきである」と説いていたことを考慮するならば、これは法然にふさわしい臨終のエピソードであるとも言えるだろう。

「選択」と専修念仏

次に、法然の思想を、その特徴である「選択《せんちゃく（じゃく）》」を中心にまとめておこう。いわゆる「鎌倉新仏教」の祖師たちの多くが学んだ比叡山の天台宗が「円（天台）・密（台密）・禅・戒」の四種相承《ししゅそうしょう》に常行《じょうぎょう》三昧（念仏行）をも加えた総合的な仏教であったのに対して、鎌倉時代に新たな宗派を開くべく登場したいわゆる「鎌倉新仏教」の祖師たちは、教にせよ行にせよ、選択を行い、それに基づいて自らの実践と思想とを確立している。

その先駆けとなったのが、法然である。法然の選択の内実をよく表しているのが、法然が主著『選択本願念仏集』の末尾に記した結文である。それは、一書の内容を原文（漢文）にして八一字に、簡明にまとめているところから「略選択」と言われている。この文章は法然思想の精髄である。原文の書き下し文を見てみよう。

計《おもん》みれば、それ速やかに生死を離れんと欲せば、二種の勝法の中には、且《しばら》く聖道門を閣《さしお》いて、選んで浄土門に入れ。浄土門に入らんと欲せば、正雑二行の中には、且く諸《もろもろ》の雑行を抛《なげう》って、選んで正行に帰すべし。正行を修せんと欲せば、正助二業の中には、なお助業を傍《かたわら》にし、選んで正定を専らにすべし。正定の業とは、すなわちこれ仏名を称するなり。名を称すれば、必ず生ずることを得。仏の本願に依るが故なり。

【現代語訳】よく考えてみるに、速やかに生死輪廻する迷苦の世界を離れたいと思うならば、二つの勝れた教えのうちで、まずもって聖道門をさしおいて浄土門を選んでそこに入りなさい。浄土門に入りたいと思うならば、正行と雑行の二つの行のうちで、まずもって諸の雑行を捨てて正行を選んで帰依しなさい。正行を修したいと思うならば、正業と助業のうちで、助業をかたわらに置いて正定業を選んで専念しなさい。正定業とは阿弥陀仏の名号を称えることである。御名を称えれば必ず往生できる。念仏する者を往生させようという阿弥陀仏の誓願があるからだ。

ここでは、①仏の教えを浄土門とそれ以外の聖道門とに分け、聖道門を「閣」き、浄土門を選んで入ることを勧め、②さらに浄土門を正行《しょうぎょう》（読誦・観察・礼拝・称名・讃歎供養）とそれ以外の雑行に分け、雑行を「抛」て正行を選んで修することを勧め、③正行の中でも、助業である読誦・観察・礼拝・讃嘆供養を「傍」らに置いて、阿弥陀仏の本願に応じた称名念仏を、正定の業として選んで修するように、述べられている。これらは、三回の選択を繰り返すことから、「三重の選択」とも呼ばれる。

この場合、「選択」の主体はまず阿弥陀仏であり、阿弥陀仏が「選択」してくれているからこそ、浄土信者が念仏を「選択」し実践することができる。末法の世は、仏の教えだけはかろうじて残るものの、それに則った修行も悟りも不可能な悪世であるから、自分の修行によって悟りを開く自力修行を説く聖道門では救われず、阿弥陀仏が「選択」した本願を信じ、他力の念仏を称えるしかないと説かれるのである。

法然は、専修念仏の特徴として、前述のように本願に基づく称名であること、末世の凡夫にも修しやすい易行であることに加えて、念仏は法蔵菩薩（阿弥陀仏）によって「選択」されたが故に他の行と比べて優れ、すべての功徳がこもっており、それ故にどのような悪人でも念仏すれば救済されると、念仏の優越性を強調する。さらに、法然は、念仏を多く繰り返せと説く。たとえ一回だけの念仏でも救われるが、一回称えればよいということではなく、それを繰り返し多数称えることに意義があると言う(3)。

法然自身は日に六万遍称え、弟子たちにもそのように勧めていたと伝えられる。法然においては、一回一回の念仏が絶対的な救済の念仏であることと、それを重ねていくこととは、その行において両立していた。一念ごとに阿弥陀仏による救済が確定し、その念を重ねていくという法然の行の在り方は、後述する、道元の修証一等の在り方、すなわち修行する一瞬、一瞬が、悟りが顕現する一瞬、一瞬となるという在り方と、行の構造としては類似しているということができる。法然にとって、阿弥陀仏の誓願による救済を自覚したその瞬間が、スタート地点であり、自らの死をゴールとして命の続く限り、念仏を相続する。生涯悪行の限りを尽くした人間が、命終の際にたった一度だけでも念仏を称えれば浄土往生できるというのは、まさに、スタート地点とゴール地点が重なっていたということである。長さはさまざまであろうと、スタート地点からゴール地点まで念仏を続けることには変わりはないのである。しかし、弟子たちの間には、一回の念仏で救われるということを強調する一念義と、なるべく多く念仏を称えるべきだとする多念義の間に論争が起こり、特に一念義の主張から、すでに一回の念仏で救われているのだからと、反社会的行為に走る造悪無碍《ぞうあくむげ》の徒が出て大きな問題となった。

3　親鸞の生涯と思想

生涯

法然の弟子であり、日本の浄土思想の発展に大きな役割を果たした親鸞（一一七三〜一二六二／三）は、「五濁《ごじょく》悪時悪世界」（『浄土和讃』）とよばれた乱世に、中流貴族日野氏の傍流に生まれ、当時としては異例の長命を保ち九〇歳で没した。国宝に指定されている親鸞直筆の文書の強い筆勢からは、その旺盛な生命力が窺われる。

親鸞は、後世の伝記記録によれば、九歳の時に天台座主慈円の下で出家し、二〇年間を比叡山で過ごしたとされる。妻恵信尼《えしんに》の手紙に「比叡の山に堂僧つとめておはしましける」とあるように、比叡山の常行三昧堂で不断念仏を修する堂僧をつとめたが、二九歳の時、法然の吉水教団（京都東山）に参入した。自らの生涯を決定したこの出来事について、親鸞自身は、主著『教行信証』後序において「愚禿《ぐとく》釈の鸞、建仁辛《かのと》の酉《とり》の暦《れき》、雑行《ぞうぎょう》を棄てて本願に帰す。」と簡潔に述べている。比叡山でそれまで修していた自力の念仏を投げ打ち、法然の他力念仏の教えに帰依したこの回心《えしん》体験は、後に「三願転入」(4)としてまとめられた。

さて、「よきひと」法然の門下に転じた親鸞は、『歎異抄』に「たとひ法然聖人にすかされ（だまされ）まゐらせて、念仏して地獄におちたりとも、さらに後悔すべからず候ふ。」とあるように、師の人格と教えに深く傾倒し、入門から四年目の一二〇五年（元久二）には、法然から『選択本願念仏集』の書写と、法然真影の図画を許された。親鸞は、生涯、法然を師と仰いだ。親鸞が「浄土真宗」という言葉を使う時、それは、法然から受け継いだ真正な浄土の教えを意味したことに端的に表れているように、親鸞自身としては、法然とは別の宗派を構える意図はなく、新たな宗派を立ち上げたのは親鸞の血を引く子孫たちであったことは、注意すべきであろう。

しかし、このころ、法然教団への旧仏教側からの圧迫が強まり、一二〇七年（承元元）、後鳥羽院《ごとばいん》（一一八〇～一二三九）は、官女らの無断出家事件をきっかけとして専修念仏禁止を発令し、事件に関わった同門の住蓮《じゅうれん》（?～一二〇七）・安楽《あんらく》（?～一二〇七）らは処刑され、法然、そして主だった弟子たちは、各地に配流された。

親鸞は、藤井善信《ふじいよしざね》と改名させられ越後（新潟県）に送られた。この事件について親鸞は、同じく後序において「主上臣下、法に背き義に違《い》し忿《いか》りを成し怨《うら》みを結ぶ」と、弾圧の張本人である後鳥羽院を激しく批判した。この事件をきっかけとして、親鸞は「非僧非俗」を宣言し、生涯、仏道に生きつつ国から公認された正式な僧侶ではないというあり方を貫いた。

一二一一年（建暦元）に親鸞は赦免されるが、京都には帰らず東国布教を行い、その結果、関東各地に有力門弟を核とした小集団が形成されていった。特に、真仏《しんぶつ》（一二〇九～一二五八）・顕智《けんち》（一二二六～一三一〇）の高田門徒、性信《しょうしん》（一一八七～一二七五）の横曽根門徒は有名である。六二、三歳ごろに、親鸞は、家族と京都に戻り市中を転々とするが、東

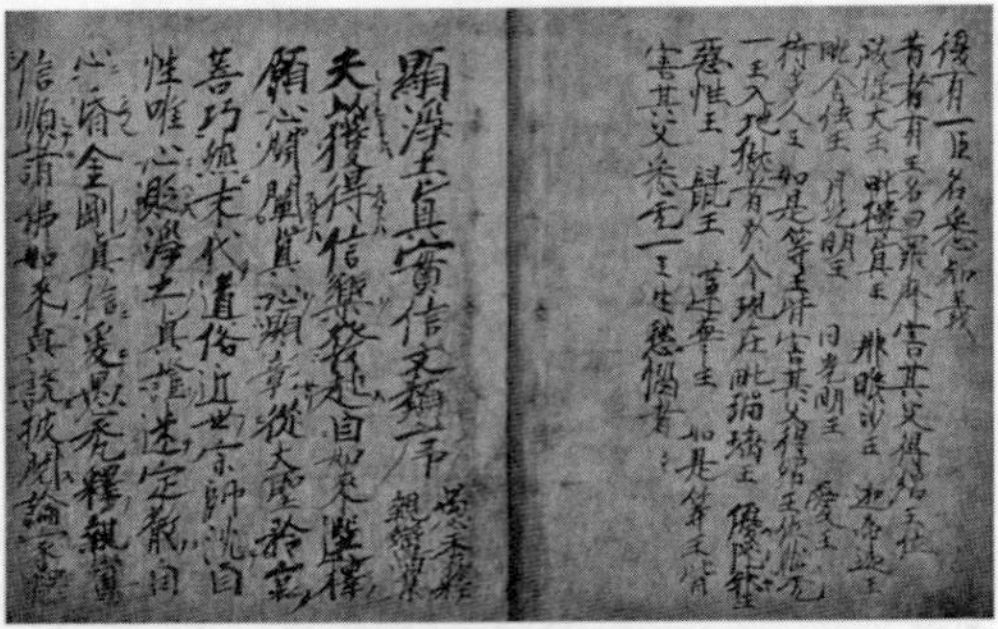

『教行信証』坂東本（国宝、真宗大谷派〈東本願寺〉所蔵、13世紀）親鸞の真筆。

国の弟子とは頻繁に連絡をとり、聖教や書状を送るなどして指導を続けた。

しかし、一二五〇年（建長二）ごろから、東国で造悪無碍《ぞうあくむげ》、賢善精進、即身成仏《そくしんじょうぶつ》、知識帰命《ちしききみょう》などの異端説が起こり、親鸞は、息子の善鸞《ぜんらん》（一二一七？〜一二八六？）を派遣したが、善鸞が親鸞の教えに背く発言を行ったため、最終的には善鸞を義絶して事態の収拾をはかった（ただし善鸞事件には不明の点も多く、これが事実かどうかを疑う説もある）。

このころ、親鸞は八〇代であったが、多数の著作を執筆している。教団の危機的状況を前にして執筆意欲が高まったものと思われる。九〇歳になった親鸞は病の床につき、末娘とされる覚信尼をはじめ、ごくわずかの血縁や弟子に見守られて入滅した。法然と同じく、来迎や瑞相は見られなかったと言う（『恵信尼消息』）。

他力と「空—縁起」

親鸞の思想体系の中心に位置する概念は、「他力」である。それは、衆生の救いのために唯一絶対のものという意味で「絶対他力」と呼ばれる。親鸞のすべての思想は、この「他力」なる力の直覚を出発点としている。この「他力」は、『無量寿経』所載の法蔵神話[5]において語られる阿弥陀仏の持つ救済力として、とりあえずは理解される。しかし、親鸞にとって、より本質的な他力の捉え方からすると、先行するのは阿弥陀仏ではなくて、力そのものであり、それは、「空―縁起」なる場において、その場そのものを実現していく力、つまり「空が空じていく力」として理解できる。

そもそも、大乗仏教の説く「空」とは、空っぽで何もないということではなくて、あらゆるものがはたらき合って互いに互いを成立させ合っているということであり（縁起）、はたらきとしての力そのものである。執着によって「我」を生み出し、「空」であるにもかかわらず自己を実体化して苦しむ衆生にはたらきかけて、空なる場に還帰させることこそが、仏の衆生への「慈悲」である。衆生が自分自身すでにその力の中にいたことを自覚できるように、その力は、自らを阿弥陀仏として具体化し、種々の方便を設けて衆生にはたらきかけていくのである。

このことを親鸞は、『唯信鈔文意《もんい》』において、「法身はいろもなし、かたちもましまさず。しかれば、こころもおよばれず、ことばもたえたり。この一如よりかたちをあらはして、方便法身と申す御すがたをしめして、法蔵比丘となのりたまひて、不可思議の大誓願をおこしてあらはれたまふ御かたちをば、世親《せしん》菩薩《ぼさつ》は「尽十方無礙光如来《じんじっぽうむげこうにょらい》」となづけたてまつりたま

親鸞像

へり。」（仏の法身は色もなく、形もない。だから、思慮分別も及ばないし、言葉に表すこともできない。この一如の真理世界から形をあらわして方便法身という御姿を示し、法蔵菩薩と名乗られて、思いはかることのできない大いなる誓願を起こされたのである。このようにして現れた「かたち」を、世親菩薩は「尽十方無礙光如来」とお名付け申し上げたのである。）と説明する。

ここでいう「法身」とは、色形を越えた仏の本質であり、親鸞においては、衆生を救う絶対他力そのもの、「空」なるはたらきである。感覚的な色形を超えた「一如」なるはたらきそれ自体が自己展開して、自らを具体化するその一つの形が「法蔵比丘」（後の「阿弥陀仏」）である。続けて、親鸞は、さらに、そこから色形をもった報身仏が阿弥陀仏という名と形を伴った姿で現れると述べる。そして引用に続く箇所では、さらに種々さまざまな仏（「応化等の無量無数の身」）が展開してくるという。

このような自己展開する根源的な力である他力について、親鸞は、「自然法爾《じねんほうに》章」（『末燈抄』第五通）では、「おのづから」「しからしむる」力であるとする。そして、阿弥陀仏とは「自然のやうをしらせん料なり」と述べて、阿弥陀仏という「姿かたち」が現れたのは、色形を越えた「おのづから」「しからしむる」力、すなわち「自然」のありようを知らせるための手立てだとする。この力こそが、全時空に遍満し一切衆生の救済のためにはたらき続ける根源的な力、すなわち、「絶対他力」と呼ばれる力なのである。

救済の絶対不可能性と信

親鸞においては、「絶対他力」への帰依は、「(阿弥陀)如来よりたまわりたる信心」(『歎異抄』第六条)、「本願招喚の勅命」(『教行信証』行巻。本願により衆生を招き救済へと導く阿弥陀仏の呼び声)に基づく念仏によってのみ可能となる。阿弥陀仏から与えられた信心のもとに、阿弥陀仏からの呼び声に促されて念仏することは、「絶対他力」の自覚である。この自覚において人は本来性としての「空―縁起」なる場と、そこにはたらく「他力」に連なる。

しかし、他方、人は身であることを免れられない。「こころはすでに如来とひとし」いにもかかわらず、身は依然として、「あさましき不浄造悪の身」に留まる。「かなしきかな、愚禿鸞、愛欲の広海に沈没し、名利の大山に迷惑して、定聚の数にいることをよろこばず、真証の証に近づくことをたのしまず。はずべし、いたむべし。」(『教行信証《きょうぎょうしんしょう》』信巻)と「悲嘆述懐」されるように、実体化されたこの身をさらに強固なものにしようとする名利と、同じく実体化された他者に執着する愛欲は、この身としてこの世にある限り抜き難いものであり、自分の力では如何ともし難い、と親鸞は言う。このような如何ともし難さ、すなわち、救済の絶対不可能性は、すでに他力による救済を成就しながらもその救済さえも喜ばないということを、その極限形態とする。

例えば、『歎異抄』第九条の、親鸞と弟子唯円《ゆいえん》（一二二二〜一二八九）との救済をめぐる対話がそれである。その対話において親鸞は、弟子唯円の「念仏を称えても踊躍歓喜の心は一向に湧いてこず、浄土に早く往生したいという心も起こらない」という訴えに対して、「自分も同じであり、喜ぶべきを喜ばせないのは煩悩の所為であるが、そのような煩悩具足の凡夫を救うというのが阿弥陀仏の他力である。喜ばないということによってさらに往生は確実なものとなる」と答える。つまり、自分では煩悩をどうしても脱却できないからこそ、阿弥陀仏の救済以外には何にも頼ることができないことが明らかになる。

このことを「正信偈《しょうしんげ》」では「煩悩を断ぜずして涅槃を得るなり」と言い、『教行信証』信巻では、善導の深心釈《じんしんしゃく》を引用して、自分は罪深い凡夫で救われ難い存在であるが、そのような自分をこそ阿弥陀仏の絶対他力は救うと述べている。自己の救済の絶対不可能性の自覚（機の深信）と絶対他力による救済の自覚（法の深信）は二種深信と呼ばれ、「信楽一心《しんぎょういっしん》」の両側面であるとされた。

二種廻向と浄土

『教行信証』においては、往相《おうそう》と還相《げんそう》、すなわち穢土から浄土へ往生し（往相）、そこで開悟成道してさらに穢土の衆生を救済するために浄土から穢土に還帰する（還相）という構造が語られる。この二つの方向性のそれぞれは阿弥陀仏の「本願力回向《えこう》」によるものとされる。回（廻）向とは、功徳を差し向けることであり、一般的には、死者供養を回向と言うように、自分で積んだ功徳を他者に差し向けることを意味するが、親鸞は自力否定の絶対他力の立場から、阿弥陀仏の本願力の差し向けにより、往相と還相の二種回向が成立すると言う。

つまり、念仏者が発心し信心決定して現生《げんしょう》正定聚《しょうじょうじゅ》（浄土往生が定まった者）の位に住し、穢土から浄土に往生して即座に仏となる（往生即成仏）往相回向も、そして、往生成仏者が、迷苦の衆生を救うために再び穢土に戻ってくる還相回向も、すべて絶対他力のはたらきによって実現している(6)。

そしてこのような二種回向の構造において、浄土とは、例えば『教行信証』真仏土巻において『浄土論』を引用して「究竟にして虚空のごとし、広大にして辺際なし」と言われるように、色や形を越えた真仏土であり、仏の悟りそのものである「無為涅槃界」である。そして、三願転入において、他力の真如門のために自力の方便門が必要であったように、また、自然法爾としての絶対他力が阿弥陀仏などの具体的な形をとったように、色形を越えた真仏土、すなわち、光や命、智慧や慈悲という言葉で表されるはたらきそのものへと還帰するためには、色形としての浄土である化身土が、衆生のための方便として不可欠であったのだ。

注

(1) 霊山とは、釈尊が『法華経』を説いたとされる、マガダ国王舎城郊外の山、霊鷲山《りょうじゅせん》のことである。日蓮は、こここそが、永遠の仏が教えを説き続ける浄土だと説いた。つまり、迷苦に満ちた娑婆世界こそが、実は永遠の仏の世界に他ならないのである。「法華経修行の者の所住の処を浄土と思うべし」(『守護国家論』)という日蓮の言葉にあるように、『法華経』の行者は、すでに浄土に住している。『法華経』の行者は、生きている時には、真理世界を自覚しつつ、それを顕現し続けることにおいて霊山浄土におり、死後も、永遠の仏とともに霊山浄土で生き続けるとされたのである。

(2) 源信ら二五人の同志が浄土往生を期して念仏三昧を定期的に修し、同志の葬送供養したのが源流とされる。

(3) 一回一回の念仏を大切にそれを重ねていくという営為それ自体は、道元の修証一等と同構造にある。今、ここ、この私の念仏において、全時空にわたる阿弥陀仏の智恵と慈悲の光明が顕現し、それを、念仏を継続することによって主体的に顕現させ続けるのである。

(4)『教行信証』化身土巻所載の信仰の三段階であり、阿弥陀仏が一切衆生を浄土に往生させるために発した三つの願、すなわち、四八願中の第一九願(自力諸行往生)→第二〇願(自力念仏往生)→第一八願(他力念仏往生)の転入の過程を表す。自力から真実の他力念仏へと導かれるこの過程は、親鸞自身の体験であるとともに、他力信仰の普遍的構造をも示す。また、第一九、二〇願は、真仏土往生を顕す真如門である第一八願から見れば、化身土や疑城胎宮にしか往生できない方便門であるが、罪悪深重の凡夫は、つねに自力を否定し続けることでしか他力に導かれないのであるから、それらは他力念仏にとって不可欠の契機である。この意味で三願転入は一回的、直線的ではなく反復的、円環的な過程といえよう。

(5) 遠い過去に、ある国王が世自在王仏の下で発心し出家して法蔵菩薩(比丘《びく》)と成った。法蔵菩薩は修行を始めるにあたって、西方浄土に衆生を往生させ救うために四八願を立てた。そのうちの第一八願は

「念仏する衆生がすべて浄土に往生するまで自分は仏に成らない」というものであった。そして、法蔵菩薩は修行の末、成仏して阿弥陀仏に成ったと『無量寿経』は語る。つまり、念仏する衆生はすべて浄土に往生できるのである。

（６）親鸞は、自己の師である法然も、また源信ら念仏信仰の祖師たちも、浄土から穢土である現世へ、衆生救済のために還相廻向して来た仏の化身であると考えていた。例えば『高僧和讃』に「阿弥陀如来化してこそ　本師源空としめしけれ　化縁すでにつきぬれば　浄土にかへりたまひにき」とある。

参考文献

阿満利麿『法然の衝撃――日本仏教のラディカル』（ちくま学芸文庫、筑摩書房、二〇〇五）
石田瑞麿編『親鸞』（日本の名著６、中公バックス、中央公論社、一九八三）
大橋俊雄『法然入門』（春秋社、一九八九）
黒田俊雄『日本中世の国家と宗教』（岩波書店、一九七五）
佐藤正英『親鸞入門』（ちくま新書、筑摩書房、一九九八）
末木文美士『浄土思想論』（春秋社、二〇一三）
末木文美士『親鸞――主上臣下、法に背く』（ミネルヴァ日本評伝選、ミネルヴァ書房、二〇一六）
平雅行『改訂　歴史のなかに見る親鸞』（法藏館文庫、法藏館、二〇二一）
武内義範『教行信証の哲学』（法藏館、二〇〇二）
田村芳朗他『天台本覚論』（日本思想大系９、岩波書店、一九七三、新装版、一九九五）
峰島旭雄監修『浄土教の事典――法然・親鸞・一遍の世界』（東京堂出版、二〇一一）

第五章　道元と禅思想　日本仏教の思想4

はじめに

道元《どうげん》（一二〇〇～一二五三）は、中国に留学して禅を学び、日本に中国禅の系譜を伝え、「只管打坐《しかんたざ》」「修証一等」などの教えを説いた。道元は、日本曹洞宗の開祖であると同時に、「日本思想史上最高の思想家」とも呼ばれている。

本章においては、道元の思想について、道元の主著である『正法眼蔵』の言葉を手がかりにその特徴を検討したい。

禅と禅宗

禅宗は、仏教の開祖釈尊から禅宗初祖とされる摩訶迦葉《まかかしょう》に「拈華微笑《ねんげみしょう》」によって「以心伝心」にて「教外別伝」の真理が伝わったことを出発点とし(1)、その後、代々インドで伝えられ、二八代目の菩提達磨が中国に伝えたものとされている。ただし、これは、中国禅宗が自らの系譜を釈尊の原点にまで遡らせて正統化するための伝説であり、現在では、臨済宗や曹洞宗などの中国禅の諸宗派が確立したのは、唐の時代であったと考えられている。

禅という言葉のもととなった「禅那《ぜんな》」は、サンスクリット語のディヤーナ dhyāna の音写であり、その起源は仏教以前の古代インドにまで遡らせることができる。この「禅那」は「禅定《ぜんじょう》」とも呼ばれ、坐禅瞑想による精神集中を意味している。仏教の開祖である釈尊が今から二千数百年前にブッダガヤーの菩提樹《ぼだいじゅ》の下で開悟成道したのは、まさにこの「禅定」の成就であったと言われている。この意味では、禅は、その源を遠く釈尊の菩提樹下の開悟成道にまで遡ることができる、とも言えるだろう。

現在、道元や禅については日本のみならず国際的に関心が高まっている。遠い過去に始まった禅が、今なお新たな魅力をもって人々を引きつけるのはなぜなのだろうか。この答えを、日本における禅の出発点とも言える道元を手がかりとして考えてみよう。

1　道元の生涯

中国留学と師との出会い――修学時代

さて、道元は、京都の上級貴族の家に生まれた。父は源通親《みちちか》とも源通具《みちとも》とも言われている。幼いころ母と死別し無常を観じたことが、出家の動機となったと伝えられており、一四歳の時に、比叡山延暦寺の天台座主《ざす》公円《こうえん》（一一六八～一二三五）の下で出家するが、当時の比叡山の教学のあり方に飽き足らず、疑問を抱くようになった。

その疑問は、『建撕記《けんぜいき》』によると、「顕密二教ともに談ず。本来本法性、天然自性身と。若《も》しかくの如くならば、三世の諸仏、甚《なに》によってか更に発心して菩提を求むるや」（顕密の教

道元禅師像（宝慶寺蔵）

えはともに、人間は本来、仏の本質である仏性《ぶっしょう》をもっているから悟っており、ありのままで真理を体現する仏であると教えている。それならば、どうして、三世の諸仏は、わざわざ発心して修行して悟りを求める必要があるのだろうか）というものであった。これは、院政期から一七世紀にかけての中古天台において隆盛をみた天台本覚論に対する疑問ということになる。

天台本覚論は、天台智顗《ちぎ》（五三八〜五九七。陳末隋初に活躍した中国天台宗の実質的開祖）の思想に端を発するが、天台智顗が、本覚（本来的悟り）を衆生が具えていることを認めつつも、この世においては、それは実現不可能だとしていたのに対して、この世で実現可能だとする新たな説を編み出した。最澄の後継者として天台宗の密教化を推し進めた円仁《えんにん》（七九四〜八六四）をはじめとする日本天台宗の学匠らは、密教の即身成仏の考え方を導入することで、このような新展開を導くに至ったとされている。

そして、天台本覚論からは、この世において悟りを開くことができるばかりか、さらには、すでに悟っているのであるから、ありのままで仏であり、修行など不要であるという極端な議論まで導き出された。このような当時の天台本覚論に対して、道元は疑問を持ち、最終的には比叡山を去ったと伝えられるのである（ただし『建撕記《けんぜいき》』は道元の没後一〇〇年以上もたってから成立した伝記であることから、このエピソードの信憑性に対して疑問を唱える説もある）。

さて、道元は三井寺《みいでら》の学匠公胤《こういん》（一一四五〜一二一六）を訪ね、その疑問に対する答えを求めるが、公胤はその疑問については答えず、中国で禅を学び帰国した栄西《えいさい》（一一四一〜一二一五）が開創した建仁寺《けんにんじ》に入ることを勧めた。道元はその言葉に従って建仁寺に入り、そこで栄西が中国から伝えた臨済禅を、明全《みょうぜん》（一一八四〜一二二五）に師事して学んだ。

さらに道元は、禅を本場中国でさらに深く学ぶため明全とともに入宋した（なお明全は在宋中に死去した）。道元の思想的展開は、この入宋から始まる。その地で、道元は何人ものすぐれた禅僧たちと出会い大きな衝撃を受けた。自分がこれまで日本で抱いていた禅に関する思い込みが破られたのである。例えば、道元が禅寺の台所仕事を担当する典座《てんぞ》に対して心構えを説いた『典座教訓』には、次のような興味深いエピソードが伝えられている。

老典座の答え

道元が中国の天童山《てんどうやま》で修行していたある夏の日のこと、昼食を終えた道元が廊下を歩いていると、仏殿の前で一人の年老いた典座《てんぞ》（炊事担当の僧）が、料理に使う海藻を干していた。背骨の曲がった老僧は、真夏の太陽に照らされて苦しそうにあえぎながら、一心不乱に仕事を続けていた。

道元が、「そんなことは、お付きの者にでもさせたらいいでしょう」と声をかけると、老典座は、「他はこれ吾にあらず。——他人がしたのでは、自分がしたことにはならないのです。自分こそがするのです」と言った。

道元は、さらに、「あなたのおっしゃることはもっともですが、こんな炎天下にわざわざする必要があるのでしょうか」と尋ねた。

老典座は、「さらにいずれの時をか待たん。——今しなければいつするのですか」と答えた。老典座の覚悟に接して、道元は沈黙するしかなかった。

この用《ゆう》という名の典座との対話を通じて、道元は、これまで自分が、典座とは単なる炊事係で、台所仕事は取るに足りない仕事、雑用にすぎないと思い込んでいたことが誤りだったことに気付いた。それまで、道元は、禅の修行というと、毎日、何時間も坐禅をしたり、語録を読んですぐれた禅僧の言行を学んだりすることだとばかり考えていたのだろう。しかし、老齢にもかかわらず、典座としてのつとめを果たそうと、今、ここで、この私が、なすべきことを一心に行う老僧の姿に接して、道元は、日常の一つ一つの行為すべてが修行であることを、初めて身をもって理解した。台所仕事をはじめ日常のあらゆる実践が修行であり、それは坐禅と同等の意味を持つのである。

今、ここ、この私に徹する

さて、坐禅とは、姿勢と呼吸と心をととのえ、静かに座ることそのものである。近年の禅ブームでは、集中力を高めたり健康法として坐禅をすることもあるが、禅宗本来の考え方から言えば、坐禅とは何かを得たり達成したりするための手段ではない。むしろ、それは、何ものをも目的とはしない、その意味で、それ自身だけで充実し、完結した行為であると言えるだろう。

改めて考えてみると、私たちが、普通に日常的に行っている行為のほとんどは、何かのための手段になっていると言えよう。一つの行為が何かの目的のための手段であり、目的が果たせたとしても、その行為はさらに新たな目的のための手段となってしまう。手段—目的の連鎖は果てしなく続き、その連鎖の中にいる人間は、つねに目的達成のために追いたてられ、手段としての行為を、果てしなく積み重ねていくしかない。手段としての行為というのは、それ自身が目的になっていないという意味で満ち足りていない、充実感のない行為である。

そして、このような連鎖、悪無限を断ち切ろうとしたのが仏教であり、それを、坐禅を通じて行おうとしたのが、道元を含めた禅宗なのである。坐禅とは、何かのためのものではなく、それ自身で充実した行為である。そして、もし、禅の修行者が日常の一つ一つの行為を坐禅と同じように、何かのための手段ではなくて、それだけで充実した行為として行うことができるのであれば、それは坐禅と同格の禅の修行となる。禅寺で調理や掃除をはじめとする作務《さむ》が重んじられるのは、まさにこの意味なのである。

道元が老典座とのエピソードを通じて訴えようとしているのは、「何かに役立てよう」「何かにならなければ」という考えから離れて「今、ここ、この私に徹する」そのことが禅の修行の原点であるということであろう。

身心脱落

中国に滞在した約五年間を通じて、道元はこの老典座をはじめとして、その後の人生に大きな影響を与えた多くの優れた禅僧たちに出会った。中でも最も重要だったのは、師匠との出会い、つまり、中国曹洞宗の天童如浄《てんどうにょじょう》(一一六三〜一二二八)との出会いであった。道元は、天童如浄の弟子として坐禅修行を行って、「身心脱落」し悟りを開いた(『永平三祖行業記《えいへいさんそぎょうごうき》』、『三大尊行状記《さんだいそんぎょうじょうき》』や『建撕記《けんぜいき》』などには、如浄の下で坐禅修行をしていた際、如浄が坐睡する僧を叱るのをかたわらに聞いた時、「身心脱落」し、転迷開悟したという道元の体験が語られている。ただし、道元在宋中の「身心脱落」体験については異説もある)。

そして、如浄から受け継いだ禅の教えを日本に伝えることを自らの使命として、道元は日本に戻ってきた。帰国にあたって、如浄は道元に嗣書《ししょ》を与えた。現在、永平寺に所蔵されている嗣書がその時に与えられたものであるとされている(ただし異説もある)。

道元は、『正法眼蔵』「嗣書」巻において「この仏道、かならず嗣法《しほう》するとき、さだめて嗣書あり。……仏仏なるには、さだめて仏嗣仏の嗣書あるなり、仏嗣仏の嗣書をうるなり」(仏道においては、嗣法の時に必ず嗣書を授受する。……仏が仏と成る時には、必ず仏が仏から受け継ぐ嗣書があり、仏が仏から受け継ぐ嗣書を得るのである)と嗣書の重要性を述べ、さらに「仏仏かならず仏仏に嗣法し、祖祖かならず祖祖に嗣法する、これ証契なり、これ単伝なり。……仏の印証をうるとき、無師独悟するなり、無自独悟するなり。」（仏は代々必ず仏に嗣法し、祖師は代々必ず祖師に嗣法する。これが「証契」（師と弟子とが悟りにおいて一体となること）であり、「単伝」（真理が直接的に師から弟子へと伝わること）である。……仏の印証（印可証明、師より修行を成就した証明を得ること）を得る時、「無師独悟」するのであり、「無自独悟」するのである。）と述べている。

道元にとって、法を求め中国に留学し、さまざまな遍歴の末に天童如浄と出会い、嗣法できたことは、生涯を決定する出来事であった。嗣法においては「証契」し、「無師独悟」し同時に「無自独悟」すると道元は述べる。「証契」とは、師と弟子とが悟りにおいて一体（二如）となることであり、「無師独悟」し同時に「無自独悟」するとは、師と弟子が「自他一如」となり、全時間、全空間に広がる仏祖の無限のネットワーク（「縁起―無自性―空」なる次元）に組み込まれていることを自覚するということに他ならない。

道元において悟りとは、自己が世界の全事物と一体となり、究極の意味での自他一如が実現する事態である。その時は、世俗を生きる自己同一としての、つまり執着されたものとしての実体化された「我《アートマン》」は存在せず、また、その世界においては、「師」も含めてあらゆるものが、「我」（永遠不滅の実体）ではなくなる。「無師独悟」とはこのことを指している。

嗣法の二重の意味

一般に「無師独悟」というと、師を持たず単独で悟ることを目指す、三乗のうちの独覚(縁覚)や自然外道を想起するが、道元にとって、「無師」とは、本来、師として依存したり執着したりするなにものもなく、あらゆるものが、「今、ここ」において、自己と一体(一如)であるということを意味する。さとりの同時性、一体性故に、例えば、同じく「嗣書」巻で「釈迦仏は迦葉仏《かしょうぶつ》に嗣法すると学し、迦葉仏は釈迦仏に嗣法せり」(釈尊は、過去七仏として釈尊に先立つ迦葉仏から法を受け継ぎ、迦葉仏は釈尊から法を受け継いだ)と言われているように、弟子が師から法を継承するというだけではなくて、その反対の表現、すなわち師が弟子から法を継承するという表現も成り立つということになる。

もちろん、自己を導く師がいないわけではないが、師が何かある真理を保持していてそれを弟子に渡すということではない。禅の公案では、師に何かを教えてもらおうとした弟子は、喝や棒を喰らう。品物のように受け渡し可能な、固定的な真理があるわけではないのであり、そのことを自覚させることこそが禅における教育だということもできよう。その場合、嗣法とは、まさに継ぐべき何物もない、いいかえればあらゆるものが「縁起―無自性―空」であり、一如であるということにおいて、師と弟子とが、まさに、「今、ここ」で出会い、自覚をともにすることであると考えられるのである。

このような「縁起―無自性―空」の次元の同時性とともに、前掲の文章中にあるように「単伝」性についても注意が必要である。「単伝」とは、釈尊から代々、一筋に教えが受け継がれているということであり、これは道元が、自分の師である天童如浄、さらに師の師……と代々遡っていくと、原点である釈尊に行きつけるということを示している。

釈尊以来、代々の祖師たちは、それぞれに、今、ここ、この私において法を受け継ぐことで、「縁起―無自性―空」の同時性の世界に自覚的に参入してきた。ここにおいて、無限の全体性としての「縁起―無自性―空」の世界と、有限な今、ここ、この私が重なり合い、同時性と「単伝」性がともに成り立つのである。

嗣法とは、道元にとって、仏祖同士が同時性のもとで繋がり合うとともに、道元自身が釈尊という仏道の根源に直結しているという二重の意味をもったものだったのである。天童如浄から嗣法した道元は、生涯、「仏祖直伝《ぶつそじきでん》」の法を自己が受け継ぎ広めていくことに強い使命感をもち続けた。それこそが道元にとって、同時性のもとにある悟りの世界を、仏祖からの単伝を担う今、ここ、この私が実現し続けるという「修証一等」（悟りと修行は別々のものではなくて一体のものである）の成就なのであった（「修証一等」について詳細は後述）。

深草興聖寺《こうしょうじ》における布教と越前下向後の弟子への教育――教団形成時代

一二二七年（嘉禄三）、二八歳で、帰国した道元は、禅の教えを広めるために、『普勧坐禅儀《ふかんざぜんぎ》』を著した。その中で道元は、「坐禅をするときは、心の捉われや分別を捨てるべきであり、ことさらに仏となろうとしてはいけない」と坐禅の心構えを語り、また「坐禅には坐蒲《ざふ》を用い、結跏趺坐（右足をまず左腿の上に置き、さらに左足を右腿に置く）または半跏趺坐

（ただ左足を右腿におく）せよ」という姿勢からはじまって、「息の出入りは、鼻でごく自然に静かに」「舌は上あごにつけ、唇も歯もきちんと合わせ、目は常に開くように」などと事細かに坐禅の方法を説明する。道元は中国で自分が習った坐禅のやり方を伝え、このような坐禅を通じて明らかになる真の仏法を、人々に広めようと志したのである。

その後、道元は、一二三三年（天福元）、京都深草に日本初の本格的禅院である興聖寺《こうしょうじ》（正式名称は観音導利《かんのんどうり》院興聖宝林禅寺《いんこうしょうほうりんぜんじ》）を開き道俗の教化につとめた。禅の修行道場であり、かつ布教の根拠地でもあった興聖寺で、およそ一〇年間、教えを広め弟子を指導したが、四四歳の時に京都を去り外護者の一人であった波多野《はたの》義重《よししげ》の領地があった越前国（福井県）に下向する。比叡山からの圧迫があったからとも、道元自身、師である如浄の言いつけに従って、俗世を離れ深山幽谷で弟子の指導に専念する必要性を改めて感じたからとも言われているが、その理由について確かなことは不明である。

越前において道元は、新たに建立された永平寺を根拠地として、弟子たちの指導に力を尽くし、また、京都時代から執筆していた主著『正法眼蔵』の編集と増補を行った。本来は、全一〇〇巻で完成させる計画であったが、志半ばにして病に倒れ、既存の七五巻に一二巻書き足したところで入滅した。世寿五四歳であった。

2 『正法眼蔵』に見られる道元の思想

「真理」とは何か

亡くなる直前まで道元が執筆、編集していた『正法眼蔵』は、「日本思想史上、最高の哲学書」とも言われている。

とりわけ、全巻冒頭に置かれ自己と世界についての基本思想を示す「現成公案《げんじょうこうあん》」巻、大乗仏教の重要概念の一つである仏性について独自の議論を展開する「仏性」巻、山や川などの自然と仏道との関わりを論じる「山水経」巻、「修証一等」を支える時間論を展開した「有時《うじ》」巻などは、その特異な文体も含めて、国際的にも大いに注目を集めているが、その内容の理解は決してたやすいものではない。

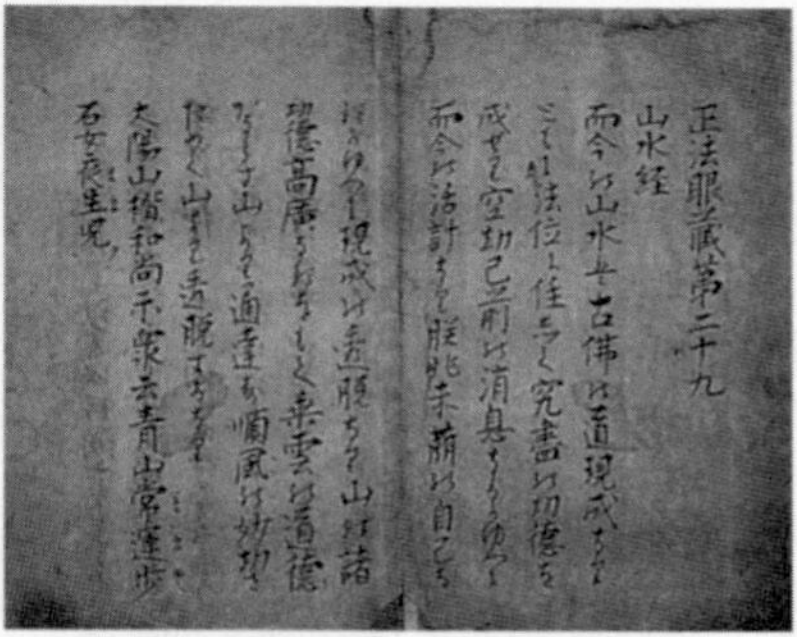

『正法眼蔵』「山水経」巻（重要文化財、全久院所蔵　豊橋市教育委員会、13世紀）道元の真筆と伝えられる。

改めて考えてみると、『正法眼蔵』の難解さの源にあるものは、私たちが当然のものとして受け入れている世界や人間に対する見方と、道元のそれとの間の隔たりである。しかし、その隔たりは絶対的なものとはいえない。道元にとって、修行とは何か特別な存在になるためのものではなく、自分とは何であるのかに気付くためのものであり、さらに言えば、自分とは本来、何者でもないこと、つまり、あらゆる世俗的意味付けを取り去ったあとの、言わばむき出しの「端的な事実」に気付くためのものであった。

この「端的な事実」とは、「真理」と言ってもいいだろうし、仏教の術語を用いれば「無我」や「縁起―無自性―空」などの言葉でも説明できるだろう。そして、もし、それが原事実であるとするならば、あらゆる人間にとって、それは、生の普遍的前提となるとも言える。

道元は、自らのつかんだ原事実を、『正法眼蔵』の中で語ろうとしている。もし、彼の言葉が、その難解さにもかかわらず直接に現代人の心に響き、訴えかけてくる力を持つとするならば、それが、ある意味では、人間に共通する前提に触れたものであるからに他ならないとも言えよう。次に、いくつか『正法眼蔵』の言葉を挙げて、そこに見られる道元の思想を考えてみたい。

仏道とは――「現成公案」巻を手がかりに①

まず、『正法眼蔵』のうちの最初期の執筆であり、道元が大宰府の俗弟子楊光秀《ようこうしゅう》（生没年不詳）に与え、『正法眼蔵』全巻の冒頭に据えた「現成公案」巻の次のような一節から検討してみよう。

仏道をならふといふは、自己をならふ也。自己をならふといふは自己をわするるなり。

仏道修行というのは「己事究明《こじきゅうめい》」であると言われる。それは、自分が何であるのかを追究するということである。これは、仏教のもつ基本的な問いである。「自分とは何であるのか」を説明することになったら、多くの人は、自分の名前を言ったり、職業や国籍を言ったりするだろう。しかし、「自分とは何であるのか」という問いに対する答えは、そのようなものでおさまるはずはない。日常において私たちは、「自分」というものは自明なものであると思っている。だから、改めて問うことなどない。

それをあえて問うというのは、日常的な自明性にはおさまらない何かを感じるからであろう。日々がそれなりのものとして過ぎていき、特に何の不満も差し障りもないはずであるのに、何かが足りない、だが、何が足りないのかよく分からない。このような精神状態は現代でも見かけることができるものであるが、このような精神状態は、日本の近代以前の語彙で言えば、「発心《ほっしん》」ということができる。「発心」とは、辞書的な意味では「発菩提心《ほつぼだいしん》」の略であり、「悟り（菩提）を得ようと仏道修行をこころざすこと、仏教に入門すること」であるが、より広く捉えるならば、日常的自明性では満足できず、日常を超える何かに惹きつけられた心の状態と捉えることもできるだろう。

そのことに意識的であろうとなかろうと、「発心」してしまった人は、今、ここにいる自分を改めて問う。そして、日常的な自明性の中にいる自分、例えば名前や職業や国籍によって示される自分ではない自分を求める。それは、例えば「本当の自分」という言葉で表されるものであるかもしれない。

しかし、道元は、「自分とは何であるのか」を追究することは、「本当の自分は〜である」というような一義的な答えを得ることなどではない、と言う。

「自分を忘れる」こと——「現成公案」巻を手がかりに②

道元は、仏道修行をすることは、「自分とは何か」を探求することであるが、それは、実は、「自分を忘れる」ことであると言う。これはどういう意味であろうか。右に挙げた一節に続く道元の言葉を、さらに見てみよう。

自己をわするるといふは、万法に証せらるるなり。万法に証せらるるといふは、自己の身心および他己の身心をして脱落せしむるなり。

「自己を忘れる」とは、「自分に対するこだわり、執着がなくなる」ということである。「自分とは何であるのか」を追い求めていたはずなのに、追い求めて行った果てに、もう自分にはこだわらないという境地に達するというのである。なぜそうなるのかということは、次の「万法に証せらるるなり」という言葉が表している。

「万法」というのは、ありとあらゆる存在という意味である。「証する」であるが、仏教用語としては「証」は悟りであるから、「悟る」という意味である。つまり、自分は万物によって悟らせられているから、自分に対する執着がないと言うのである。これがどのような事態かを示すのが、次の「自己の身心および他己の身心をして脱落せしむる」という言葉である。「他己」とは、「他」は単なる「他」ではなくて「己」と深い関係を持った「他」であり、自他は別々のものではなく密接に関わっているということを意味する語である。この場合の「他」とは、他人だけではなくて、山川草木、生きとし生けるものすべてを指す。「脱落せしむる」とは「解脱させる」ということである。「解脱」とは、仏教の目指す悟りの別の言い方であり、いっさいの執着がなくなることである。つまり、「ありとあらゆる存在によって悟らせられる」ということは、自分とそれ以外のものとが別々のものではなく、互いに互いを成り立たせ、それによって、自も他も、このようなものとして存在しているということである。「自分とは何であるのか」を追い求めていって、他から切り離されたかたちで存在する「自分」、何によっても影響されない、独立した「本当の自分」などというものはどこにもないということが分かる。その時、初めて、「自分」だけをことさら取り出して問題にするような思考方法から解放され、自分に対する執着、こだわりが消滅する。

つまり、自分とは、他との関係のうちで刻々と姿を変えつつ、そのつど、「今、ここ、この私」として立ち現れているにすぎない。このような自分のあり方を自覚し、それによって自分に対する執着がなくなることを、仏教の言葉では、「煩悩」の消滅による「悟り」と言い、「解脱《げだつ》」と言うのである。

「修証一等」悟りと修行の関係——「弁道話」を手がかりに①

世界のあらゆる存在は、つながり合いはたらき合いつつ、互いを成り立たせている。自分は、それ自身として独立に存在しているのではなく、関係の中で成立している。独立自存の排他的自己ではないことを、仏教の用語では「無我」や「空」と呼び、関係の中でそのものとして成立することを「縁起」と呼ぶ。

そして、「空」において、つまり、繋がり合い、はたらき合いの中で行われる行為とは、自分への捉われを脱し、他の存在との繋がりを自覚しつつなされる行為である。その時、人は、自分自身が真の自由を得るとともに、他者をも自由にする。道元の主張する悟りとはこのようなものなのである。

そして、このような悟りに関しては、「修証一等《しゅしょういっとう》」であるとされる。この「修証一等」の考え方は、道元の思想の大きな特徴と言うことができる。また、この考え方こそが、天台本覚論の修行不要論にあきたらなかった道元が、禅宗に転向して打ち出した修行論でもある。

結論を先取りしていうならば、天台本覚論では、本来悟っているから修行は不要であると説くが、道元は、本来悟っているからこそ、本来的悟りを自覚的に顕現するために修行が必要であるとする。以下、この修証一等についてさらに考えてみたい。

「修証一等」とは、悟りと修行とを一体のもの（一等）として捉えるということで、これは、両者の関係を、悟りを得るために修行をするというような、目的―手段関係とはしないということである。もちろん、或る人間に即すれば、発心して修行し悟るという過程があり、その限りでは、とりあえず、修行が悟りに先行するということは言えるのではあるが、しかし、本質的な意味においては、「修証一等」であると道元は主張する。「修証一等」については、『正法眼蔵』に先立って執筆された「弁道話」で、以下のように言われているのが参考になる。

仏法には、修証これ一等なり。いまも証上の修なるゆゑに、初心の辨道すなはち本証の全体なり。かるがゆゑに、修行の用心をさづくるにも、修のほかに証をまつおもひなかれとをしふ。

【現代語訳】仏法では、修行と悟りは等しい。今、行っている修行も、本来的な悟りに基づいたものであるから、初心者の修行も本来的な悟りをあますところなく表している。それゆえに、修行の心構えを授けるにあたっては、修行に徹するだけで、悟りを期待してはならないと教えるのだ。

ここで言われているように、道元にとって修行とは、悟りを基盤として成り立っているものである。これは、本来的には、修行者がすでに悟りを得ているということである。修行の発端においてはその実感はないが、修行中のある特権的な瞬間において、つまり、悟りの瞬間において、修行者は、本来性としての「空」に出会う。そのとき初めて、修行者は、自分が修行を開始した時点からすでに、「空」の次元に身をおいていたことに気づく。ここには、本来の自己に還帰するという循環構造がある。目的の実現は、その目的自体を基盤として可能となっているのだ。

つまり、すでに「空」の次元にある者が、「空」を顕現することが修行なのである。そうであるとしたら、修行することにおいて、「空」の体得それ自体、すなわち悟りという修行の目的が実現されていることになる。つまり、修行と悟りとが等しいということになるのである。

無始無終の悟り――「弁道話」を手がかりに②

そして、悟りとは、一度手に入れればその後何もしないでも、ずっと保持できるというようなものではない。修行以外に悟りはないのだとすれば、修行し続ける以外に、悟りを保持する方法はないことになる。修行をする一瞬、一瞬こそが、悟りが顕現される一瞬、一瞬なのである。普通に考えれば、修行の初めと「悟り」とは全く違う状態のように思える。もちろん、表面的にはそうである。しかし、深層の構造としてみれば両者は等しいというのが、「修証一等」の考え方である。

「修証一等」とは、修行が手段であり、悟りが目的であるというような捉え方の否定である。先述のように、世の中の行為は常に、何かのための手段である。その目的が最終的にはどこに行きつくのかわからないまま、とりあえず何かを目的として人々はむやみと行為に走る。しかし、そのような手段としての行為の行きつく先の目的も、結局何かのための手段となる。目的―手段の連鎖は留まるところのない悪無限に陥るしかない。

そのような中で、道元は、修行とはそのような目的―手段の連鎖を外れた行為であると言う。悟りは修行の目的であると同時に、また根拠でもある。真理を体得するという目的のために修行が行われるが、その修行自身が真理に立脚して行われている。

このような循環構造について「弁道話」では、「すでに修の証なれば、証にきはなく、証の修なれば、修にはじめなし。」（本来的に、修行と一体の悟りであるから、修行が無窮であるように悟りも無窮であり、悟りと一体の修行であるから、本来は、悟りに向かって改めて修行を始めるということはない。）、「われらさいはゐに一分の妙修を単伝せる、初心の辧道すなはち一分の本証を無為の地にうるなり。」（私たちは幸せにもこの身に素晴らしい修行というものを、釈尊以来、代々一筋に伝えているのである。初発心の時の修行ですら、この身にそなわった本来的な悟りを永遠性の内に得るのである。）などと言われる。

悟り（証）もそれと一体の修行も無限のものであるからこそ無始無終であり、いま、ここにいるこの自分（一分）こそが本来的悟り（本証）を修行（妙修）によって顕現していくと道元は強調するのである。

「発心」の時、人は、仏道の真理を得ようと志す。しかし、人は、その最初の時点において、すでに本来的に真理の中にいた。にもかかわらず、そのことに気付かない。そこで、修行が始まる。修行の出発点においては、人は、自分の外にある「真理」を目指す。しかし、修行を重ねたある時に、実は、真理は自分の外にあったのではなくて、すでに自分の足下にあったのだと気付く。つまり、本来あったものを自覚するという循環構造が、ここにはある。悟ることで、何か特別なことが起こるのではない。自己がすでに真理の中にいた、つまり、あらゆるものと繋がり合い、はたらき合いつつ、今、ここに、このようなものとしてすでにあったということに、心と体で実感として気付くだけなのだ、と道元は説いているのである。

修行について――「行持」巻を手がかりに①

次に、『正法眼蔵』中で最長の巻である「行持《ぎょうじ》」巻を手がかりとして、さらに道元の思想の特徴について考えてみよう。

この巻のテーマである「行持」とは、修行であり、特にその持続を意味する。上下二巻にわかれた「行持」巻では、釈尊を筆頭として、禅を中国に伝えたとされた菩提達磨《だるま》（生没年不詳）や、道元自身が中国で参じた中国曹洞宗の天童如浄など、合計で三十数人の禅の祖師たちの修行生活が述べられる。そこでは、不眠不休で坐禅に取り組む激しい修行や、衣食住に執着しない清貧の生活、弟子たちに対する厳しくも慈悲にあふれた指導などが、それぞれの禅僧の伝記に即して語られていくが、それらの事跡の列挙に先立って道元は、「行持」とはそもそも何かということを説明している。ここでは「行持」巻冒頭の道元の言葉を手がかりに、道元の世界観、人間観の特徴を考えてみよう。

行持巻は次のような言葉ではじまっている。

仏祖の大道、かならず無上の行持あり、道環《どうかん》して断絶せず。発心、修行、菩提《ぼだい》、涅槃《ねはん》、しばらくの間隙《かんげき》あらず、行持道環なり。このゆゑに、みづからの強為《ごうい》にあらず、他の強為にあらず、不曾染汚《ふぞうぜんわ》の行持なり。この行持の功徳、われを保任《ほにん》し、他を保任す。その宗旨は、わが行持すなはち十方の匝地漫天《そうちまんてん》、みなその功徳をかうむる。他もしらず、われもしらずといへども、しかあるなり。

このゆゑに、諸仏諸祖の行持によりて、われらが行持見成《げんじょう》し、われらが大道通達《だいどうつうだつ》するなり。われらが行持によりて、諸仏の行持見成し、諸仏の大道通達するなり。われらが行持によりて、この道環の功徳あり。

【現代語訳】仏祖の大道には、必ずこの上もない「修行の持続」（行持）あり、環のように無始無終に連続して断絶しない（道環）。発心、修行、菩提、涅槃と、ほんの少しの間も途切れなく、「行持」が「道環」していくのである。（その「道環」（連続性そのもの、すなわち「縁起―無自性―空」）のはたらきに促されて、我々は修行を持続させているのであるから、修行の持続というのは）自分が強いてするものでもないし、他に強いられて行うものでもない。何ものにも汚されない（煩悩によるのではない）「修行の持続」なのである。そして、この「修行の持続」のはたらきによって、自分というものが成立してくるし、他というものも成立してくるのである。

このことに関する大切な教えの趣旨は、自分の行持の「はたらき」（功徳）が確かにあり、「全世界」（十方の匝地漫天）の全存在がみな、そのはたらきを受けるということである。そのことを他も知らず、自分自身、対象的には自覚できないとしても、そうなっているのである。

それゆえに、諸仏諸祖の行持によって、我々修行者の行持が確かなものとして現れ（見成＝現成）、我々に大いなる仏道が通達するのである。また、我々の行持によって、諸仏の行持も確かなものとなり（見成＝現成）、諸仏に大いなる仏道が通達するのである（諸仏の行持によって現在の修行者たちの仏道修行が支えられていると同時に、現在の修行者たちが正しく修行することが、先行する諸仏の行持を確かなものとする）。我々修行者の行持によって、この道環（仏道における連続性）という功徳（はたらき）があるのだ。

修行の連続性――「行持」巻を手がかりに②

ここで道元は、行持、すなわち「修行の持続」ということについて、さまざまな次元で語っている。それは、「道環して断続せず」という言葉からも読み取れるように、「連続性」という言葉に集約できるだろう。道元は次の三つの次元において「連続性」を考えている。

①自己における修行の連続性（修証一等）

②自己が修行する時に、世界のありとあらゆるものとともに修行をするという空間的連続性
③自己が修行する時に、過去・現在・未来の諸仏や祖師たちとともに修行をするという時間的連続性

まず、これらの三つの次元の連続性を根底的に支えているものについて考えておこう。その際にポイントになるのは「行持」の「功徳」（はたらき）ということである。そして、この場合の「功徳」については、自らの「強為」でも他の「強為」でもないと言われている。つまり、人が修行をしている時、たとえ自分では、自分自身の意志で修行していると考えたり、他人に強いて修行させられていると考えたりしたとしても、それは、自分が修行しているのでも、他人が修行させているのでもないということである。自他という二分法を越えた自ずからなる仏道（大道）のはたらきの中で、修行が成り立っているということなのだ。

私たちは、このような自他を越えた、互いが互いに密接にはたらきかけ合い成立させ合っている事態、つまり「空―縁起」という事態の中に生きていながら、自分の執着によってそのような世界が見えなくなり、自分という何か独立した個体があると考えたり、他者と自分という二元対立的な図式によって、世界を分断して捉えたりしてしまっている。

修行とは、日常的な二元対立図式、目的―手段の連鎖の世界を越えて、そのはたらきを自らの身心において顕現することである。そこでは、本来あるところのものになるという循環が成り立つが故に、修行と悟りは一つ（修証一等）である。この修行と悟りが一つであると

いうことを、ここでは「発心、修行、菩提、涅槃、しばらくの間隙あらず、行持道環なり」と言い表している。「発心、修行」が「修」であり、「菩提、涅槃」が「証」（＝悟り）であり、それが「しばらくの間隙あらず」、つまり、少しの隙間もなく一体化しているというのである。そして、この「修証一等」が「行持道環」であると言われる。「道環」とは、環《わ》には始めも終わりもないように、永遠に続くということで、修証一等の修行が永続することを意味する。

そしてその永続は、一個の私を越えて、全空間、全時間に及んでいく。まず、全空間的な広がりについては「わが行持すなはち十方の匝地漫天、みなその功徳をかうむる」と言い表される。つまり、自分のなす「行持」とは、自他を越えたはたらきの顕現であり、そのはたらきが「十方の匝地漫天」（全世界）に広がっていくのである。釈尊が悟った時に「大地有情とともに同時成道」したという、仏教の原点となるエピソード（『正法眼蔵』「発無上心」巻など）も、まさにこの構造の上に成り立つ。自己と全世界の全存在は、ともに修行し、ともに悟るのである。

全時間的広がりに関しては、仏祖と自己との関係を通じて表現されていく。自分に先立つ仏祖が自己を基礎付け、また自己が仏祖を基礎付けるという表現において、時間は、通常のように過去—現在—未来と一方向に流れていく直線ではなくなる。あらゆる時間が、修行する「今」とつながり、「今」を支えるものとなり、また、修行する自分の「今」の方も、あらゆる時間を支えていくのである。

以上、道元の生涯と思想についてそのエッセンスを説明した。道元自身、自分の教えについて「仏祖直伝の法」、すなわち、釈尊の教えを直接的に伝えたものと言っているように、その思索は、修行と悟りという仏教の原点を探究するものだったと言えるだろう。

注

（1）「拈華微笑」とは、道元も重視していた、釈尊牟尼から摩訶迦葉に言葉を介さずに真理が伝わったという故事である（『正法眼蔵』「優曇華」巻参照）。それは次のようなあらすじを持つ。霊鷲山《りょうじゅせん》での釈尊牟尼の説法を聴聞しようと弟子たちが集まってきたが、説法の座に上った釈尊は何も言わずに一輪の花を手につまんで示しただけであった（拈華）。弟子たちは意味がわからずに茫然としてしまったが、ただ摩訶迦葉だけがその意味を理解でき、微笑した。釈尊牟尼はそれを見て、摩訶迦葉こそ自分の法を受け継ぐに足る人物だと認めたのである。ここで花は、言葉で分節できない真理そのものをシンボリックに表現していると言っていいだろう。

参考文献

石井清純『構築された仏教思想　道元　仏であるがゆえに坐す』（佼成出版社、二〇一六）
倉澤幸久『道元思想の展開』（春秋社、二〇〇〇）
玉城康四郎編『道元』（日本の名著7、中公バックス、中央公論社、一九八三）
辻口雄一郎『正法眼蔵の思想的研究』（北樹出版、二〇一二）
角田泰隆『道元入門』（角川ソフィア文庫、角川学芸出版、二〇一二）
水野弥穂子校注『正法眼蔵』全四巻（岩波文庫、岩波書店、一九九〇〜一九九三）

水野弥穂子訳『正法眼蔵随聞記』(ちくま学芸文庫、筑摩書房、一九九二)
南直哉『『正法眼蔵』を読む――存在するとはどういうことか』(講談社選書メチエ、講談社、二〇〇八)
頼住光子『正法眼蔵入門』(角川ソフィア文庫、KADOKAWA、二〇一四)

第六章　日蓮と法華信仰　日本仏教の思想5

はじめに

本章では、我が国の仏教史の中でもその激しい為政者批判、現実批判によって際立つ日蓮（一二二二～一二八二）の思想について、その批判と改革の根拠である『法華経』に対する理解や、それに基づく実践である唱題に対する考え方などに着目して、『開目抄《かいもくしょう》』や『観心本尊抄《かんじんほんぞんしょう》』などの記述を手がかりとして多角的に考える。

あわせて、仏教の国家観を検討し、日蓮、そして不受不施派などの後継者たちの世俗権力に対する特徴的な姿勢を、王法と仏法という観点から取り上げる。

1　国家と仏教

不受不施について

本章で取り上げる日蓮は、『法華経』信仰に基づく激しい現実批判によって知られている。政治権力との妥協を拒み対決の姿勢を示したことによって、日蓮は、日本の仏教史の中でも特異な地位を占め、また、後世、日蓮への帰依を軸として激しい現実批判を行う多くの信仰者の集団を生み出した。

例えば、江戸時代にキリシタンと並んで信仰を禁止され、「禁教不受不施《ふじゅふせ》」として知られる不受不施派は、開祖日蓮の教えを純粋に守ろうとする日奥《にちおう》（一五六五～一六三〇）を派祖とし、『法華経』以外の教えに従う者（謗法者）からの布施は、たとえ国主からのものであろうと受け入れないという姿勢を堅持した。

当時、日蓮宗では、開祖である日蓮以来の古制とされた不受不施の教義（日蓮宗以外を奉じる者に対しては布施もしないし、布施も受け入れない）の運用方針をめぐって対立があり、一五九五年（文禄四）に豊臣秀吉が主催した大仏開眼千僧供養会《せんそうくようえ》の際に、日奥は、純粋な不受不施を貫くという立場から出仕せず、従って秀吉からの供養も、受け入れを拒否した。

しかし、世俗権力よりも自らの信仰を優位に置く不受不施の姿勢が問題視され、日奥は秀吉によって流罪に処され、続く徳川家康も、受不施[1]（他宗派の信者へは自分から布施はしないが、布施を受けはする）の摂受派《しょうじゅは》を正統とし、最終的に不受不施派は徳川幕府によって禁教とされた（一六六九年〔寛文九〕）[2]。

仏法と王法との関係

さて、仏教においては、一般に世俗世界と宗教的世界の二元的な世界観をとる。そして、開祖である釈尊が次期国王としての地位を捨てて出家したという仏伝（釈尊の伝説的な伝記）のエピソードにも象徴的に示されているように、基本的には、宗教的な世界の方が世俗世界よりも優位に置かれる。

そもそも、インドの初期仏教では、国家の成立について一種の国家契約説をとり、人間は利己的な本性を持つから、互いの安全を確保するために、国王を選び治安の維持を委任したと考える。また、「昼間は国王とその官吏が荒らし、夜は盗賊が荒らす」という言葉が経典にあるように、国王は、結局のところ、人民の財を取り上げる点では盗賊と似たようなものであるが、修行を第一にする身としては、国王にことさらに逆らわず従わず、なるべく関わらないようにせよ、と説かれた。世俗と距離をとりつつ修行に励むことが勧められたのである。

また、インドでは、国王と宗教者が同席する場合は宗教者が上席に着くことになっており、宗教教団の治外法権も認められていた。しかし、中央集権的な権力機構が長続きせず、国家権力が相対的に弱体なインドとは対照的に、国家権力が強大な中国においては、仏法によって国家の安泰をはかる鎮護国家仏教が発達した。

もちろん、インドでも国家と仏教との結合がなかったわけではない。例えば、紀元前三世紀にインドを統一したアショーカ王（前二六八頃〜前二三二頃）は、仏教に帰依し慈悲に基づく政治を行い、四世紀に北インドで撰述されたと推定される『金光明経《こんこうみょうきょう》』（スヴァルナ・プラバーサ・スートラ）では、仏教に帰依して正しい政治を行う国王のことを、四天王などの仏教の守護神が守る、と説かれている。

それに対して、中国で発達した鎮護国家仏教では、経典読誦の功徳や仏教儀礼の呪術力によって護国をはかり、国王の統治を助けるという考え方が顕著である。両者は、国家と仏教との結び付きという点では共通であるが、結び付きの内実を考えてみると、かなり大きな違いが見えてくる。つまり、インドでは王といえども正法に従うべきことが強調されていたのに対して、中国ではあくまでも国王の統治が中心となり、それを助けるものとして仏教が捉えられたのである。

そして、中国仏教の影響下で発展した日本仏教においても、鎮護国家仏教が盛んであった。国家が仏教を保護管理した奈良時代には、前述の『金光明経』をはじめ『法華経』『仁王経《にんのうきょう》』などの護国経典の読誦によって、国家繁栄と五穀豊穣を祈る法会が盛んに行われた。

平安時代以降は、国家体制と深く結びついたいわゆる八宗が、種々の現世利益を祈る密教儀礼をその共通基盤としつつ、主流派、正統派の位置を占めた（第四章の「鎌倉仏教を捉える視座」の項を参照）。八宗とは、三論宗、法相宗、華厳宗、倶舎宗、成実宗、律宗の奈良六宗と、天台宗、真言宗の平安二宗を合わせたもので、当時の政治権力から正統と認められた顕密仏教、国家から正式に認められた官僧による仏教である。これらは、鎌倉新仏教との対比で旧仏教とも呼ばれる。顕密仏教の体制下、国家（王法）と仏教（仏法）との結びつきは、依然として緊密なものであり、両者の関係は、車の両輪、鳥の両翼に喩えられ、その関係の密接さが強調された。王法と仏法とは相依相即であり、両者が結び付いて機能を果たさないと互いが成りたたないとされたが、栄西の「王法は仏法の主なり。仏法は王法の宝なり」（『日本仏教中興願文』）という言葉によく表れているように、その関係において主導権を握っていたのは、あくまでも王法だったのである。

日蓮の王法批判

このような中にあって、日蓮は、『法華経』を第一義のものとして立て、現実社会と厳しく対峙し、為政者を断罪するとともに、既成仏教についても誤った現実社会を補完する邪教として厳しく批判した。

例えば日蓮は『立正安国論』で、地震や飢饉などの災害が続き社会が混乱しているのは、権力者が正法である『法華経』を蔑ろにした結果、仏教の守護神たちが日本を見捨てたからだと、厳しく現状を批判する。そして、この社会的混乱を克服するためには、あらゆる経や教えを、釈尊の最高の教えである『法華経』の下に統一し、王法が正しい仏法に従い、正法に基づく王法を確立することが急務であり、その上で安国（民衆の福利と国家の繁栄）を図るべきである、と主張したのである。

このような王法が仏法に従属すべきであるとの主張は、王法優位の下での王法と仏法との相依相即を基盤とする、既成の社会秩序の転覆を図るラディカルな挑戦であり、それゆえに日蓮は、為政者から激しい弾圧を受けることになった。死罪の宣告を受け危うく処刑されそうになったり、伊豆や佐渡に流刑にされたりと、苦難の人生を送ることになったにもかかわらず、日蓮はそれらの苦難はすでに『法華経』の中で予言されているとして、苦難に遭えば遭うほど、『法華経』信仰を深め信念を貫いた。さらに、彼は、『法華経』を中心とした理想社会（霊山浄土《りょうぜんじょうど》）の建設を訴えた。

このような激しい現実批判と社会改革への意欲は、日本仏教においては異例ではあるが、日蓮の思想的系譜からは、先述の不受不施派をはじめ、近代の妹尾義郎《せのおぎろう》（一八八九～一九六一）や牧口常三郎《まきぐちつねさぶろう》（一八七一～一九四四）など、社会との対立を恐れず信仰を貫く日蓮信奉者を輩出した。また、国柱会《こくちゅうかい》の田中智学《たなかちがく》（一八六一～一九三九）や満州国を建設した石原莞爾《いしわらかんじ》（一八八九～一九四九）、二・二六事件で死刑となった北一輝《きたいっき》（一八八三～一九三七）などの国家主義者たち、明治期の文芸評論家の高山樗牛《たかやまちょぎゅう》（一八七一～一九〇二）、文学者の宮澤《みやざわ》賢治《けんじ》（一八九六～一九三三）など、現実を批判し乗り越えるためのヴィジョンを、日蓮の思想から得た者は多岐にわたっている。

特に、「国民的作家」として現在でも多くの読者に親しまれている宮澤賢治は、日蓮宗に深く帰依し、『法華経』の精神に基づき文学活動を行った。賢治は、「世界がぜんたい幸福にならないうちは個人の幸福はあり得ない」として「まづもろともにかがやく宇宙の微塵となりて無方の空にちらばらう」（『農民芸術概論綱要』）と、世界全体の真の幸福の探求に基づいた実践を訴えて、その作品の中に形象化するだけではなく、自分自身も農民のための実践活動に打ち込んだ。

ここでは、このように日本仏教史上独自の位置を占め、後世に大きな影響を与えた日蓮の現実批判と理想社会実現の主張が、どのような思想構造によって支えられているのかを、日蓮の書き残した言葉を手がかりとして、その生涯に沿って考えてみたい。

2　日蓮の生涯と思想

「旃陀羅《せんだら》が子」という自己認識

日蓮が、安房《あわ》国長狭《ながさ》郡東条郷片海《かたうみ》（千葉県鴨川市小湊）に漁師の子として生を受けたのは、日本中を震撼させた承久の乱の翌年にあたる一二二二年（貞応元）であった。日蓮自身、その出自について「海辺の旃陀羅が子」（『佐渡御勘気抄』）「日蓮今生には貧窮下賤の者と生まれ、旃陀羅が家より出でたり。心こそすこし法華経を信じたるようなれども、身は人身に似て畜身なり。」（『佐渡御書』）と述べている。これは、「日蓮は現世に貧しく下賤な者として生まれ、旃陀羅の身分であり、心は多少は『法華経』を信じてはいるが、身は人に似て畜生同然である。」ということである。

日蓮聖人像

旃陀羅とは、インドのカースト（ヴァルナ）の外に置かれた不可触民、チャンダーラに由来する言葉で、穢れた被差別民という意味で使われる。日蓮の実際の出自については、荘官クラス、網元を務める家柄であったとも言われているが、他の鎌倉仏教の祖師たちの多くが、自らの出自については特段の言及を行っていないことを考慮するならば、このように自己を「旃陀羅」と規定する日蓮の態度は際立っている。

日蓮が、このようにあえて「貧窮下賤」「旃陀羅が家」「身は人身に似て畜身」という過激な言葉を使って自己表現している理由を考えてみると、まず、当時の人々が漁民や狩猟民に一般的に抱いていた差別意識に対する、「一仏乗」（生きとし生けるものがすべて法華経の教えによって平等に成道《じょうどう》に導かれる）の立場からの挑戦と見做すことも可能であろう。当時、生業として殺生をせざるを得ない漁民や狩猟民は、死穢にまみれ不殺生戒に背反する者として仏の救済から排除される、と考えられていたが（第四章で言及した「梁塵秘抄」の歌を参照）、日蓮は、自らを彼らと等しく置くことによって、『法華経』の救済の平等性を訴えたものとも言える。また、仏法を高め、自身を低くするというレトリックがはたらいているとも考えられるだろう。

さらに、それらに加えて日蓮は、現世的秩序からは疎外された最下層に、さらに言えば、秩序外にあえて自らを置くことによって、現世的秩序を総体として認識し、仏法という真理を梃子《てこ》に、その秩序を根底から批判し、転覆させることが可能なポジションを獲得しようとしたとも言えるだろう。つまり、「旃陀羅」というのは、仏法の真理の立場から、眼前の日本という現実を認識し、それと対峙《たいじ》しようとする日蓮が、あえて選びとったポジションだったと言うこともできるのである。

「日本一の智者」を目指して

このような、現実の総体的認識という日蓮の志向性がよく現れているのが、日蓮の出家の動機である。日蓮は、一二歳の時、出家して生家に近い清澄寺《せいちょうじ》に入った。当時は天台宗だった清澄寺は、奈良時代に不思議法師（詳細不明）が千の光を発する柏の木で虚空蔵菩薩（広大な宇宙のような無限の智慧と慈悲を持つ菩薩）を刻んで安置したことに始まると伝えられ、古くより山岳信仰の霊場として知られた妙見山（清澄山）にあった。清澄寺で道善房に師事し学問を修め一六歳で得度した日蓮は、後に入寺について振り返って、虚空蔵菩薩に「日本第一の智者となし給へ」という願を立てたと述べている。

釈尊をはじめ仏教者の出家のきっかけは、この世の転変や近親者の老病死などの現実に接して無常を観じたことによることが多い。その場合、現世は基本的には、無常なるもの、厭い離脱すべきものでしかないが、日蓮の場合は、そうではない。日蓮は、眼前の現実、そして現実を成り立たせている、全時間空間に満ちる真理のすべてを知り尽くしたいという願いから出発する。そして、そのような智は、日蓮においては、現実社会をどのように覆し変革すべきかのヴィジョンと結びついていくのである。

『法華経』との出会い

さて、「日本第一の智者」となるべく清澄寺で学問・修行に励んだ日蓮は、その後、比叡山をはじめ京都、奈良、鎌倉、高野山の諸寺で研鑽を積み、仏教の真髄を探究し、その過程で、『法華経』こそ最高の経典であるとの確信を深めた。

ここで『法華経』について簡単に説明しておこう。『法華経』とはインドで一世紀から二世紀にかけて成立した初期大乗経典『サッダルマ・プンダリーカ・スートラ』を中国で漢訳したもので、漢訳は三種が現存するが、特に鳩摩羅什訳の『妙法蓮華経』が用いられている。その思想は、天台智顗《てんだいちぎ》によれば、一乗思想と久遠実成《くおんじつじょう》思想とまとめることができる。

一乗思想とは、生きとし生けるものは皆、釈尊が説いた『法華経』の真理によって導かれ成仏可能であるという平等主義であり、万人が成仏へと導かれるためには、釈尊はその本質においては、ある特定の歴史的時間に、特定の場所に出現した存在であってはならず、時間・空間を超え、あらゆる時間・空間に遍満する存在でなければならない。このことを『法華経』は、釈尊は永遠の過去に成仏して以来、あらゆる時間空間において、仏として衆生にはたらきかけ、時空を超えた根源的な真理を説き続けていると語る。これこそが、永遠に仏が仏になり続ける「久遠実成」である。

中国天台宗は、『法華経』を第一の所依経典として成立し、それを受けて最澄が日本天台宗を開創した。日蓮以外にも、法然、親鸞、道元など鎌倉時代に新たな仏教宗派を立ち上げて活躍した僧たちのほとんどは、青年時代に比叡山で『法華経』を学んだ。例えば、道元などは、主著『正法眼蔵』の巻名に「諸法実相」「唯仏与仏」「法華転法華」などと『法華経』に登場する言葉を用いるほど『法華経』を重視していた。また、『法華経』の霊験譚を説く

『法華験記《ほっけげんき》』（平安時代中期、比叡山首楞厳院の僧鎮源《ちんげん》〈生没年不詳〉作、三巻、一〇四〇〜四四年成立）からも分かるように、民間においても、『法華経』の持経者が活躍していた。

このように日本仏教史上で『法華経』の存在は重要であるが、中でも『法華経』を「最高」「唯一無二」とした上で、後述するように独自の理解を示したのが日蓮なのである。日蓮は、先に述べたように天台宗の僧侶として出発しており、日蓮にとって、天台宗の所依経典である『法華経』は、「一仏乗」「久遠実成」の教えに基づき永遠の仏による一切衆生の救済を説く最高の教えであったのだ（後には、既成の天台宗からさらに一歩踏み込んで、日蓮は、「唱題」を主張するに至る〈『観心本尊抄』、後述〉）。

唱題の布教と弾圧

さて、『法華経』こそ万人のこの世における救済を可能にするという確信を得た日蓮は、一二五三年（建長五）、故郷に戻り、清澄山頂で「南無妙法蓮華経」の題目を高唱したと伝えられる。現在、日蓮宗では、これをもって日蓮宗の開宗であるとしている(3)。これ以後、日蓮は、故郷の地で『法華経』の教えを宣揚し、また『法華経』信仰の立場から念仏批判を繰り広げる。現世に『法華経』に基づく理想世界をうち建てようとする日蓮にとって、現世を離脱して浄土に往生することを説く浄土の教えは、決して認めることはできなかったのである。日蓮の激しい浄土信仰批判は、念仏の篤信者であった地頭の怒りをかい、日蓮は、ほどなく故郷を追われてしまう。

その後、日蓮は、幕府が置かれ政治の中心地であった鎌倉に移り、道に立って通行人に辻説法するなどして布教活動を始めた。さらに、彼は、『立正安国論』を著し、近来うち続く天変地異や社会不安は、世の人々が『法華経』に背き、法然の専修念仏などの邪義に赴いた結果、国を守護する善神が日本を捨ててしまったからである、と厳しく批判した。

『立正安国論』において、日蓮は、「一仏の子と生まれて諸経の王に事《つか》ふ。何ぞ仏法の衰微を見て、心情の哀惜を起こさざらんや。」と述べる。これは、「自分は、仏の子として生まれて、諸々の経典の王である『法華経』に従う身である。どうして仏法の衰微を目の当たりにして、悲しく残念だと思わないことがあろうか。」ということである。

このように日蓮は、世人が『法華経』に帰依しないために仏法が衰えたことを憂えた。そして、「汝早く信仰の寸心を改めて、速やかに実乗の一善に帰せよ。然れば則ち三界は皆仏国なり。」と言って、国中の人が邪義を捨てて『法華経』（実乗の一善）に帰依すれば、全世界が仏国土となり「天下泰平」が実現できるとし、さらに、もし帰依しないならば、他国の侵略や自国内の謀叛の「二難」は免れられないだろうと厳しく警告した。

この『立正安国論』は、前執権で幕府の実力者である北条時頼に献じられたが、その進言は用いられなかった。しかし、日蓮は「国主諫暁《こくしゅかんぎょう》」の失敗にもひるむことなく、後の「念仏無間《むけん》・禅天魔・真言亡国・律国賊」という四箇格言《しかかくげん》に端的に表れているように（ただし伊豆流罪以前は、主に念仏と禅が批判対象であった）、厳しい他宗批判を繰り返した。

日蓮が行った、正法確立のためのこのような激しい批判活動は、幕府の弾圧を招き、一二六一年（弘長元）、四〇歳の時には伊豆に配流されるに至った。しかし、日蓮は臆することなく、二年後、許され鎌倉に戻ってからも、他宗を激しく攻撃し続けた。そのため、いわゆる小松原の法難（念仏信仰者に襲われ、弟子や信者が死に日蓮自身も重傷を負った事件）、龍口《たつのくち》の法難にあった。特に、一二七一年（文永八）、五〇歳の時の龍口の法難では、斬刑に処せられそうになったが、危ういところで免れて佐渡に流された。

流刑の地、佐渡における教学の深まり

流刑の地佐渡において、日蓮は、三年にわたって困難な生活を送りつつも布教に励んで熱心な信者を得、また、最も重要な著作とされる『開目抄《かいもくしょう》』『観心本尊抄《かんじんほんぞんしょう》』を著した。ここではそれらの内容について要点を紹介しよう。

①『開目抄』

『開目抄』の中で日蓮は、「二乗作仏」（小乗仏教の徒である声聞乗・縁覚乗の二乗も成仏できるという、衆生成仏、万人救済の教え）と久遠実成（永遠の過去に悟った釈尊による普遍的救済の教え）に加えて、「一念三千」（凡夫の一念の中に絶対の真理が宿るという考え方で、後述）についても宣揚し、これら三つの教えの具備こそが、『法華経』が最高の教えであることを示していると言う。

さらに、日蓮は、「このように最高の教えである『法華経』を宣布したにもかかわらず、どうして自分が死をも覚悟せざるを得ないような苦境に立たされ、ついには佐渡に流刑となってしまったのか、なぜ神々や仏菩薩は自分を守護してくれないのか」という問題に突き当たる。

日蓮は、『法華経』勧持品《かんじほん》に「仏の滅度の後、恐怖《くふ》悪世の中に於て我等《われら》当《まさ》に広く説くべし。諸の無智の人の悪口罵詈《あっくめり》等し及び刀杖を加うる者有らん。」とあるように、末法時には『法華経』を広める行者が、暴言を浴びせかけられたり、刀で斬られ杖で打たれたりと、「法難」に遭うことが既に予言されていると述べる。

そして、自分自身、弾圧を通じて身をもって『法華経』を読むことができた（『法華経』の色読《しきどく》・身読）として、わが身に加えられた弾圧を、むしろ『法華経』の真実性の成就だと捉えるに至った。このような自覚のもとに、日蓮は、自分自身を「地涌《じゆ》の菩薩」、とりわけその筆頭である「上行《じょうぎょう》菩薩」になぞらえる。地涌の菩薩とは、『法華経』によれば、久遠実成の釈尊によって、五百塵点劫《じんてんごう》の無限に遠い過去から教化を受け、釈尊が『法華経』を説くにあたって大地から涌出し、末世に『法華経』を広めることを、釈尊から託された者である。

さらに、日蓮は他ならぬこの自分が、このような法難に遭遇した意味について、「今、日蓮、強盛に国土の謗法を責れば、大難の来るは、過去の重罪の、今生の護法に招き出だせるなるべし。」と述べる。これは、「今、自分日蓮が、日本国の正法への背反を激しく批判したことで大きな法難に遭ったのは、自分が過去に『法華経』を謗るなどして積んだ悪業のその報いを、自分が今ここで受けているのだ」ということである。仏教の基本教理である過去・現在・未来の三世に渡る因果応報という考え方に基づいて、今の苦難は過去世における悪行（『法華経』への敵対）の報いであると、日蓮は捉えるのである。

そして、『開目抄』の結びで「日蓮が流罪は今生の小苦なれば、なげかしからず。後生には大楽をうくべければ大いに悦ばし」と言われるように、日蓮は、過去世の悪行の報いを現世において受けてしまえば、来世以降に成仏（大楽）も可能となると述べる。つまり、来世の「大楽」と比べれば、現世の苦難は「小苦」に過ぎないと、現世の「苦」を積極的に意味づけ、それを通じて苦が「大楽」を生むと、「苦」に主体的に立ち向かう姿勢を示すのである。

さらに、日蓮は、過去世において『法華経』に逆らった自分は、その悪行によって『法華経』に結縁できたとする。そのことを、現在の日蓮への弾圧者にも適用するならば、弾圧者たちは、『法華経』の行者である日蓮を責め苛むことによって『法華経』に結縁し、来世以降、『法華経』によって救われる可能性が生まれるということになる。このことにおいて、弾圧者たちは、過去世において『法華経』に逆らった日蓮と重なる。つまり、日蓮への弾圧者は実は過去世における日蓮なのである。

日蓮は、弾圧者たちから何度も暴力を受け、弟子や信者からは死者まで出てしまうが、日蓮の方から暴力的な行動に出ることは一切なかった。それは、弾圧者たちが、極言すれば、実は過去世の自分であるという自他一如の考え方に基づくとも言える。自他一如とは、大乗の「縁起—無自性—空」の思想に基づくもので、自己と他者はべつべつのものではなくて相互相依の一体的なものであるという捉え方である。この意味で、日蓮は、時空を超えた慈悲をもって、弾圧者をも理解していたといえるだろう。

②『観心本尊抄』

次に『開目抄』に続く『観心本尊抄』（正式名称は『如来滅後五五百歳始観心本尊抄《にょらいめつごごごひゃくさいしかんじんほんぞんしょう》』）では、釈尊の死後、五〇〇年ごとに時代が下っていくという、『大集経《だいじっきょう》』で説く下降史観に基づいて、現在は、第五の五〇〇年「闘諍堅固《とうじょうけんご》」の時代（邪義・邪見がはびこり争いが盛んに起こる末世）が到来したとする。

そして、その上で、末世における「一念三千」の実践は、「南無妙法蓮華経」と題目を唱えること以外にはあり得ないと、日蓮は主張する。題目によって、凡夫の心に「理」として具わった「一念三千」が顕在化し、現実の「事」としての「一念三千」と化するのである。「一念三千」とは、一言でいうなら凡夫のこの一瞬の心にも真理の全体がこもっているということで、この人間の現実の心が真理世界と結ばれている、という主張である。(4) 前述のように、日蓮は、天台智顗にならって、ある歴史的な時空において活動したと考えられている釈尊は、実は、永遠の昔に既に成仏しており、歴史的存在としての釈尊は、永遠の仏（久遠実成）の一発現に過ぎないと捉える。日蓮にとっては、まさに、今、この一瞬の心において、無限と有限、永遠と歴史、真理世界と現実世界とが出会っているのである。

さらに、日蓮によれば、無限の過去に成仏した釈尊や、釈尊の眷属である地涌の菩薩などの菩薩は、仏性《ぶっしょう》（仏の本質・成仏の因）として、人間の心の中にも宿っている。永遠の釈尊や菩薩が、自分の心の中に宿るというのは、自己の心が真理世界に繋がっているということである。つまり、人間の心は、己一人に閉じた限定されたものではなくて、無限の時間、空間へと広がっている。中国天台宗の第三祖（実質的開祖）天台智顗や第六祖湛然が主張する「一念三千」は、この自己と真理との一体性を説いているのである。

そして、この「一念三千」とは、本来は、天台観法によって得られる超越的境地であるが、日蓮は、このような観法は末世の凡夫のなし得るところではないから、そのかわりに題目が与えられたと主張する。そのことについては、『観心本尊抄』の終結部で「一念三千を識らざる者には、仏大慈悲を起し、五字（妙法蓮華経）の内にこの珠を裹《つつ》み、末代幼稚の頸《くび》に懸けさしめ給う」と言われる。つまり、「難解な一念三千が理解できない者に対して、仏は大いなる慈悲をかけて、『妙法蓮華経』という題目の五文字の内に、一念三千を包んで、末世の未熟な者たちの首にかけてやった。」と言うのである。

真理を開示する経典『妙法蓮華経』の題目を唱えることがなぜ観法の代わりになるのかということについて、日蓮は「釈尊の因行果徳の二法は妙法蓮華経の五字に具足す。我等此の五字を受持すれば自然に彼の因果の功徳を譲り与へたまふ」と説明する。

これは「釈尊が修行し成就した功徳は、『法華経』の正式名称である「妙法蓮華経」の五文字に集約されている。だから、経の題名である題目を唱えればその功徳を受け取ることができる。」という意味である。つまり、釈尊が成就した功徳とは、真理のはたらきの顕在化である。真理のはたらきを体現する『妙法蓮華経』の題名に帰依するということを意味する「南無」（サンスクリット語で崇敬を表す間投詞のナマス、ナモーの漢訳音写語）という言葉を付けて『法華経』の題目を唱えれば、今度は、もともと自分自身の中にそなわっている真理のはたらき（仏性）が活性化し自覚されることになる。「功徳を受け取る」と言っても、それは品物を受け取るようなことではなくて、自己に内在するはたらきの自覚に他ならないのである。

また、『観心本尊抄』において日蓮は、衆生の究極的拠り所としての「本尊」についても独自の見解を示した。日蓮にとって、釈尊とは、永遠にはたらき続ける色形を越えた真理であり、凡夫の心の中にも宿ると同時に、色形を備えて『法華経』を衆生に説いて衆生を救済する、外なる仏でもある。つまり、本尊としての釈尊は、「己心《こしん》」の釈尊として内在するとともに外在の仏でもあり、その外在の仏によってはたらきかけられ、自分自身も「真理の外在化の象徴」としての題目を唱えることによって、内在する己心の釈尊を自覚し顕現することができるのである。このように、衆生と仏と真理との間のダイナミックな関係を説くことにおいて、日蓮の本尊観は、当時、天台宗の中で隆盛をみていた天台本覚論とは一線を画するものとなっている。(5)

以上略説した『開目抄』や『観心本尊抄』で説かれた「上行菩薩」の自覚や「唱題」の教えは、天台宗の立場を大きく超え、日蓮自身の独自性が発揮されたものであった。

身延入山とモンゴル襲来、そして入滅

さて、一時は佐渡に骨を埋めることも覚悟した日蓮は、一二七四年（文永一一）、許され佐渡を後にする。鎌倉では再び諫暁を行うが、又しても容れられず、日蓮は、信者である南部六郎実長《なんぶろくろうさねなが》（波木井実長）の領地であった甲斐国《かいのくに》（山梨県）波木井《はきい》郷の身延山《みのぶさん》に草庵を寄進してもらい、亡くなるまでこの地で著作活動と布教に努めた。

この頃、文永・弘安の役が起こり、モンゴル軍が来襲する。このことを日蓮は、自らの予言の成就であると捉えた。日蓮は、人々に、邪義に心を惑わされたことが国難を招いたことを自覚して『法華経』に帰依せよ、と説き、幕府がモンゴル軍調伏の祈禱を真言宗に行わせたことを激しく非難した。日蓮にとっては、モンゴル軍は、邪教の国となってしまった日本を滅ぼし、『法華経』に基づく新たな国として再生する契機を与える「天の御使」に他ならなかった。しかし、真言宗による加持祈禱がかなって吹いたと当時の人々が考えた「神風」によって、モンゴル軍が敗退し、日蓮の日本再生へむけての構想は挫折してしまった。

そして、弘安の役（一二八一年）の翌年、年来の胃腸の持病が悪化した日蓮は、常陸の温泉に療養に向かう途中、信者の池上宗仲《いけがみむねなか》の屋敷（今の東京池上本門寺）で入滅した。世寿、六一歳であった。臨終の枕頭には、佐渡流罪以来、日蓮が多くの弟子や信者に書き与えていた大曼荼羅が掛けられていたという。

この大曼荼羅は、中央に題目を書き、釈尊や上行菩薩をはじめとする仏菩薩や、『法華

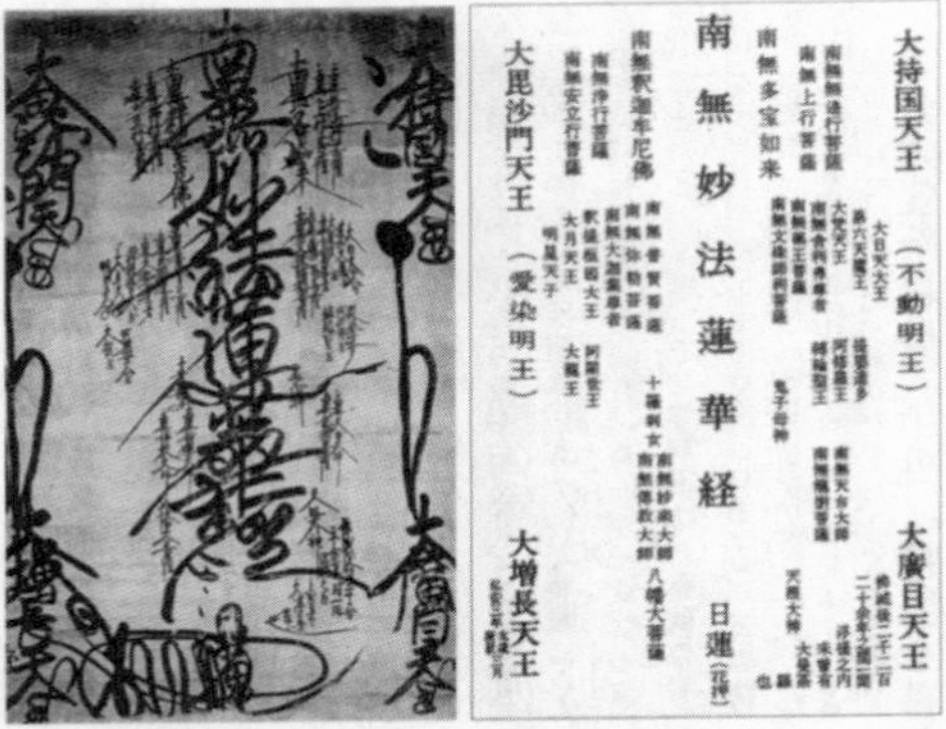

（左）大曼荼羅（本山妙本寺、13世紀）日蓮の臨終の際に掛けられたとの伝承がある。（右）本尊の配置図（『宗義大綱読本』日蓮宗新聞社刊より引用）

経』に帰依する国家を守る四天王（持国天・増長天・広目天・多聞天《たもん》（毘沙門天））を四隅に配置し、日本の神である天照大神や八幡神も書き込まれている。「妙法五字の光明に照らされて本有の尊形となる」（『日女御前御返事』）と説かれているように、この大曼荼羅は、この世界のありとあらゆるものが、絶対的な真理のはたらきの現れであることをヴィジュアル的に示している。日蓮は、この大曼陀羅を掛けることで、まさに光明に照らされた世界へと再生し、またそこで『法華経』を説き広めているであろう自分を思い描きつつ、臨終を迎えようとしたと言えるのではないだろうか。

以上、述べてきたように日蓮は、自らを「上行菩薩」になぞらえ、生涯を通じて『法華経』の絶対的な真理を説き続け、「娑婆即常《しゃばそくじょう》寂光土《じゃっこうど》」として、現実世界を仏国土化すること、つまり日本の国を、『法華経』を通じて仏国土にすることを使命として、自ら、忍難殉教の菩薩行に励んだのである。日蓮が他のどの

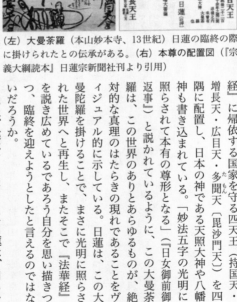

宗派にもまして法然の専修念仏を批判したのは、まさにこの点に関わっている。娑婆世界を浄土にするという意味での絶対的一元論の下、現実変革を訴える日蓮の立場からは、厭離穢土、欣求浄土を唱える浄土信仰の二元論的志向は、決して認められるものではなかったのである。(6)

三大誓願「我れ日本の柱とならん、我れ日本の眼目とならん、我れ日本の大船とならん」という言葉に表れているように、日蓮は末法の日本で苦しむ人々を救うことを志し、現在でもその教えは、仏教に基づく現実変革の教えとして大きな影響を与え続けていると言えるのである。

注

(1) 摂受とは摂引容受の略で、相手の誤りや非を厳しく追及せず寛大に受け止め相手を正法へと導いていくことで、相手を厳しく追及して改心を迫る折伏《しゃくぶく》（破折屈伏《はしゃくくっぷく》）とともに日蓮がとった教導方法の一つである。

(2) 禁教以降の不受不施派は、法中（僧侶）、法立《ほうりゅう》（非転向在家信者、清派）、内信（偽装転向在家信者、濁派）からなる地下組織を作り、ほぼ二〇〇年に渡って信仰を守り、明治時代になって公認され現在に至っている。

(3) ただし、日蓮に即するならば、当初、日蓮自身は新たな宗派を起こすというよりも、密教や念仏信仰を取り入れた当時の天台宗を批判し、天台宗の原点である最澄の教えに立ち戻って正当な法華信仰を復興しようという志向を持っていたと考えられる。なお、日蓮宗が宗派として天台宗から独立した時期については他にも諸説があり、戦国時代以降とする研究成果も報告されている。

(4) 一念三千とは、人間の日常的な心（一念）に、宇宙の総ての事物事象（三千）が備わっているという、天台智顗が『摩訶止観』第五で創唱し、湛然が展開した天台宗の基本的教理で、天台観法では、この理を瞑想修行によって実践的に体得することを目指す。なお、三千というのは、十界（地獄・餓鬼・畜生・修羅・人間・天・声聞・縁覚・菩薩・仏）が互いを具足しているから百界であり、そのそれぞれに十如是（諸法実相すなわち存在の真のあり方の十のカテゴリーで、相・性・体・力・作・因・縁・果・報・本末究竟等）が備わるから千如是であり、さらにこれらそれぞれに三種世間（五蘊《ごうん》・衆生・国土世間）が備わるから相乗する。このようにして三千の法数が得られる。

(5) 天台本覚論とは、中古天台（一二世紀末〜一七世紀頃）で隆盛をみた議論で、究極的な悟りは衆生の中で完全に実現されているから、ありのままでいることが本来的な悟りの成就であり、帯を解いて寝ていてもそれは悟りであると修行不要論を唱えた。

(6) このような日蓮の批判に対して、念仏信仰の側からは、口称念仏は、『無量寿経』所載の阿弥陀仏の誓願に基づくなど、経典にその根拠があるが、日蓮の題目にはそれがないという反論がなされた。

参考文献

紀野一義編『日蓮』（日本の名著8、中公バックス、中央公論社、一九八三）
久保田正文『日蓮——その生涯と思想』（講談社現代新書、講談社、一九六七）
佐藤弘夫『日蓮——われ日本の柱とならむ』（ミネルヴァ日本評伝選、ミネルヴァ書房、二〇〇三）
末木文美士『増補　日蓮入門——現世を撃つ思想』（ちくま学芸文庫、筑摩書房、二〇一〇）
高木豊『増補改訂　日蓮——その行動と思想』（太田出版、二〇〇二）
田村芳朗『日蓮——殉教の如来使』（ＮＨＫブックス、日本放送出版協会、一九七五）

戸頃重基他『日蓮』（日本思想大系14、岩波書店、一九七〇）
中尾堯『日蓮』（歴史文化ライブラリー、吉川弘文館、二〇〇一）

第七章　廃仏毀釈からの出発　近代の仏教1

はじめに

日本の近代仏教の歴史は、明治初年の神仏分離・廃仏毀釈への対応から始まった。そもそも、「近代仏教」とは何を意味するのか？　その定義と特徴を検討したうえで、明治政府による宗教政策を概観する。明治維新時から明治二〇年代にかけて制度化される近代日本の政教関係（祭政教関係）を、島地《しまじ》黙雷《もくらい》ら真宗勢力が果たした役割にも注目しながら検討することにしよう。

1　「近代仏教」とは何か？

「近代仏教」を定義する

六世紀に朝鮮半島から日本列島に伝わってきた仏教は古代・中世・近世を経て、近代に至り、二一世紀の現代に及んでいる。日本仏教の来歴を考える時、前近代における日本仏教の僧侶たちの思想や活動について理解することが不可欠である。ただし、今日まで平安時代の空海や鎌倉時代の法然の思想は真空パックの中で保存されてきたわけではなく、その思想は歴史の中でさまざまに受容され、新たな解釈もなされてきた。また、「葬式仏教」という日本仏教の特徴も時代の中で形成され、変容してきたのである。

日本における仏教思想の展開、寺院制度や儀礼・実践の変遷を考える時、近代における仏教のあり方（近代仏教）を学ぶことが重要となる。というのも、現代社会に生きる私たちにとって、近代社会は地続きの世界であり、近代仏教は現代の仏教のあり方を直接的に規定し、未来の仏教のあり方を考えるうえでも数多くのヒントを与えてくれるからである。

そもそも「近代仏教（Modern Buddhism）」とは何だろうか？　それを「一九世紀以降、日本を含むアジア、欧米の世界中に現れた仏教の近代的形態」と定義しておこう。日本の場合、幕末・明治維新を起点とし、第二次世界大戦の終戦までの仏教を「近代仏教」ということが多い。なお、近代仏教は日本だけに限らず、世界各国に存在する。ただし、アジアでは伝統思想である仏教が再編成され、西洋では新たに東洋から移入されたという違いがある。

「仏法」「仏道」から「仏教」へ

日本の近代仏教を見直すと、日本仏教をめぐる私たちの常識が問い直されるような経験をしばしばする。たとえば、今、私たちは当たり前のように、「仏教」という言葉を用いる。仏教はキリスト教やイスラーム、ユダヤ教、神道などと並び、宗教のひとつであり、個人の心の営みである、と。ところが、「仏教」がこのような意味で用いられるようになるのは、明治時代以降のことである。それ以前の千余年間は「仏法」や「仏道」と呼ばれていた（ただし、「仏教」という言葉自体は前近代にもあった）。

このことは、単なる呼称の変化に留まらない重大な意味をもつ。現在、「仏教」は「宗教」の一種と考えられているが、この「宗教」という言葉も現在のような意味で用いられるようになるのは、明治時代以降である（この言葉自体もそれ以前から存在した）。磯前順一によれば、「宗教」は西洋の「レリジョン（religion）」の訳語として明治一〇年代以降に日本社会に定着するが、レリジョン概念の中核にはキリスト教（とくにプロテスタンティズム）の影響が色濃い。儀礼的な要素（プラクティス）を軽視し、個人の内面的な信仰を重要視して、教義や信条（ビリーフ）中心という特徴がある。こうしたビリーフ中心主義が日本語の「宗教」概念にも反映しており、近代以降の「仏教」概念にも同じようにビリーフ中心主義が見られると指摘されている。

「仏法」「仏道」から「仏教」へ呼称が変わったことで、「仏教」を「宗教」として見る見方、すなわち、個人の内面的な信仰にもとづくビリーフ中心主義を重視する認識が一般化した。日本仏教にはビリーフ（教義・信条）とプラクティス（儀礼）の両面があるが、ビリーフ中心主義が価値あるものとして重要視されると、当然のことながら、「葬式」や「法事」というプラクティス、さらにはそれらに根ざした葬式仏教が軽視されることにつながる。大事なのは、日本仏教のビリーフとプラクティスをバランスよく見て、両者の関係性に注目することである。

近代仏教と伝統仏教の複雑な関係

「近代仏教」は一九世紀以降の仏教の近代的形態であると述べたが、そのもとになるのは前近代（日本であれば、古代〜近世）の「伝統仏教」である。簡潔にいえば、伝統仏教が近代化したものが近代仏教だが、仏教の伝統すべてが近代化したわけではない。たとえば、親鸞や道元、日蓮の教え自体が明治時代に変化したということはない。

では、伝統仏教と近代仏教はどのような違いがあるのだろうか。たとえば、近代仏教は儀礼や呪術を否定し、初期仏教やブッダそのものに回帰することを強調し、平等性、普遍性、個人性を重視するのに対して、伝統仏教は儀礼や呪術を尊重し、階層性、地域性、地域コミュニティを重視するという見方がある。また、ヨーロッパのさまざまな近代思想（西洋近代）に影響を受けて成立したのが、近代仏教であると主張する研究者もいる。

こうした近代仏教のイメージは合理的・理知的なものであり、ビリーフ中心主義的な捉え方といえるだろう。日本の場合でも、これに当てはまる思想や活動がある。しかし、当てはまらないものもある。たとえば、プラクティス中心の葬式仏教はまさに上記の伝統仏教の特徴に相当するといえる。後述するように、日本の葬式仏教は近世の寺檀《じだん》制度と寺請《てらうけ》制度にもとづいて成立した。しかし、葬式仏教は前近代の伝統仏教に留まるものではない。葬式仏教もまた近代化している側面があり、近世の葬式仏教と近代の葬式仏教は区別する必要がある（第十二章参照）。

つまり、伝統仏教＝前近代、近代仏教＝近代の現象なのではなく、葬式仏教もまた近代仏教なのである。このように近代仏教と伝統仏教を切り離して考えるのではなく、近代以降の日本仏教における近代的なものと伝統的なものとの複雑な関係性を理解することが求められる。

さらに、日本の近代仏教を見る時にはその重層性にも注意を払ってほしい。日本の近代仏教は決して一枚岩ではなく、①浄土宗、浄土真宗、曹洞宗、日蓮宗などのような伝統仏教、②本門佛立講《ぶつりゅう》（現・本門佛立宗）、霊友会、創価学会、真如苑のような仏教系新宗教、③葬送儀礼や踊り念仏のような民俗仏教、④清沢満之の精神主義、境野黄洋《さかいのこうよう》や高嶋米峰《たかしまべいほう》らの新仏教運動、田中智学の日蓮主義に象徴される仏教改革運動に大別することができる。こうしたさまざまな層から、日本の近代仏教の全体は成り立っており、これらの各領域もまた相互に関連したり、対立したりするなど、複雑な関係性にある。近代仏教は重層的なものなのである。

2　廃仏毀釈と教導職

廃仏毀釈による仏教界へのダメージ

日本における近代仏教の展開を考える時、明治初期から二〇年代までの明治政府による宗教政策の理解が前提となる。というのも、この時期に近代日本における仏教の基本的立場と役割が定められたからである。以下、明治政府による宗教政策とそれに対する伝統仏教の動向を検討することにしよう。そのポイントは、神道と仏教の関係（神仏関係）、祭祀と政治と宗教の関係（祭政教関係）である。

一八六七年（慶応三）一二月、王政復古の大号令によって明治政府が成立する。翌一八六八年（明治元）三月一三日には、古代の律令制をモデルとした「祭政一致」（祭祀と政治の一体化）の制度を回復し、神祇官（祭典の執行、天皇陵など陵墓の管理、宣教の担当）を再興することが太政官布告で宣言された。翌一八六九年（明治二）七月には宣教使が設置され、翌一八七〇年（明治三）一月には大教宣布の詔が発せられた。神道家や国学者からなる宣教使が「惟神之大道《かんながらのだいどう》」（神道）を国教として民衆に宣揚する役割を担うことになった。以後、明治政府による祭政教（祭祀・政治・宗教）の一致をめざす神道国教化政策が展開されていく。

明治政府は神道中心の国家形成を行うことになるが、その際に排除されたのが、キリスト教と仏教、民俗信仰だった。神祇官再興の布告が出された二日後（一八六八年〔明治元〕三月一五日）、「一切切支丹邪宗門ノ義ハ固ク禁制タリ」との太政官布告が発せられ、江戸幕府以来のキリシタン禁止政策が継承された。この政策は西洋諸国の反発と抗議を招くことになるが、一八七三年（明治六）二月まで続いた。

キリシタン禁制の布告から二日後の三月一七日、神祇事務局から神社に「僧形」で勤めている別当・社僧に「復飾」（還俗《げんぞく》）命令が出され、同月二八日には「権現」や「牛頭《ごず》天王」

などの神仏混淆的な神号を改めること、仏像をご神体としている神社はそれを改めること、社前の仏像や「鰐口梵鐘仏具」などを取り除くことを命じる布告が出された。こうした神仏判然令（神仏分離令）によって、古代以来の神仏習合に対する神仏分離の政策が採られ、以後も神仏分離を促進する法令が次々に発せられた（第十三章参照）。

その結果、全国各地の神社で仏像、仏具、経巻の破壊や除去、地域の仏教寺院の廃寺や統合等の廃仏毀釈が発生した。津和野藩、松本藩、富山藩では神仏分離が強行され、京都では牛頭天王を祭神としていた感神院祇園社の名称が八坂神社に改められた。

廃仏毀釈の様子
（出典：高取正男・赤井達郎・藤井学編『図説日本仏教史　第3巻　国民仏教への道』法藏館、1981年）

各地で高揚する廃仏毀釈の動向に、政府が神仏分離の実施には慎重を期し、粗暴のふるまいを禁じるほどだった。しかし、明治三～四年をピークとして廃仏毀釈の動きは続き、仏教界は大きなダメージを受けることになる。

また、廃仏毀釈の動きと並行して、明治政府は文明開化の名の下に民俗信仰や民俗行事・

習俗も抑圧した。一八七二年（明治五）に修験宗（修験道）が廃止され、翌年一月には梓巫《あずさみこ》・市子《いちこ》・憑祈禱《ひょうきとう》・狐下げ（神憑《かみがか》りや死者の口寄せなどの民俗信仰）などが禁止され、講のような民俗仏教行事もそうした抑圧の対象となった。

近世から近代への立場の変化

近世に遡ると、仏教教団は幕藩体制の下で行政機関の末端を担い、安定的な立場を保証されていた。江戸幕府は本末制度、寺檀制度、寺請制度という宗教政策を通じて、寺院と民衆を管理した。江戸幕府は寺院諸法度によって寺院統制を図り、宗派ごとに本山・本寺〜末寺の階層的な関係からなる本末制度を一六三二年（寛永九）以降、制度化する。幕府は各宗派の本山を介して寺院を統制した。また、寺檀制度とは寺院が民衆の家（檀家）の葬祭を永続的に担当する社会制度で、すべての民衆はいずれかの寺院（檀那寺）の檀家となることを義務づけられた。この寺檀制度と連動するのが、寺請制度である。

幕府は一六一二年（慶長一七）にキリシタン禁止令を発布したのち、寺院に檀家がキリスト教徒ではないことを証明するための宗門改めを実施させた。このようにキリスト教などの禁止されている信仰をしておらず、特定の寺院に所属していることを証明する寺請制度が一七世紀半ばに徹底される。その後、幕藩領主は寺院に家ごとの戸口資料（家族の名前や年齢、妻の実家など）を記した宗門人別帳を作成させ、民衆の宗旨と戸籍を管理させた。

このように、本末制度によって幕府に統制された寺院は寺檀制度と寺請制度によって江戸幕府の行政機関の末端に位置づけられ、「人別掌握」（民衆管理）の公的な役割を担った。寺院が戸籍管理や葬祭を委任されることで、仏教は民衆に広く普及することになる。中世まではなかった戒名と位牌、位牌を安置する仏壇も近世に浸透することで、現在まで続く葬式仏教の原型が成立することになる。こうした江戸時代までの仏教の特権的な立場に疑問や不満をもつ民衆や神職たちが廃仏毀釈を引き起こしたのである。

明治新政府は、新しい国家体制づくりにもはや寺院と僧侶を必要としなかった。新たに明治新政府の行政機関の末端を担うようになったのが、神社である。廃仏毀釈の混乱が収まらない中、一八七一年（明治四）五月一四日、「神社ノ儀ハ国家ノ宗祀《そうし》」との太政官布告を発した。この布告は「神道が宗教ではなく、神社は国家の祭祀である」という神道非宗教論を根拠づけることになった。

また、全国の神官・社家の世襲を廃止し、政府がその人事を掌握することが定められ、官社（官幣社・国幣社）と諸社（府社・県社・郷社・村社・無格社）に区分される社格制度も制定された。こうして神社が国家祭祀の施設であることと、神職が官吏であるとの位置づけが制度化されたのである。

神道国教化政策が進められる中、明治政府による仏教界の特権剝奪の措置が続いた。仏教界は、一八七一年（明治四）一月五日の上知《あげち》令によって寺領没収による経済的打撃を受け、四月四日の戸籍法の公布、七月四日の氏子調制度制定、一〇月三日の宗門人別帳の廃止によって、宗門改め制の解体を余儀なくされる。江戸幕府の保護の下で担ってきた公的な役割を

年	出来事
一八六七（慶応三）	一二月　王政復古の大号令
一八六八（慶応四＝明治元）	三月一三日　祭政一致・神祇官再興の太政官布告 三月二八日　神仏判然令の発令。廃仏毀釈の発生
一八六九（明治二）	七月　宣教使の設置
一八七〇（明治三）	一月　大教宣布の詔
一八七一（明治四）	一月　上知令 四月　戸籍法の発令 八月　神祇省の設置
一八七二（明治五）	三月　神祇省を廃し、教部省の設置 四月　教導職の設置、肉食妻帯蓄髪勝手令の布告 一二月　島地黙雷による「三条教則批判建白書」
一八七三（明治六）	一月　大教院の開設
一八七五（明治八）	五月　真宗の大教院分離運動により、大教院が解散 一一月　「信教の自由保証の口達」の発令
一八七七（明治一〇）	一月　教部省の廃止
一八八二（明治一五）	一月　神官と教導職の分離
一八八四（明治一七）	八月　教導職の廃止
一八八九（明治二二）	二月　大日本帝国憲法の公布
一八九〇（明治二三）	一〇月　教育勅語の発布

明治初期～二〇年代における明治政府の宗教政策の推移

放棄することになった。

このように寺院の経済的・社会的・政治的特権が次々と奪われ、寺院と僧侶の権威は失墜した。さらに決定的なダメージを与えたのが、一八七二年（明治五）四月二五日に発令された肉食《にくじき》妻帯蓄髪勝手令である。それまで戒律で禁止されていた僧侶の肉食や妻帯を明治政府が認可した布告だった。真宗は親鸞自らが妻帯したように、肉食妻帯を認めていたが、他宗派は禁じていた。ところが、この布告によって、僧侶身分は解体し、僧侶は職分（職業）となった。このことを日本仏教の真宗化と名づける研究者もいる。僧侶であることの根拠を保証するのは戒律だが、それが無効化されたことで、僧侶のアイデンティティが揺らぐことになる（第十一章参照）。僧侶と寺院は、明治初期、完全に立場を失った。

神道国教化政策から神仏合同教化政策へ

ところが、仏教界は早々に失地回復の足がかりを得る。教導職への登用である。明治政府による神道国教化政策はなかなか実現しなかった。神祇官、宣教使による大教宣布は明確な成果をもたらすことができず、一八七一年（明治四）八月、神祇官は神祇省に改組され、太政官下の一省に格下げになる。翌年三月には神祇省は廃省となり、代わって教部省が新設された。この教部省は近代日本で初めての宗教行政官庁だった。この措置により、祭祀は式部省、教法（宗教）は教部省の管轄となって祭教分離（祭祀と宗教の分離）が確立し、神道国教化政策は挫折することになる。

また、宣教使も廃止され、一八七二年（明治五）四月の太政官布告によって、教導職という役職が設けられ、僧侶も登用された（ちなみに、同じ日に肉食妻帯蓄髪勝手令も公布）。これは、無給の国家官吏である。教部省の管轄によって、神官と僧侶が合同で民衆に対する教化活動を担うことになった。ここに、神道国教化政策は神仏合同教化政策へと転換する。仏教界は江戸時代の「人別掌握」（民衆管理）の役割から、近代の天皇制国家の樹立に向けた民衆管理のための教化という新たな役割を担うことになる。

ただし、民衆に説くための教化内容は厳しく制限され、「敬神愛国」「天理人道」「皇上奉戴・朝旨遵守」からなる三条教則が定められた。僧侶は説法をすることは禁じられ、神道や国家、天皇に関することを説くことが求められた。

以上のような政策の転換に伴い、一八七三年（明治六）一月に設立されたのが、大教院である。これは民衆教化センターの行政機関というべきものである。ただし、ここでも仏教界の地位は低く、神道が優位で仏教は劣位にあった。とはいえ、この教導職制と大教院体制への参加によって、仏教界は公的な立場を回復するきっかけを獲得した。

3　近代日本の祭政教関係の制度化

宗教政策に対する真宗の影響

明治政府による神道優遇、仏教冷遇の宗教政策に対して果敢に批判を投じたのが、真宗勢

島地黙雷（出典：高取正男・赤井達郎・藤井学編『図説日本仏教史　第３巻　国民仏教への道』法藏館、1981年）

力だった。とくに真宗本願寺派（現在の浄土真宗本願寺派）の島地《しまじ》黙雷《もくらい》（一八三八～一九一一）、大洲《おおず》鉄然《てつねん》（一八三四～一九〇二）、赤《あか》松連城《まつれんじょう》（一八四一～一九一九）らである。彼らが明治前半期の宗教政策に大きな影響を及ぼした。というのも、真宗は廃仏毀釈や上知令などによって大きなダメージを被らず、政府要人（木戸孝允、伊藤博文、山県有朋らの長州閥）との密接なネットワークがあったからである。

一八七二年（明治五）以降、教導職制と大教院体制にもとづく神仏合同教化政策がスタートしたが、これを痛烈に批判したのが、島地黙雷の「三条教則批判建白書」（一八七二年（明治五）一二月執筆）である。島地ら本願寺派関係者は、教部省設置前の同年一月、海外の宗教状況の視察に出発し、翌年七月までにヨーロッパとアジア諸国を歴訪した。ヨーロッパの政教関係を視察した島地は、三条教則にもとづく神道優位の教化体制を次のように批判した。

政教ノ異ナル、固《もと》ヨリ混淆スベカラズ。政ハ人也、形ヲ制スルノミ。而シテ邦域ヲ局《かぎ》レル也。教ハ神為ナリ、心ヲ制ス。而万国ニ通ズル也。是以政ハ敢テ他ニ管セズ、専《もっぱ》ラ己ヲ利

センコトヲカム(1)

島地にとって、三条教則における敬神愛国の「敬神」とは「教」であり、「愛国」とは「政」を意味し、その「混淆」を批判した。つまり、政教分離を説いたのである。さらに、「教」が「心ヲ制ス」として個人の内面の問題として扱われていることにも注目されたい。島地は海外視察を通じて、西洋文明の基底にキリスト教があると認識し、キリスト教に対抗できるのは仏教であり、とくに一神教と近い真宗であると考えた。

また、島地は西洋近代のキリスト教的な religion 概念を受容し、(本章の冒頭で述べた)「宗教」概念を積極的に用いた人物でもあった(ただし、キリスト教そのものには批判的だった)。それは、まだ「宗教」が religion 概念の訳語として普及する以前のことだった。島地は「神道ノ如キ……其宗教ニ非《あらざ》ルハ論ヲ待タズ(2)」と指摘した。神道は宗教ではないという説(神道非宗教論)を訴えるとともに、仏教こそが宗教であると考えたのである。

以上、島地はヨーロッパへの視察を通じて、西洋近代の「宗教」概念や政教関係を学び、それを梃に、日本で政教分離や(個人の内面的な信仰を重視する)信教の自由を説いた。しかし、その一方、島地は「政教相依」(政治と宗教の相互依存関係)による富国強兵と文明化も説いている。島地は、政治と相依すべき宗教は仏教(とくに真宗)であると位置づけた。政教分離を前提としつつも、宗教は人を導き、政治を裨益《ひえき》するものと考えた。こうした政教分離・政教相依論が島地の政教論の大きな特徴である。

一八七三年（明治六）七月に帰国した島地は、東京芝の増上寺《ぞうじょうじ》の大教院で驚くべき光景を目の当たりにする。本殿には注連縄が飾られ、四神（造化《ぞうか》三神《さんじん》と天照大神）が祭られるとともに、祝詞が奏されていたのである。浄土宗寺院の増上寺が「一大神祠」と化していた。こうした神道優位の大教院体制も島地は批判し、政府にはたらきかけて、大教院から真宗が分離する運動を組織することになる。

島地は、神仏分離が明治維新の際の詔裁だったにもかかわらず、それが混淆されていると、教部省、大教院体制の現状を弾劾した。また、神仏混淆を批判し、信教の自由を説きながら、教部省の廃止を主張した。

島地らの真宗勢力、それを支持する長州閥の政府要人たちの活動によって、一八七五年（明治八）五月、大教院は解散する。ここに、神仏合同教化体制が解体する。一一月二七日には教部省から、以下のような「信教の自由保証の口達」が出された。

政府ヨリ神仏各宗共信教ノ自由ヲ保護シテ之ヲシテ暢達《ちょうたつ》セシムル以上ハ乃又之ヲシテ行政上ノ裨益ナルモ妨害タラシメズ以テ保護ノ終始ヲ完全スル。是レ政府ノ教法家ニ対スル所以《ゆえん》ニシテ其教法家ハ信教ノ自由ヲ得テ行政上ノ保護ヲ受クル以上ハ能ク　朝旨ノ所在ヲ認メ啻《ただ》ニ政治ノ妨害トナラザルニ注意スルノミナラズ、努《つとめ》テ人民ヲ善誘シ治化ヲ翼賛スルニ至ルベキ(3)

ここには、島地らの信教の自由論が一定程度は受け入れられていることがわかる。しかし、それが「行政上ノ裨益」（行政を助けること）、人民の「善誘」、政治の「翼賛」を前提としたうえでの「自由」であることが明らかである。これは、宗教が政治を裨益することを主張した島地の政教分離・政教相依論に適合するものだった。逆に言えば、自分たちの主張が反映した政府の口達を、島地ら真宗勢力が引き出したともいえよう。

その後、教部省も一八七七年（明治一〇）一月に廃止され、寺院の所轄は内務省社寺局となる。

教導職制の廃止

大教院と教部省が廃止されても、教導職制自体は存続していた。しかし、その後、この教導職制も廃止されることになる。一八七二年（明治五）四月に成立した教導職は、宗教者（神官・僧尼）の公的な立場を保証した宗教制度だった。この教導職の存否については、一八七七年（明治一〇）二月に島地と真宗大谷派の渥美《あつみ》契縁《かいえん》が内務省宛にその「改正」の建言をしている。島地らにとっては、この教導職制も政教を混淆したものだった。

その後、真宗だけにとどまらず、一八八一年（明治一四）三月には土宜法龍《どきほうりゅう》（真言宗）、大崎行智《おおさきぎょうち》（同）、釈 雲照《しゃくうんしょう》（同）、唯我韶舜《ゆいがしょうしゅん》（天台宗）、今川定山《いまがわじょうざん》（臨済宗）の五名が長文の建議書を内務卿の松方正義に提出し、廃止を求めたほか、一八八三年（明治一六）四月には諸宗派管長総代の名によって要望書が提出された。仏教界全体が廃止を求めたのである。

その訴えが功を奏し、一八八四年（明治一七）八月の太政官布達第一九号によって、教導職制が廃止された。以降、国家・天皇が各宗派の管長に住職・教師の任免権を委任し、教規・宗制・寺法などの教団法によって成立した教団を政府が公認することになった。各宗派は管長権の保持と教団法の制定によって自治的な教団運営を進めていくことになった。

ここで問題となるのは、布達の「委任」（住職任免権）の意義をどのように解釈するか、である。その人事権が国家に帰属するのか、教団に帰属するのか、戦前から現在に至るまで評価が分かれている。ポイントは、この布達が仏教の公認教制度の採用と考えるかどうか、である。

公認教制度とは国家が特定の、あるいは複数の宗教を公認して、他の宗教とは違った扱いをする宗教制度である。公認された宗教は公法人として特別な監督や優遇措置を受けることがある。仏教界は仏教教団だけが公法人として認められる仏教公認教制を求めたが、宗教団体への法人格の付与は、一九三九年（昭和一四）の宗教団体法の公布まで実現しなかった。しかし、この時には仏教以外の教派神道やキリスト教にも法人格が付与された。そのため、近代日本では仏教公認教制は実現しなかった（戦後も実現せず）。

一八八四年（明治一七）の太政官布達以後、国家と宗教の関係（政教関係）は法的に制度化されることになる。それが、一八八九年（明治二二）二月一一日の帝国憲法の公布である。その第二八条「日本臣民ハ安寧秩序ヲ妨《さまた》ケス及臣民タルノ義務ニ背《そむ》カサル限ニ於テ信教ノ自由ヲ有ス」の規定によって、政教分離が画定された。

近代仏教のプレゼンス

以上、明治初期から二〇年代までの明治政府による宗教政策とそれに対する伝統仏教の動向を検討した。江戸時代、寺院は寺檀制度と寺請制度によって江戸幕府の行政機関の末端として、「人別掌握」（民衆管理）の公的な役割を担った。しかし、明治初期の神仏分離・廃仏毀釈に始まり、上知令、戸籍法と氏子調制度、肉食妻帯蓄髪勝手令などによって、近世までの公的な立場と役割を失った。しかし、教導職制と大教院体制への参加によって、仏教界は公的な立場を回復する。その後、神道優遇の方針に反対する真宗による大教院分離運動によって大教院は解散し、教導職も廃止となる。その公的立場はふたたび失われた。

最後に、明治初期から二〇年代までの政教関係を整理し、近代日本における仏教の基本的立場と役割を確認することにしよう。その際、政治と宗教の関係のみならず、祭祀も加えた祭政教関係を捉えることが重要となる。

祭政一致の宣言によって出発した明治政府は神祇官の設置と宣教使による大教宣布運動で、祭政教一致の神道国教化政策を推進した。しかし、一八七二年（明治五）の教部省の設置や一八八二年（明治一五）の神官と教導職の分離、一八八四年（明治一七）の教導職の廃止などによって、祭教分離が確立する。また、「信教の自由保証の口達」を経て、一八八九年（明治二二）公布の帝国憲法の規定によって、政教分離が制定された。

ここにおいて、祭政一致、祭教分離、政教分離という近代日本の祭政教関係が制度化されたのである。しかし、政府は仏教が国家を裨益すること（国家に貢献すること）を求め、島地の政教分離・政教相依論に見られるように、仏教界もそれに応じ、仏教公認教制という公的な立場を求めた。だが、結局、それは実現しなかった。

では、仏教界が近代の国家体制と没交渉だったのかというと、じつはそうではない。寺院は江戸時代のような行政機関としての役割は失ったが、近世以来の寺檀制度が家父長制的な家制度と結びついて、近代天皇制国家を下支えすることになる。それは、葬式仏教の近代的形態というべき立場であり、天皇中心の家族国家観にもとづくイデオロギー的な先祖観を教化する役割を担ったのである（その詳細は、第十二章を参照）。

つまり、近代の仏教は近世の仏教のように公的な立場を永続的には得ることはできなかったものの、近世と同じく、公的な役割を引き受け、一定のプレゼンス（存在感）を示したのである。

注

（1）二葉憲香・福嶋寛隆篇『島地黙雷全集』第一巻（本願寺出版協会、一九七三）、一一ページ。
（2）「建議　教部改正ニツキ」（明治七年五月）、同前、五四ページ。
（3）文部省宗教局編『宗教制度調査資料』第二巻（原書房、一九七七）、一九九ページ。

参考文献

磯前順一『近代日本の宗教言説とその系譜――宗教・国家・神道』（岩波書店、二〇〇三）

磯前順一『宗教概念あるいは宗教学の死』（東京大学出版会、二〇一二）
岩田重則「「葬式仏教」の形成」（末木文美士編『新アジア仏教史13　日本Ⅲ』佼成出版社、二〇一〇）
大谷栄一『近代仏教という視座――戦争・アジア・社会主義』（ぺりかん社、二〇一二）
大谷栄一「明治国家と宗教」（苅部直・黒住真・佐藤弘夫・末木文美士・田尻祐一郎編『日本思想史講座4　近代』ぺりかん社、二〇一三）
末木文美士『日本仏教入門』（角川選書、KADOKAWA、二〇一四）
末木文美士・林淳・吉永進一・大谷栄一編『ブッダの変貌――交錯する近代仏教』（法藏館、二〇一四）
羽賀祥二『明治維新と宗教』（筑摩書房、一九九四。法藏館文庫、法藏館、二〇二二）
安丸良夫『神々の明治維新――神仏分離と廃仏毀釈』（岩波新書、岩波書店、一九七九）
吉田久一『近現代仏教の歴史』（筑摩書房、一九九八。筑摩書房、ちくま学芸文庫、二〇一七）

第八章　近代仏教の形成　近代の仏教2

はじめに

廃仏毀釈によってダメージを受けた仏教界では明治二〇年代に改革の声が上がり、井上円《えん》了《りょう》や中西牛郎《うしろう》の仏教改革論が多くの賛同者を得た。日清・日露戦間期には、新仏教徒同志会の新仏教運動、清沢満之《きよざわまんし》の精神主義、田中智学の日蓮主義など、仏教の近代化と呼ぶべき新しい動きが次々と起こる。こうした動きを紹介するとともに、仏教の近代化の指標も検討しよう。

1　仏教の近代化を考える

近代化の痕跡

前章で「近代仏教」を一九世紀以降、日本を含むアジア、欧米の世界中に現れた仏教の近代的形態と定義した。近代仏教の成立と展開を考える時、仏教の近代化をどのように把握するのかが重要となる。

たとえば、「僧侶の子どもが大学で仏教を学び、僧侶になる」ということは、現代の日本社会でごく一般的に見られる現象である。しかし、ここには次のような「近代化」の痕跡を見出すことができる。前章で指摘した通り、「宗教」の一種としての「仏教」の意味は明治一〇年代以降に日本社会で普及したものであり、僧侶の結婚や僧職の世襲は（真宗以外では）一八七二年（明治五）の肉食妻帯蓄髪勝手令以降に一般化した慣習である。

また、僧侶の研究・養成のための教育機関である大学（とくに宗門系大学）も近代の産物である。僧侶が自分が所属する宗派の宗学や教義を学ぶために整備されたのが、近世の檀林、学林、学寮などの教育機関である。こうした近世の教育機関がベースとなって近代の大学が成立する（ただし、まったく新しく設立された大学や複数の宗派からなる大学もある）。仏教界では一八七三年（明治六）の大教院の発足と解散を経て、宗派ごとに近代の学校制度に準じながら僧侶養成と宗学・教義の研究を目的とした教団立の学校を設立した。

さらには、大学で仏教を学ぶ場合、教科書によって学習することが一般的であり、商業出版社から市販されている書物を用いる場合が多い。出版社（書林）から刊行された木版印刷による和装本の書物を教科書として僧侶養成の場で用いるようになるのは、近世からである。江戸時代前期に出現した檀林や学林で使用するため、各宗の本山と結びついた特定の本屋（御用書林）が仏教書を刊行した。

近代になり、印刷技術の進展によって、仏教書の出版業界では活版印刷による洋装本が明治二〇年代に主流となる。老舗の御用書林以外の新興出版社も登場し、仏教書を刊行した。近代から現代にかけて、こうした活版印刷・洋装仕立ての仏教書が教科書として大学で用いられるスタイルが普及した。現在ではオフセット印刷が主流だが、市販された書物を教科書として用いるスタイルは今日にも継承されている。

「仏教の近代化」の指標

以上のように、「僧侶の子どもが大学で仏教を学び、僧侶になる」という何気ない現代の光景には、仏教の近代化（さらには教育制度や出版社、印刷技術の近代化も含む）の痕跡が窺えるのである。

では、仏教の近代化をどう捉えるか、その指標を紹介しよう。

もっとも有名なのが、日本近代仏教史研究の開拓者のひとり、吉田久一《よしだきゅういち》による指標である。吉田は、（後述する）二〇世紀初頭における清沢満之《きよざわまんし》（一八六三〜一九〇三）の精神主義と境野黄洋《さかいのこうよう》（一八七一〜一九三三）、高嶋米峰《たかしまべいほう》（一八七五〜一九四九）らの新仏教運動を、日本の近代仏教成立の代表と評価する。

精神主義は人間精神の内面に沈潜することで近代的な信仰を打ち立てようとし、新仏教は積極的に社会に近づくことで近代仏教の資格を得ようとしたと指摘する。つまり、私的領域における個人的な内面的信仰の確立（個人化）と、公的領域における社会活動の展開（社会化）が指標点であるという。これらは現在でも有効な指標である。

ただし、付け加えることがある。公的領域における仏教徒の活動は、仏教社会事業（現在の仏教福祉事業）のような社会活動にとどまらず、反戦・平和運動のような社会運動や仏教徒の政治参加のような政治活動にも及ぶ（第十章参照）。こうした社会運動や政治活動の理念を提供したり、参加者の動機づけを図ったりしたのが、政治的イデオロギーである。西洋近代に由来する近代的な社会思想や政治思想との結びつきと政治活動の実践が近代仏教には見られる。これを政治化と名づけておこう。

また、西洋との関係でいえば、「仏教」概念の成立もそうだが、西洋文化やキリスト教など、西洋近代の影響が日本の近代仏教には色濃く見られる。西洋化も指標のひとつに加えることができるであろう。この西洋化と密接に関連するが、仏教学という学問の成立に見られる学問化も重要な指標である。仏教の文献学的な研究は、西洋近代における東洋学や仏教学の形成によって着手されるが、日本の若い僧侶たちは西洋に留学し、そうした手法を学び、習得することで西洋の仏教学を日本に持ち帰った。

たとえば、真宗大谷派の南条文雄《なんじょうぶんゆう》（一八四九〜一九二七）と笠原研寿《かさはらけんじゅ》（一八五二〜一八八三）は宗門から命じられ、一八七六年（明治九）に渡英し、オックスフォード大学のマックス・ミューラー（Friedrich Max Müller, 1823-1900）の下でサンスクリット語と文献学を学んだ。南条は帰国後、東京帝国大学文科大学（現在の東京大学文学部）で梵語学の嘱託講師となった。

このように西洋で仏教学を学び、帰国後、日本の大学（帝国大学や宗門系大学）に着任し、寺院の子弟たちに仏教学を講じるというパターンはその後も続き、現在に至る。

くわえて、伝統仏教教団に関わる問題として、教団制度の近代化の問題がある。明治初期の明治政府の宗教政策に翻弄され、一八八四年（明治一七）の教導職制の廃止による近代的な教団制度の形成や宗派の教育機関の設立などは、制度化という指標になる。

次章で述べるように、グローバル化と植民地主義への加担も指標に加える必要があるだろう。近代日本の仏教徒や仏教教団は一八九三年のアメリカ・シカゴでの万国宗教会議への参加、中央アジアやチベットへの探検、ハワイや北南米、台湾や朝鮮への海外布教など、明治時代からグローバルな展開を図ってきた。また、アジアや欧米の仏教徒との交流もあり、こうしたグローバルな視点から近代仏教を見直すことも重要である。

なお、近代日本の仏教徒の海外進出は海外移民や日本政府の植民地政策と連動しており、とくにアジアでの近代仏教の展開を考える際には、植民地主義への視点が欠かせない。仏教の近代化は決してプラスの面だけではなく、マイナスの面があることも確認しておこう。

仏教系新宗教と民俗仏教

以上の指標は、前章で説明した近代仏教の全体のうち、伝統仏教や仏教改革運動に関わるものである。仏教系新宗教や民俗仏教に関する指標についてはどうだろうか。

新宗教とは幕末・維新期以降に成立し、伝統宗教教団とは異なり、独自の教義や実践の体系、教団組織を備えた宗教のことである。新宗教は大きく神道系と仏教系に大別できるが、仏教系新宗教は伝統仏教や民俗仏教の伝統を基盤としたり、それらに影響を受けて成立した新宗教である。

一八五七年（安政四）に長松日扇《ながまつにっせん》（一八一七〜一八九〇）によって創立された本門佛立講《ぶつりゅう》（現在の本門佛立宗）を嚆矢とする。その後、仏教感化救済会系諸教団（現在の大乗山法音寺、大乗教、法公会、真生会）、霊友会系諸教団（立正佼成会や妙智會等）、創価学会、真如苑などが設立されている。これらの仏教系新宗教の成立自体が仏教の近代化の表れである。

また、前章で検討した通り、民俗信仰や民俗行事・習俗は明治初期の宗教政策の中で抑圧された。修験道は神仏分離と修験道の禁止政策によって最も影響を受けたプラクティス（儀礼）重視の宗教である。信仰の内実が失われたり、還俗して農民となったり、神官となる修験者もいた。江戸時代までの本山派、羽黒派は天台宗に、当山派は真言宗に所属することになった（戦後に独立）。このように民俗の再編も指標となる。

さらには「先祖」観の編成も指標に加えることができる。檀家の先祖祭祀を担った伝統仏教教団は、家父長的な家制度と結びつくことで近代天皇制国家を支え、家族国家観的な先祖観を国民に教化することで、家と国家を媒介する役割を果たした。こうしたイデオロギー的な先祖観は近代的なものであり、伝統仏教や新宗教の先祖観や先祖祭祀を規定した。

以上、①個人化、②社会化、③政治化、④西洋化、⑤学問化、⑥制度化、⑦グローバル化、⑧植民地主義への加担、⑨仏教系新宗教の成立、⑩民俗の再編、⑪先祖観の編成が日本における「仏教の近代化」の指標である。

2 明治二〇年代の仏教改革をめぐる構造

井上円了と中西牛郎

では、以上のような「仏教の近代化」が近代日本の歴史の中でどのように実現したのか。紙幅の都合上、すべてを取り上げることはできないが、その一部を仏教改革運動に注目して検討することにしよう。

近代日本における仏教の基本的立場と役割は、明治初期～中期の明治政府による宗教政策によって定められた。仏教界は廃仏毀釈のダメージに始まり、教導職制や大教院体制などに翻弄されながら、一八八四年（明治一七）の教導職制の廃止以後、教団制度の近代化を進めていく。しかし、社会における仏教界の勢力や影響力はなかなか挽回できなかった。

そうした沈滞した仏教界の中で、仏教改革の声が高まるのが、明治二〇年代である。その改革論者の代表的な存在が、東洋大学の創始者・井上円了《いのうええんりょう》（一八五八～一九一九）である。円了が一八八七年（明治二〇）に公刊した『仏教活論序論』は、停滞した仏教界を活気づけるベストセラーとなった。

真宗大谷派の寺院出身である円了にとって、仏教・儒教・キリスト教にはいずれも真理として信ずべきものはなかったが、東京大学で西洋哲学（カント、ヘーゲル、ミル、スペンサー）を学んだ結果、哲学に真理を見出した。西洋の学知によって、「仏教」に真理が備わっていることを再発見することになる。その結果、「仏教を改良してこれを開明世界の宗教となさんことを決定するに至る」[1]。なお、円了のいう「宗教」にもビリーフ中心主義的な「宗教」概念が反映していることがわかる。

円了は「護国愛理」の国家主義的な立場から、西洋の学知で解釈した仏教の社会的役割を強調し、キリスト教を批判しつつ、仏教の再興を訴えた。そうした円了の言説に影響を受けた仏教改革論者の一人が、ジャーナリストの中西牛郎《なかにしうしろう》（一八五九～一九三〇）である。

彗星のように現れて、たちまちに仏教界の寵児となり、「キリスト教の徳富蘇峰、仏教の中西牛郎」と並び称されたのが、中西だった。その登場はセンセーショナルだった。

中西は、一八八九年（明治二二）の『宗教革命論』を皮切りに、『組織仏教論』（一八九〇）、『宗教大勢論』（一八九一）、『新仏教論』（一八九二）、『仏教大難論』（同）など、続々と仏教改革論を世に問うて、反響を得た。中西の名前を一躍有名にしたのが、『宗教革命論』の刊行である。

西洋の宗教学、哲学、社会学、神智学等を援用した比較宗教論による仏教改革論というべき内容の著作である。中西は、宗教の類型論と進化論を提示し、それにもとづいてキリスト教と仏教を比較し、仏教が「文明世界の宗教」であると断言した。また、仏教を真理に適合した「純然なる宗教」と位置づけ、キリスト教を「旧宗教」、仏教を「新宗教」と規定する。

仏教の価値を顕揚しつつも、従来の「旧仏教」のままでは来るべき時代の「文明世界の宗教」になる資格がないとして、「宗教世界の一大革命」を強調した。もちろん、中西のいう

中西牛郎『宗教革命論』
（博文堂、1889年）

「新仏教」は、あくまでも中西の考える想像の産物だった。

仏教青年サークルと仏教系メディア

こうした中西の「新仏教」論は、仏教界の現状を嘆き、批判する当時の青年仏教徒たちの共感を呼ぶ。その様子を『反省会雑誌』という雑誌に見てみよう（ちなみに、この雑誌は現在の『中央公論』の前身）。

真宗本願寺派普通教校（現在の龍谷大学）に通う革新的な学生有志によって、一八八五年（明治一八）四月、禁酒運動を目的とした反省会が設立され、その機関誌が『反省会雑誌』だった。

四四号（一八九一年七月）には「中西氏の新仏教論将に出でんとす」という記事が掲載されている。記事によれば、中西の著作の刊行によって、「新仏教」の名称が仏教界全般に流行して、知識人の注目も惹起したという。気概ある青年は「旧仏教革命の機会起れり、新仏教の機運来れり」と大声で連呼し、頑固な老人は眉をひそめてその名称を忌厭したと記されている。ここから、仏教界の改革を望んでいた青年仏教徒たちに、中西の言説が支持されていたことがわかる。なお、反省会の会員数は一八九五年（明治二八）には一万八〇〇〇人を数えた（雑誌の発行部数は一号あたりの平均一〇〇〇部前後）。

円了や中西の仏教改革論を検討したが、はたしてこれらの書物を誰が読み、受容したのだろうか。仏教改革の言説が一定の物質的な力を持つためには、それを支える社会基盤が必要となる。それは、当時の仏教青年サークルである。じつは、明治二〇年代、東京と関西を中心に数多くの仏教青年サークルが誕生しており、反省会もその中の一団体だった。

また、この明治二〇年代は、仏教系メディアの成長期だったことも押さえておく必要がある。明治年間に創刊（改題を含む）された仏教関係の新聞・雑誌の創刊年代は明治二〇年代が圧倒的に多く、明治時代を通じて約九〇〇タイトルもの新聞・雑誌が発行されている。現在も多くの仏教徒や仏教団体が最新のメディアを駆使して情報発信をしているが、すでに明治時代の仏教徒は当時の最新メディアである「雑誌」を用いて情報発信していたのである。明治二〇年代初頭の雑誌には当時の僧侶の無気力や仏教界の沈滞や退廃が嘆かれ、伝統仏教批判の言説が流通していた。

以上から、明治二〇年代の円了や中西の仏教改革論の背景には、仏教青年サークルの組織化、仏教系メディアの整備という歴史的・社会的文脈があったことが明らかになった。中西は当時の仏教改革の機運を捉え、それを西洋の学知にもとづく比較宗教論という当時の最先端の知識によって意味づけ、「新仏教」という言葉によって正当化した。そうした中西の仏教改革論（新仏教論）は仏教系メディアを通じて、その賛否両論を含めた評判が普及し、反省会をはじめとする仏教青年サークルという社会基盤の中で受容され、支持されたと推測できる。そして、中西に影響を受けた青年仏教徒たちが宗門内外に仏教改革をさらに訴えていく。こうした循環的な関係性こそが、明治二〇年代の仏教改革をめぐる構造であり、仏教改革の機運を増幅させたしくみだったのである。

3　日清・日露戦間期における近代仏教の形成

近代仏教思想の原形

二〇世紀初頭における清沢満之の精神主義と境野黄洋、高嶋米峰らの新仏教運動が近代仏教成立の指標点となったという説を紹介したが、より詳しく見ると、日清・日露戦間期に集中的に仏教改革の思想や運動が現出しており、近代仏教思想の原形がこの時期に出そろうことがわかる。

このうち、新仏教徒同志会の新仏教運動、清沢満之の精神主義、田中智学の日蓮主義について詳しく見ていくことで、近代仏教の特徴を析出することにしよう。

新仏教徒同志会の新仏教運動

一八九九年（明治三二）二月、東京で結成された仏教清徒同志会（のちに新仏教徒同志会に改称。以下、新仏教徒）という仏教青年サークルが結成され、新仏教運動と呼ばれる仏教改革運動を展開していくことになる。中西が活躍した明治二〇年代には想像の産物だった

年	出来事
一八九四（明治二七）	七月　日清戦争（～明治二八年三月）
一八九五（明治二八）	七月　清沢満之ら白川党による本願寺教団改革運動の開始
一八九六（明治二九）	一一月　鈴木大拙『新宗教論』
一八九七（明治三〇）	二月　大拙の渡米（明治四二年に帰国）
一八九九（明治三二）	一月　近角常観が『政教時報』創刊 二月　仏教清徒同志会（のちに新仏教徒同志会）の結成
一九〇〇（明治三三）	七月　仏教清徒同志会の機関誌『新仏教』創刊 海老名弾正が『新人』創刊 九月　清沢らが浩々洞を開設 一〇月　内村鑑三が『聖書之研究』創刊
一九〇一（明治三四）	一月　清沢、暁烏敏らが『精神界』創刊、「精神主義」を提唱 七月　村上専精『仏教統一論』刊行開始 九月　田中智学『宗門之維新』刊行
一九〇二（明治三五）	四月　高山樗牛「日蓮上人とは如何なる人ぞ」 五月　近角が求道学舎を開設 七月　樗牛「日蓮上人と日本国」
一九〇三（明治三六）	六月　清沢の逝去
一九〇四（明治三七）	二月　日露戦争（～明治三八年九月）

日清・日露戦間期における近代仏教の形成過程

『新仏教』編集員の肖像（出典：『新佛教』5巻1号、1904年）

「新仏教」が実体化されたのが、明治三〇年代の新仏教徒による新仏教運動だった。

結成時のメンバーは、境野黄洋（一八七一年生）、田中治六《たなかじろく》（一八六九年生）、安藤弘《あんどうひろし》（一八七六年生）、高嶋米峰《たかしまべいほう》（一八七五年生）、杉村楚《すぎむらそ》人冠《じんかん》（一八七二年生）、加藤玄智《かとうげんち》（一八七三年生）、渡辺海旭《わたなべかいきょく》（一八七二年生）であり、全員が二〇歳代から三〇歳代前半の仏教青年だった（ただし、僧侶として活動していたのは海旭のみで、他は在家者として活動）。

新仏教徒は、一九〇〇年（明治三三）七月に機関誌『新仏教』を創刊するが、その冒頭を飾る「我徒の宣言」に注目されたい。ここでは、自分たちの掲げる「新仏教」と伝統仏教に根ざした「旧仏教」との違いが強調されている。同志会のメンバーたちから見れば、伝統仏教は「習慣的旧仏教」「形式的旧仏教」「迷信的旧仏教」「厭世的旧仏教」「空想的旧仏教」であり、

「我徒は旧仏教に反対し、旧仏教の改革者と称すと雖《いえど》も、而かも旧仏教の破壊を専らとするものにあらずして、寧ろ新信仰の建設者、鼓吹者なるのみ」(2)と、自分たちの立場を宣示している。創刊号には以下のような「綱領」を掲げた。

一、我徒は仏教の健全なる信仰を根本義とす
二、我徒は健全なる信仰知識及道義を振作普及して社会の根本的改善を力む
三、我徒は仏教及其の他宗教の自由討究を主張す
四、我徒は一切迷信の勦絶《そうぜつ》を期す
五、我徒は従来の宗教的制度及儀式を保持するの必要を認めず
六、我徒は総て政治上の保護干渉を斥く(3)

内面的な「信仰」を重視し、それによって「社会改善」をめざすべきこと、「自由討究」という態度による批判・研究姿勢、宗教の迷信性や伝統仏教の外形的な制度や儀礼の否定、政治権力からの自立といったポリシーが明示されている。個人の内面的な信仰や教義・信条の重視というビリーフ中心主義、プラクティス軽視という「宗教」観にもとづく「仏教」観によって、伝統仏教の改革を主張したのが、新仏教徒だった。

また、仏教公認教制を求めた仏教徒や仏教教団とは一線を画し、「総《すべ》て政治上の保護干渉を斥《しりぞ》く」ことを強調したのも新仏教徒の特徴である（仏教公認運動を真っ向から批判してい

る）。かといって、社会と没交渉だったのかというと、けっしてそうではない。廃娼運動、禁酒禁煙運動、動物虐待防止運動、実費診療所の社会事業等の諸活動に取り組んでおり、積極的な社会参加を実践した。堺利彦《さかいとしひこ》（一八七一～一九三三）や幸徳秋水《こうとくしゅうすい》（一八七一～一九一一）らの社会主義者との交流もあった。ただし、社会主義とは距離をとり、穏健な社会改良主義という立場だった。

明治三〇年から大正初期まで、東京で「新仏教」という理想の実現をめざすための活動を繰り広げたが、その運動を支えた社会基盤は仏教青年サークルであるとともに、メディア・リテラシーと学知を身につけた都市中間層や全国の知識人読者だったと推測できる。

清沢満之の精神主義

社会的な志向性の強い新仏教運動に対して、個人的な内面的信仰の確立を図ったと評価されるのが、真宗大谷派の学僧・清沢満之の精神主義である。清沢は、東京大学で哲学を、同大学院で宗教哲学をそれぞれ学び、日本最初の宗教哲学書と評される『宗教哲学骸骨』（一八九二）を刊行した宗教哲学者である。また、宗門革新に取り組んだ改革者であり、真宗大学（現在の大谷大学）の学監（学長）を務めた教育者でもあった。

『新仏教』創刊と同じ年の一九〇〇年（明治三三）九月、東京本郷で私塾・浩々洞《こうこうどう》が開設された。翌月、清沢は真宗大谷派の青年僧だった暁烏敏《あけがらすはや》（一八七七～一九五四）、佐々木月樵《ささきげっしょう》（一八七五～一九二六）、多田鼎《ただかなえ》（一八七五～一九三七）らと共同生活を開始する。翌年一月には機関誌『精神界』を創刊（発行部数は一九〇六年時点で二〇〇〇部）。その創刊号の巻頭に、清沢は「精神主義」と題する論考を掲載する。その冒頭、「吾人の世に在るや、必ず一の完全なる立脚地なかるべからず」と問うたうえで、次のように述べる。

吾人は只此の如き無限者に接せされは、処世に於ける完全なる立脚地ある能《あた》はさることを云ふのみ。而して此の如き立脚地を得たる精神の発達する条路、之を名《なづ》けて精神主義と云ふ。

精神主義は自家の精神内の充足を求むるものなり、故に外物を追ひ他人に従ひて、為に煩悶憂苦することなし。(4)

清沢満之
（提供：清沢満之記念館）

個人の内面に、絶対無限者（阿弥陀如来）への他力信仰を位置づけた精神主義の立場性が明示されている。また、一九〇一年（明治三四）七月に行った講演の中で、「精神主義は、門外を標準とせずして、門内に標準を置き、客観的構成に着眼せずして、主観的心地を主要とするもの(5)」であると強調した。清沢は、徹底して個人の内面に信仰の立脚地を定め、世俗社会とは明確に区別される

田中智学
（提供：宗教法人国柱会）

宗教独自の世界を切り開いた。それは近代的な「宗教」観を極限まで徹底した「仏教」観だった。

清沢は一九〇三年（明治三六）六月に早逝するが、生前も没後も清沢の精神主義は当時の知識人や青年たちに多大な影響を与えた。

田中智学の日蓮主義

明治三〇年代に精神主義と並び、当時の知識人や青年たちに影響を与えた国家主義的な近代仏教思想が、田中智学《たなかちがく》（一八六一～一九三九）によって創唱された日蓮主義だった。当時の著名な評論家である高山樗牛《たかやまちょぎゅう》（一八七一～一九〇二）、陸軍軍人の石原莞爾《いしわらかんじ》（一八八九～一九四九）、文学者の宮澤賢治《みやざわけんじ》（一八九六～一九三三）が影響を受け、石原と賢治は智学が創設した在家仏教教団・国柱会の会員だった。

幼少期に日蓮宗で得度し、宗門の教育機関（飯高檀林、日蓮宗大教院）で学んだ智学は、当時の宗門の学風に疑問を覚え、一九歳で還俗《げんぞく》。一八八〇年（明治一三）に横浜で蓮華会を結成して以来（一八八四年〔明治一七〕に立正安国会、一九一四年〔大正三〕に国柱会に改称）、一貫して在家者の立場から在家仏教運動に取り組んだ。

智学もまた、清沢と同じく、伝統教団（日蓮宗）の改革運動に邁進した。一九〇一年（明治三四）九月には『宗門之維新』という著作を刊行した。本書は日蓮宗門改革のマニフェスト（宣言）であり、教団改革のための体系的かつ具体的なプログラムだった。智学は次のように述べる。

夫レ本化《ほんげ》ノ妙宗（日蓮教団のこと―大谷注）ハ、宗門ノ為メノ宗門ニ非ズシテ、天下国家ノ為メノ宗門也、即チ日本国家ノ応サニ護持スベキ宗旨ニシテ、亦《また》未来ニ於ケル宇内人類ノ必然同帰スベキ、一大事因縁ノ至法也。(6)

智学にとって、「宗門之維新」とは日蓮教団に限定された問題ではなく、日本国家さらには世界人類の問題である。世界人類は『法華経』によって統一されなければならず、日本国民がその「天兵」であり、世界人類を霊的に統一すべき「天職」を有するのが日本だった。また、智学は島地黙雷の政教分離・政教相依論を超えて、日蓮仏教を国教化するための政教一致を説いている。

本書で智学は「日本による世界統一」という遠大なヴィジョンを提示した。こうした主張に対して、先の新仏教徒たちは空想であり、「聊《いささ》か笑ふべきなり」と揶揄している。しかし、日本が日清・日露戦争を経て帝国主義的な海外拡張を図っていく中で、智学の主張はしだいに多くの青年の心に響くことになる。日蓮主義は大正時代に流行思想となる。

教養化する仏教

じつは、日清・日露戦間期は宗教の時代だった。日清戦争後、新聞では宗教・道徳問題が盛んに説かれ、演説会や講演会でも宗教問題が多く取り上げられた。こうした状況の中、「煩悶青年」という言葉がメディアで流行する。そのきっかけは、一九〇三年（明治三六）五月の第一高等学校（現在の東京大学教養学部。以下、一高）の学生・藤村操《ふじむらみさお》の投身自殺である。人生上の煩悶の末に死を選んだエリート学生の行動は社会に大きな反響を呼び、後追い自殺をする青年が後を絶たず、社会問題化する。

日清戦争後の宗教・道徳問題に積極的に対応し、煩悶青年の受け皿となったのが、当時の新しい宗教界の潮流だった。東京のキリスト教界には当時の学生や知識人を惹きつけるふたりのキリスト教徒がいた。当時、新宿角筈《つのはず》に居を定めていた内村鑑三《うちむらかんぞう》（一八六一～一九三〇）であり、本郷教会の海老名弾正《えびなだんじょう》（一八五六～一九三七）である。内村の家庭集会には一高や東京帝大の学生たちが集まり、本郷教会にも青年が押し寄せた。また、本郷にあった浩々洞の清沢の下や、清沢と同じ真宗僧侶の近角常観《ちかずみじょうかん》（一八七〇～一九四一）の主催する求《きゅう》道学舎《どうがくしゃ》（浩々堂と入れ替わりに設けられた学生寮）にも多くの学生が集まった。清沢や近角の説く教えが煩悶青年に慰めを与えたのである。また、智学に影響を受けた高山樗牛の著述も当時の青年に多大な感化を及ぼした。

日露戦争後、「修養主義」に関する思想や運動が次々に登場し、世間の注目と支持を集める。この修養主義の一端を、清沢、近角、樗牛が担ったといえる。この「修養主義」はのちに、エリート文化の中核となる教養主義と大衆文化の中核となる修養主義に分化していく。とくに読書をはじめとする知的な営みによって、人格の向上や完成をめざす教養主義は大正時代に花開くが、近代仏教はそうした個々人の人格の完成をめざす近代日本の教養主義の一角に根を下ろすことになる、と碧海《おおみ》寿広《としひろ》は指摘する。つまり、「仏教の教養化」が日清・日露戦間期に登場した新しい近代仏教思想がたどり着いた、ひとつの帰着点だった。

注

（1）『仏教活論序論』（『井上円了選集』第三巻、東洋大学、一九八七）、三三七ページ。
（2）『新仏教』第壹巻第壹号（仏教清徒同志会、一九〇〇）、二ページ。
（3）同右、ページ数なし。
（4）『清沢満之全集』第六巻（岩波書店、二〇〇三）、三ページ。
（5）「精神主義［明治三四年講話］」（同右）、二九七ページ。
（6）『宗門之維新』（師子王文庫、一九〇一）、二ページ。

参考文献

大谷栄一『近代日本の日蓮主義運動』（法藏館、二〇〇一）
大谷栄一『日蓮主義とはなんだったのか——近代日本の思想水脈』（講談社、二〇一九）
大谷栄一・吉永進一・近藤俊太郎『増補改訂　近代仏教スタディーズ——仏教からみたもうひとつの近代』（法藏館、二〇二三）
碧海寿広『入門　近代仏教思想』（ちくま新書、筑摩書房、二〇一六）

末木文美士『明治思想家論――近代日本の思想・再考I』（トランスビュー、二〇〇四）
筒井清忠『日本型「教養」の運命――歴史社会学的考察』（岩波書店、一九九五）
永嶺重敏『雑誌と読者の近代』（日本エディタースクール出版部、一九九七）
星野靖二『近代日本の宗教概念――宗教者の言葉と近代』（有志舎、二〇一二）
山本伸裕・碧海寿広編『清沢満之と近代日本』（法藏館、二〇一六）
吉田久一『日本近代仏教史研究』（吉川弘文館、一九五九）
『新仏教』は、CD－ROM版（すずさわ書店、二〇〇九）として電子復刻されている

第九章　グローバル化する仏教　近代の仏教３

はじめに

近代仏教の特徴は、グローバルな展開と交流にある。日本の仏教徒は明治初期からヨーロッパやアジアに渡航し、欧米仏教徒が来日した。一八九三年（明治二六）のシカゴ万国宗教会議にも日本の仏教徒は参加し、「東方仏教」を主張した。「仏教」をめぐる東洋と西洋の関係、西洋のオリエンタリズムと植民地主義の影響など、錯綜したまなざしや権力関係が見られる仏教のグローバル化の諸相を分析する。

1　グローバル化の始まり

日本の禅から世界のＺＥＮへ

現在、アメリカでは日本の禅がＺＥＮとして完全に定着している。たとえば、アップル（Apple）社の創業者の一人、スティーブ・ジョブズ（Steven Paul Jobs, 1955-2011）は禅の熱心な信奉者で座禅も実践していた。

アメリカでのＺＥＮの人気は個人に止まらない。ケネス・タナカの『目覚めるアメリカ仏教』（二〇二二）によれば、アメリカの仏教徒の数は一九七〇年代半ばには約二〇万人だったが、二〇二〇年のデータでは約三三〇万人を数えた（アメリカの人口の一％）。この五〇年間で約一七倍の伸び率を示したという。

また、自らを仏教徒とは認識していないが、仏教に共感していると考える人が約一七〇万人、自分は宗教やスピリチュアルの考え方について仏教から重要な影響を受けたと考える人が二五〇〇万人もいると推測されている。これらを合計すると、アメリカの人口のおよそ一〇％に及ぶ。このように仏教に影響を受けたアメリカ人の一人が、ジョブズだったといえよう。

禅はもともとインド古来の伝統的な修行方法のヨーガが仏教に取り入れられたものである。インド僧の菩提達磨《ぼだいだるま》（達磨）によって中国に伝えられ、唐代（六一八～九〇七）から宋代（九六〇～一二七九）にかけて「五家七宗」と呼ばれる中国の禅宗が成立した。日本へは一二～一三世紀に入宋した栄西（一一四一～一二一五）によって臨済宗が、道元（一二〇〇～一二五三）によって曹洞宗がそれぞれ伝えられた。その伝統が一九世紀後半にアメリカに伝えられたのである。

日本の禅が世界のＺＥＮになるに際して、欧米に禅を伝えた日本人として有名なのが、「二人の鈴木」である。一人は、世界的に名の知れた鈴木大拙（一八七〇～一九六六）である。後述するが、大拙は一八九七年（明治三〇）に渡米し、出版社に勤務しながら、英語で『大乗仏教概論（*Outlines of Mahayana Buddhism*）』（一九〇七）を執筆するなど、その生涯を通じて三〇冊以上の英語の書物を執筆した。とくに一九三〇～三四年にかけて刊行された英文の『禅論（*Essays in Zen Buddhism*）』は欧米で数十万部が売れ、まさに禅をZENとして定着させた人物である。

もう一人が、曹洞宗僧侶の鈴木俊隆《すずきしゅんりゅう》（一九〇四～一九七一）である。日本での知名度は高くないが、欧米では有名な日本人である。俊隆は一九五九年に渡米し、サンフランシスコに禅センターを開設する。ヨーロッパ系アメリカ人に座禅を教え、禅を広めた。彼が英語で執筆した『禅マインド ビギナーズ・マインド（*Zen Mind, Beginner's Mind*）』は一九七〇年に刊行されてから世界二四ヵ国以上で翻訳され、ジョブズの愛読書でもあった。

このように禅のグローバル化は戦前から見られるが、では、そもそも日本仏教のグローバル化はいつから始まったのだろうか。それは、明治初期から始まる。日本の仏教徒は欧米だけではなく、アジア諸地域も精力的に訪れている。また、アジアや欧米の仏教徒と交流を重ね、日本の近代仏教はグローバルな相互影響の中で形成されたのである。

本章では、明治初期から明治二〇年代までの日本仏教徒のグローバルな活動を検討することで、グローバル化が日本の近代仏教の形成に与えた影響を考察することにしよう。

ヨーロッパへの渡航と仏教学との出会い

日本仏教徒の海外渡航の先鞭をつけたのが、真宗だった。第七章で紹介したように、真宗本願寺派の島地《しまじ》黙雷《もくらい》（一八三八～一九一一）や赤松《あかまつ》連城《れんじょう》（一八四一～一九一九）ら五名が一

（左より）南条文雄、マックス・ミュラー、笠原研寿
（出典：高取正男・赤井達郎・藤井学編『図説日本仏教史　第3巻　国民仏教への道』法藏館、1981年）

八七二年（明治五）一月二七日、宗門から命じられてヨーロッパに旅立った。黙雷は海外教状視察を行い、赤松はイギリスに留学した。同じように、同年九月一三日には真宗大谷派の法嗣・大谷光瑩《おおたにこうえい》（現如、一八五二〜一九二三）、石川舜台《いしかわしゅんたい》（一八四二〜一九三一）、松本白華《まつもとはっか》（一八三八〜一九二六）ら五名がやはり欧州視察に出かけている。明治初期の仏教をめぐる危機的状況の中で、教団の近代化や、キリスト教への対抗あるいはその排除のために近代西洋文化を摂取することを目的としたものだった。

そうした西洋文化の摂取は、留学を通じても行われた。ここでは、前章で紹介した真宗大谷派の南条文雄《なんじょうぶんゆう》（一八四九〜一九二七）と笠原研寿《かさはらけんじゅ》（一八五二〜一八八三）のケースを取り上げよう。

二人は一八七六年（明治九）に渡英し、オックスフォード大学のマックス・ミューラー（Friedrich Max Müller, 1823-1900）の下で学んだ。イギリスに到着した際、南条と笠原はインド学、仏教学者のリス・デイヴィズ（Ryhs Davids, Thomas William, 1843-1922）から、パーリ語（南方上座部仏教の聖典語）を学ぶように助言された。リス・デイヴィズはパーリ語仏典研究の先駆者だった。しかし、二人はそれに従わず、ミューラーに師事し、サンスクリット語と文献学を学んだのである。というのも、ふたりの留学目的は、自分たちの拠って立つ浄土教のサンスクリット経典を学ぶためだったからである。

リス・デイヴィズと南条らのすれ違いの背景には、当時の西洋の仏教学をめぐる学問状況があった。じつは——日本の「仏教」と同じように——西洋にも「ブッディズム（Buddhism）」という言葉が近代以前には存在しなかった。それは、近代の西洋世界で創られた概念なのである。もちろん、当時、アジアには釈迦牟尼世尊（釈尊、ブッダ。紀元前七世紀〜五世紀の間に現在のネパールのルンビニに生誕）の教えを源流とし、古代以来継承されてきた経典や儀礼、僧伽《そうぎゃ》は存在した。しかし、前近代の西洋には当然のことながら、それらは存在しなかった（ただし、断片的な仏教の情報は中世西洋のキリスト教世界に伝わっていた）。

西洋における「ブッディズム」

では、西洋でどのように「ブッディズム（Buddhism）」概念は創られたのだろうか。フィリップ・C・アーモンドによれば、この概念が用いられるようになるのは一九世紀前半のことだという。この時期に「Buddha」「Buddoo」「Boudha」「Boudhou」という言葉が英語圏やフランス語圏で普及し、「Buddhism」という言葉が英語の学会誌に登場する。一八世紀末から東洋学が発展し、仏教学が形成される中で「ブッダ」や「ブッディズム」が学問的な対象として整備されることで、「ブッディズム」に関する認識が深められ、それを指し示す概念が創られたのである。ただし、当時はブッダのアフリカ起源説やブッダ二人説（原始的な偶像と歴史上の人物）など、さまざまなイメージが錯綜していた。西洋にとって、仏教は未知のものだったのである。

近代の西洋世界に仏教が伝わった背景には、アジアにおけるイギリスやフランスの植民地主義的な進出があった。たとえば、ネパールから仏典の写本を西洋にもたらしたイギリスのネパール公使のブライアン・H・ホジソン（Brian Houghton Hodgson, 1800-1894）はイギリス東インド会社の社員であり、ホジソンの仏教研究は大英帝国の植民地政策と不可分のものだった。

いわば、当時のアジア（ただし、インドを除く）に実態としては存在したものの、概念としては存在していなかった「ブッディズム」は、西洋の植民地主義とオリエンタリズム（東洋と西洋を区分し、西洋を優位、東洋を劣位と位置づけ、西洋が東洋を支配するためのもの

年	出来事
一八七二（明治五）	一月　本願寺派が島地黙雷らを欧州の宗教視察に派遣 九月　大谷派の大谷光瑩（現如）らが欧州視察に出発
一八七三（明治六）	七月　小栗栖香頂（真宗大谷派）が中国布教のため、北京に渡航
一八七六（明治九）	六月　真宗大谷派の南条文雄と笠原研寿が海外留学に出発
一八七七（明治一〇）	一一月　奥村円心（真宗大谷派）が韓国布教のため、釜山に渡航
一八八〇（明治一三）	六月　オルコットらがセイロン（現在のスリランカ）で仏教徒神智学協会を設立
一八八六（明治一九）	九月　釈興然（真言宗）がセイロンに留学
一八八七（明治二〇）	三月　釈宗演（臨済宗）がセイロンに留学
一八八八（明治二一）	七月　欧米通信会が『*Bijou of Asia*（亜細亜之宝珠）』を創刊 八月　海外宣教会が創立され、一二月に『海外仏教事情』を創刊
一八八九（明治二二）	二月　オルコットとダルマパーラが来日し、全国で演説会 三月　曜日蒼龍（本願寺派）がハワイで布教を開始
一八九三（明治二六）	九月　シカゴで万国宗教会議が開催される
一八九七（明治三〇）	二月　大拙が渡米（一九〇九年に帰国） 六月　河口慧海がチベットに出発。日本人で初めて入蔵を果たす

明治時代における日本仏教のグローバル化の展開

の見方）にねざした西洋人の東洋学者によって生み出されたのである。

そのため、西洋での仏教研究は文献研究として始まった。一九世紀の西洋の仏教学者の間ではパーリ経典こそがブッダの真の言葉を伝えているものであり、初期仏教や上座部仏教を重視する見方が一般的だった。大乗仏教の経典はブッダ滅後の後世に成立した経典であり、西洋の仏教学者から見れば、価値の低いものだった。であるがゆえに、リス・デイヴィズは南条らにパーリ語を学ぶことを助言したのである。その際、南条らに『ブッディズム(Buddhism)』（一八七八）という自らの著作を贈呈している。

南条と笠原の研究姿勢はしだいにミューラーの信頼を得るが、大乗経典に対するミューラーの評価は低く、サンスクリット語の『阿弥陀経』を仏説ではない、と切り捨てた。こうした西洋の仏教学における大乗非仏説は、その後、日本の仏教界にも大きな波紋を投げかける。西洋近代の仏教学との出会いは、日本仏教が依拠する大乗仏教の正統性を揺るがしたのである。

アジアへの布教と留学

日本の仏教徒はヨーロッパのみならず、アジアも訪れた。布教と留学のためである。

一八七三年（明治六）七月、真宗大谷派僧侶の小栗栖香頂《おぐるすこうちょう》（一八三一〜一九〇五）が上海に上陸し、八月には北京に入り、中国での布教を開始する。一年間北京の寺院に滞在し、中国の宗教状況を観察するとともに、中国の僧侶と議論した。小栗栖は一八七六年（明治九）

に上海に大谷派の別院を建立し、中国人への布教に本格的に取り組むが、長続きせず、一八八三年（明治一六）には中止が決定された。ただし、真宗大谷派は韓国や台湾でも布教を開始するなど、海外布教を精力的に進めた。

他宗派も日蓮宗が一八八一年（明治一四）に釜山で、真宗本願寺派が一八八六年（明治一九）にウラジオストクで、浄土宗は一八九四年（明治二七）にハワイでそれぞれ布教を開始している。東アジアでの各宗派の布教が本格化するのは、日清・日露戦争を通じてであり、それは日本の戦争や植民地主義政策と密接に関連していた。

江戸時代までは幕府の鎖国政策のため、当然のことながら、誰もが自由に海外に渡航することはできなかった。仏教徒がインドや上座部仏教（当時は「小乗仏教」と蔑称された）の中心地・セイロン（現在のスリランカ）、チベット仏教が熱心に信仰されているチベットを訪問することも叶わなかった。しかし、明治時代を迎え、それが可能になる。

たとえば、早くにインドの仏跡巡拝を果たしたのは、ヨーロッパに渡航した本願寺派の島地黙雷や大谷派の松本白華らだった。黙雷はインドの地を初めて踏んだ日本人僧侶である。一八七二年（明治五）二月一九日、ヨーロッパに向かう途中、セイロンに立ち寄り、ヨーロッパからの帰路の翌年五月二九日にインドに上陸している。

セイロンはヨーロッパへの航路の途上にあり、当時の日本人には訪れやすい場所だった。また、上座部仏教が初期仏教に近いという西洋仏教学の知見もあり、留学先に選ばれた。実際にこのセイロンに留学し、上座部仏教の僧侶として修行し、上座部仏教を学んだ日本人僧侶が「二人の釈」、釈興然《しゃくこうぜん》（一八四九〜一九二四）と釈宗演《しゃくそうえん》（一八六〇〜一九一九）である。同じ釈姓だが、親戚関係はなく、宗派も違う。

興然は真言宗の僧侶で、横浜の三会寺《さんねじ》の住職だった。真言宗の釈雲照《しゃくうんしょう》（一八二七〜一九〇九）の甥だった。雲照は肉食妻帯蓄髪勝手令に反発し、仏教復興のために戒律主義（十善戒にもとづく正法律）を唱えた人物として有名である。興然は雲照からセイロンでの仏教戒律の調査を命じられ、一八八六年（明治一九）九月にセイロンに赴いた。なお、セイロンへの渡航前に、南条文雄からサンスクリット語を学んでいる。

興然は一八九三年（明治二六）九月までセイロンで仏教研究とパーリ語を学習し、上座部仏教の僧侶（比丘）になるための具足戒を受けた。帰国後は日本に上座部仏教を移入するために釈尊正風会という団体を設立した。自坊の三会寺でパーリ語を教え、上座部仏教の僧侶の養成を行い、河口慧海《かわぐちえかい》（一八六六〜一九四五）や鈴木大拙も興然に学んだ。

一方、釈宗演は明治時代の臨済宗を代表する禅匠である。今北洪川《いまきたこうせん》（一八一六〜一八九二）に師事し、慶応義塾大学でも学んだ。のちに円覚寺派管長を務め、大拙は弟子である。若き宗演は福沢諭吉《ふくざわゆきち》（一八三五〜一九〇一）の薦めで仏教の源流を究めるため、一八八七年（明治二〇）三月、セイロンに出発した。先んじてセイロンにいた興然が滞在していたカタルワ村の寺院に滞在し、この村を拠点に上座部仏教とパーリ語の学習に励み、興然と同じく、具足戒を受け、比丘となった。

宗演は一八八九年（明治二二）一〇月に帰国するまで、二年半をセイロンで過ごしたが、セイロン到着直後の一八八七年（明治二〇）四月に、神智学協会を尋ね、アナガーリカ・ダルマパーラ（Anagarika Dharmapala, 1864-1933）に会っている。この出会いが意味することについては後述する。

なお、宗演がセイロンで目にしたものは、仏教がキリスト教とイスラームに圧迫されている状況であり、その仏教は一八世紀になってタイとビルマから再輸入されたものだった。仏教の源流を求めた宗演は落胆し、帰国した。帰国後は上座部仏教を日本に移入することに熱心だった興然に対して、大乗仏教に対するもともとの信仰が変わることはなく、むしろ、上座部仏教に欠けていた禅の重要性に対する確信を深めることになった。

２　明治二〇年代初頭の「欧米仏教」ブーム

海外宣教会の設立

以上、ヨーロッパへの視察と留学、アジアへの布教と留学を見てきたが、日本の仏教徒が欧米への布教を始めたのはいつからだろうか。一八八九年（明治二二）三月に本願寺派僧侶の曜日蒼龍《かがひそうりゆう》（一八五五〜一九一七）がハワイで日本人移民を対象とした布教を開始している。しかし、七ヵ月で頓挫した（アメリカ本土では一八九二年に渡米した在家居士・平井金三《ひらいきんざ》が最初）。それに対して、雑誌の刊行を通じて欧米への文書伝道を実施したのが、前年（一八八八年（明治二一）八月に真宗本願寺派普通教校（現在の龍谷大学）の教職員によって設立された海外宣教会（その前身が欧米通信会）である。曜日もその会員だった。

前章で紹介した通り、普通教校は革新的な仏教青年が集まった禁酒団体・反省会を生み出した母体である。海外宣教会はこの反省会と近しい関係にあった。普通教校の英語教師・松《まつ》山《やま》松《まつ》太《た》郎《ろう》（?〜一九〇六）がアメリカの神智学徒に手紙を送ったことがきっかけとなり、世界中の神智学徒との文通が始まった。その数の多さから、『反省会雑誌』に欧米通信欄を設けることになり、一八八八年（明治二一）七月に英語仏教誌『亜細亜之宝珠（*Bijou of Asia*）』が創刊されることになった。翌月にその発行母体として、海外宣教会が結成された（会長は赤松連城、松山は外報掛）。宗派を超えた仏教界の支持を集めた。

雑誌の送付先はアメリカ六五ヵ所、イギリス三三ヵ所、インド八六ヵ所、タイ五ヵ所、フランス三ヵ所など全二七〇ヵ所を数え、部数は一三九〇部に及び、世界でも最初期の英文仏教雑誌だった。

海外宣教会が国内向けに日本語で発行した雑誌が『海外仏教事情』である。『亜細亜之宝珠』創刊から五ヵ月後の一八八八年（明治二一）一二月に発刊された。創刊号は好評で三版を重ねた（両雑誌は復刻されており、現在、目にすることができる）。

日本の伝統教団の海外布教の場合、日本人の移民や居留民を対象とした場合がほとんどなのだが、海外宣教会の場合、海外の仏教徒と直接的に連絡・交流している違いがある。

神智学と「プロテスタント仏教」

『亜細亜之宝珠』と『海外仏教事情』には世界中の神智学徒からの通信が掲載されているが、では、神智学とは一体何か。吉永進一の研究にもとづき、説明しよう。当時の欧米仏教徒の存在について考える場合、神智学を抜きに考えることはできないほど重要なのだが、これまで日本ではほとんど研究されてこなかった。

神智学（theosophy）とは西洋オカルティズムに東洋の宗教思想を接合した神秘主義思想である。一八七五年、ニューヨークでヘレナ・ペトロヴナ・ブラヴァツキー（Helena Petrovna Blavatsky, 1831-1891）とヘンリー・スティール・オルコット（Henry Steel Olcott, 1832-1907）を中心に神智学協会が設立された。ブラヴァツキーが思想面、オルコットが実務面の中心だった。

一八七八年、オルコットとブラヴァツキーはインドに拠点を移し、二年後に二人はセイロンで仏教の俗信徒としての五戒を受け、仏教徒神智学協会を設立。以後、セイロンの仏教復興と仏教改革に力を注いだ。釈宗演が目にしたように、当時、セイロンの仏教は衰退していた。

オルコットは、一八八一年に上座部仏教の教理をまとめた『仏教問答（*A Buddhist Catechism*）』を出版し、四諦、八正道、五戒などの仏教の基本的な教理をまとめた。それは、リベラルなプロテスタンティズムにもとづく合理的・倫理的な性格のものだった。オルコットはほかに仏教旗の発案、ウェサック（五月の満月の日に仏陀の生誕、悟り、入滅を祝う祭り）の祝日化、ミッション・スクールに対抗した仏教学校の設立等、さまざまな仏教改革を実行して、セイロンの仏教復興に寄与した。

この背景には、当時のセイロンの置かれた状況があった。一八一五年のイギリスによる植民地支配により、キャンディ王朝が滅亡した。イギリス政府は当初、仏教保護政策を取ったが、プロテスタント諸宗派の反対によってキリスト教徒の優遇政策を採用し、プロテスタントの宣教活動の保護、ミッション・スクールの創設などがなされた。一九世紀後半にはミッション・スクールがセイロンの学校教育の主流を占め、近代的な知識や技術の伝達、西洋的な教育が施されていく。こうしたイギリス支配に対する抵抗は、仏教復興運動という形態を取った。それを主導したのが、オルコットら神智学協会だったのである。

一九世紀後半以降のセイロンの仏教復興運動は、伝統的なシンハラ仏教と区別され、「プロテスタント仏教」と呼ばれている。これは、①プロテスタント的、②キリスト教と植民地主義へのプロテスト（抵抗）、③伝統仏教へのプロテストという三重の特徴が見られる。とはいえ、西洋近代とキリスト教の価値や知識、技術、制度などをまったく拒否するというわけではなく、それらを一定程度受容しながら、批判するという両面的な特徴を持つのが、プロテスタント仏教である。プロテスタント仏教は、ヨーロッパのさまざまな近代思想に影響を受けて成立した近代仏教という特徴を有し、日本の近代仏教とも共通点が多かった。

こうしたプロテスタント仏教の申し子というべき存在が、シンハラ人のダルマパーラだった。彼はオルコットとブラヴァツキーに影響を受け、一八八四年に神智学協会に入会し、仏教に目覚めていくことになる。その仏教とは、いわば、西洋化された仏教だった。

ここで注意すべきは、釈興然や釈宗演がセイロンで体験した仏教も（伝統的なシンハラ仏教であるとともに）プロテスタント仏教という西洋化された仏教だったのである。実際に宗演はオルコットによる『仏教問答』を手にし、熱心に読んでいる。日本の仏教徒は、ヨーロッパでもアジアでも西洋人のまなざしにもとづく仏教を受容していたわけである。

オルコットの来日

オルコットの仏教改革運動の特徴は、万教帰一思想にもとづくエキュメニカル（全仏教の統一）な主張にあった。南方仏教（上座部仏教）と北方仏教（大乗仏教）の統一を訴え、世界仏教運動を進めた。その「欧米仏教徒」オルコットの来日が実現する。オルコットはダルマパーラを同伴し、一八八九年（明治二二）二月九日、神戸に到着する。その招聘運動を中心的に担ったのが、京都の在家居士・平井金三（一八五九～一九一六）だった。

オルコットは日本仏教界に大歓迎され、各地で熱狂的に迎えられた。まず、二月一二日からの三日間、京都の知恩院で演説会を行い、数千人の聴衆が集まるほどの熱狂ぶりだった。オルコットはキリスト教を批判し、日本の仏教が一二宗派、セイロンが二宗派、タイが一宗派に分立していることを嘆き、その統一（持論の南北仏教統一）を力説した。

オルコットは一〇〇日を超える滞在期間中、仙台から熊本まで全国三三都市を回り、二〇万人近くの聴衆を動員したという。このようにオルコットの来日が成功した背景には、明治一〇年代の欧化政策への反動として、破邪顕正《はじゃけんしょう》と呼ばれた反キリスト教運動が盛んになり、それを担う仏教結社が各地で結成されていたこと、また、成長著しい仏教系メディアで「欧米仏教」が好意的に取り上げられたこと、各宗派がオルコットの旅費をバックアップしたことなどが挙げられている。

しかし、こうしたオルコットと日本の仏教界の協力は、オルコットからすれば、世界仏教運動の一環であり、日本の仏教界からすれば、廃仏毀釈以降のダメージから回復しつつある仏教復興に西洋の権威を利用しようとしたものであり、両者の思惑のずれた協力関係であると評価されている。事実、一八九四年(明治二七)にオルコットは再来日したが、その時は初回のような熱狂的な歓迎を受けることはなかった。

3　シカゴ万国宗教会議への参加

「東方仏教」の主張

一八九三年(明治二六)九月一一〜二七日、アメリカのシカゴで万国宗教会議が盛大に開催された。これは、コロンブスのアメリカ大陸発見四〇〇年を記念して催されたコロンビア万国博覧会の一環として行われ、期間中、一五万人の聴衆を集めた。世界の宗教伝統の相互理解を深めることを目的とし、キリスト教、ユダヤ教、ヒンドゥー教、ジャイナ教、ゾロアスター教、イスラーム、仏教、神道、儒教、道教の代表者が参加し、英語で講演と議論をしている。ダルマパーラも招待され、講演を行った。

AN ACTUAL SCENE AT ONE OF THE SESSIONS OF THE PARLIAMENT.

万国宗教会議の模様（出典：John Henry Barrows, ed. *The World's Parliament of Religions*, Chicago: The Parliament Publishing Company, 1893, frontispiece）

日本からは、真言宗の土宜法龍《どきほうりゅう》（一八五四～一九二三）、天台宗（のちに臨済宗）の蘆津実全《あしづじつぜん》（一八五〇～一九二一）、臨済宗の釈宗演（一八六〇～一九一九）、真宗本願寺派の八淵蟠龍《やつぶちばんりゅう》（一八四八～一九二六）、通訳の野口善四郎（一八六四～？）が参加した。本人は不参加だったものの、清沢満之（一八六三～一九〇三）の宗教哲学書『宗教哲学骸骨』が野口によって事前に英訳され、大会中に配布された。現地では平井金三も合流した。仏教徒以外にも、キリスト教徒の小崎弘道《こざきひろみち》（一八五六～一九三八）や教派神道教団・実行教の柴田礼一《しばたれいいち》（一八四〇～一九二〇）なども参加し、講演をしている。

この会議で日本の仏教徒は、「東方仏教（eastern Buddhism）」という概念を主張した。当時、上座部仏教は「南方仏教」と呼ばれ、オリエンタリズムに根ざした西洋の仏教学によって再構成されていた。それに対して、大乗仏教は「北方仏教」と呼ばれ、西洋の知識人からは真の仏教ではないと考えられていた。そこには西洋近代のまなざしが介在していた。

それに対して、日本の仏教徒は日本仏教を「北方仏教」とは区別される「東方仏教」であると定義し、大乗仏教も上座部仏教と同じく、ブッダの教えであると説いたのである。法身《ほっしん》（絶対的な真理）としてのブッダ、万物に内在する仏性、社会参加に身を捧げる菩薩の誓願などが説かれ、西洋世界に未知の大乗仏教が紹介されたのである。

代表団の仏教徒たちが語った「東方仏教」とは西洋の仏教学の枠組みを借りて再構成された近代的な大乗仏教、つまり、近代仏教だった。代表団は「東方仏教」概念を用いたイメージ戦略によって、日本仏教のグローバル化を図ろうとしたのである。

なお、この会議で釈宗演はダルマパーラと再会し、自らは「仏教の要旨ならびに因果法」と題する講演を行った。宗演の講演は会議で高く評価された。宗演の日本語原稿を英語に翻訳したのが、宗演の弟子、鈴木《すずき》大拙《だいせつ》だった（大拙は在家居士で僧籍を有せず）。この宗演の講演を聞いていた聴衆の中に、オープンコート社という出版社の社長ポール・ケーラス(Paul Carus, 1852-1919)がいた。ケーラスは帰国した宗演に翻訳作業を行うための人材の派遣を依頼し、宗演は大拙に白羽の矢を立てた。

一八九七年（明治三〇）、大拙は渡米し、オープンコート社で翻訳と雑誌の編集校正に励んだ。その滞在期間は一一年に及び、その間、『大乗起信論』（一九〇〇）の英訳や英文『大乗仏教概論（*Outlines of Mahayana Buddhism*）』（一九〇七）の刊行など、大乗仏教や禅を世界に向けて発信する取り組みに着手している。

ちなみに、大拙は一八九九年（明治三二）に結成された新仏教徒同志会のメンバーになり、機関誌『新仏教』にも寄稿している。明治の新仏教運動の一端も担っていたのである。

戦後における禅のグローバル化

大拙は一九〇九年（明治四二）、一二年ぶりに帰国する。東京帝大の英語講師、学習院大学の教授を務めるも、その後、辞職し、一九二一年（大正一〇）、京都の大谷大学の教授に着任する。Eastern Buddhist Society（東方仏教徒協会）を結成し、英文雑誌『イースタン・ブディスト（*Eastern Buddhist*）』を創刊する（同誌は現在も続いている）。

その後、海外と日本を行き来し、その生涯を通じて、三〇冊以上の英語の書物、一〇〇冊以上の日本語の書物を刊行した。禅を欧米に紹介した最大の功労者といえる。その影響はアメリカのカウンターカルチャーやアートにも及ぶ。とくに一九五〇年代後半のビート世代の若者たちへの影響は顕著である。

さらに現在の欧米では、マインドフルネスといった瞑想の技法（プラクティス）にもＺＥＮの影響は及び、そうしてグローバル化したＺＥＮが本来の禅とは異なったものとして、日本に還流するといった現象を見ることができる。

なお、大拙の大乗仏教や禅の思想は伝統的な仏教思想ではなく、近代主義的なものであると評されている。また、禅に関する大拙の見解は、オリエンタリズムにもとづく西洋的な仏教観や禅観と同じ基盤に立った禅オリエンタリズムであると批判する研究者もおり、現在も論争が続いている。

以上のように、日本の近代仏教のグローバル化は明治初期に始まり、現代も続いている。「仏教」をめぐる東洋と西洋の関係、西洋のオリエンタリズムと植民地主義の影響、「東方仏教」というイメージ戦略など、さまざまなまなざしや権力関係が複雑に錯綜した歴史の中で、日本仏教のグローバル化が展開してきたことがおわかりいただけただろうか。こうしたグローバル化は、日本の近代仏教を形成した重要な要因の一つだったのである。

参考文献

アーモンド、フィリップ・C（奥山倫明訳）『英国の仏教発見』（法藏館文庫、法藏館、二〇二一、原著一九八八）

大谷栄一・吉永進一・近藤俊太郎『増補改訂 近代仏教スタディーズ――仏教からみたもうひとつの近代』（法藏館、二〇二三）

小川原正道編『近代日本の仏教者――アジア体験と思想の変容』（慶應義塾大学出版会、二〇一〇）

ゴンブリチ、リチャード&ガナナート・オベーセーカラ（島岩訳）『スリランカの仏教』（法藏館、二〇〇二、原著一九八八）

佐藤哲朗『大アジア思想活劇――仏教が結んだ、もうひとつの近代史』（サンガ、二〇〇八）

ジャフィ、リチャード「釈尊を探して――近代日本仏教の誕生と世界旅行」（『思想』九四三号、二〇〇二）

末木文美士編『近代と仏教』（国際日本文化研究センター、二〇一二）

末木文美士・林淳・吉永進一・大谷栄一編『ブッダの変貌――交錯する近代仏教』（法藏館、二〇一四）

杉本良男『仏教モダニズムの遺産――アナガーリカ・ダルマパーラとナショナリズム』（風響社、二〇二一）

タナカ、ケネス『目覚めるアメリカ仏教――現代仏教の新しい未来像』（武蔵野大学出版会、二〇一〇）
中西直樹・吉永進一『仏教国際ネットワークの源流――海外宣教会（1888年~1893年）の光と影』（三人社、二〇一五）
フォール、ベルナール「禅オリエンタリズムの興起（上）」（『思想』九六〇号、二〇〇四）
藤井健志「仏教者の海外進出」（末木文美士編『新アジア仏教史14　日本Ⅳ』佼成出版社、二〇一一）
吉永進一『神智学と仏教』（法藏館、二〇二一）

第十章　社会活動する仏教　近代の仏教4

明治時代から現代まで、仏教徒や仏教教団が取り組んできたさまざまな社会活動を紹介する。

はじめに

大正時代に成立した仏教社会事業は戦後には仏教社会福祉事業に発展する。仏教徒の政治参加も戦前から行われ、現代では多くの仏教徒が宗教者平和運動を実践している。近代日本の仏教は、一五〇年以上にわたって社会問題や政治課題にどのように取り組んできたのか。その歴史的展開を概観しよう。

1　社会活動の二つのパターン

仏教徒の社会活動

まず、近代浄土宗のある学僧の次の発言に注目されたい。

大乗仏教には労働問題も、社会問題もある、皆世を救ひ人を利するものは皆仏教である。

ハンマーの音、シャベルの音、油じみた労働服の働きの中にも、大乗仏教は存在するのである[1]。

これは、渡辺海旭《わたなべかいきょく》（一八七二〜一九三三）が一九二一年（大正一〇）に東京の増上寺で行った講演「大乗仏教の精神」の一節である。海旭は仏教学者、仏教改革者、教育者、社会事業家など、さまざまな顔をもつ人物であり、浄土宗の執綱（現在の宗務総長）も務めた近代浄土宗の高僧の一人である。第八章でもその名前を紹介した。海旭は新仏教徒同志会のメンバーであり、仏教社会事業（仏教徒や仏教教団を担い手とし、仏教思想やその精神にもとづく社会事業。現在の仏教社会福祉事業）のリーダーだった。

この講演が行われた当時、時代は激動の時期だった。

渡辺海旭（出典：壺月全集刊行会編『改訂　壺月全集』大東出版社、1977年）

第一次世界大戦（一九一四〜一九一八年）、ロシア革命（一九一七年）、米騒動（一九一八年）、三・一独立運動（一九一九年）が発生し、「改造」が流行語となっていた。国内では普選運動や労働運動、農民運動、水平運動、女性解放運動など、さまざまな社会運動が奔流をなすように高揚していた。

こうした状況に、海旭は大乗仏教の精神にもとづく社会事業の実践によって対峙した。それは、新仏教運動の綱領にある「社会の根本的改善」を仏教社会事業によって実現しようとした試みだった。

はたして、仏教徒が社会活動を行い、社会に積極的に関わることにどのような意味があるのだろうか。本章では、明治時代から二一世紀の現在までの日本における仏教徒の社会活動の意味と役割について考えてみたい。

社会参加仏教研究

仏教徒の社会活動については、現在、「社会参加仏教(Socially Engaged Buddhism)」という観点から研究が行われている。Engaged Buddhism という言葉自体は、ベトナムの僧侶ティック・ナット・ハンの著作の題名として一九六三年に初めて用いられた。ベトナム戦争(一九六〇〜一九七五年)の最中、焼身自殺(焼身供養)によって反戦の異議申し立てを行った僧侶たちの行為を説明するために提唱された。その後、仏教徒と仏教研究者が仏教徒による社会活動を指し示す概念として用いられるようになった。欧米を中心に一九九〇年代以降、研究が進められ、日本でも二〇〇〇年代以降、研究が進められている。

もう少し詳しく説明しよう。一九世紀以降、西洋の衝撃によって近代世界と出会ったアジア諸地域では、植民地主義、外国による侵略、戦争、西洋化、抑圧、社会的不公正、貧困、差別など、さまざまな問題が生起した。こうした諸問題に直面したアジアの仏教徒たちが仏教思想やその精神にもとづく実践によって、その解決を図ろうとしたり、仏教や社会の改革を成し遂げようとしたりした。仏教徒のこうした社会活動のあり方を「社会参加仏教」という（ただし、アジアだけではなく、欧米にも社会参加仏教は見られる）。

「社会参加仏教」という概念は便利ではあるが、近現代日本の仏教徒の社会活動を見ると、当てはまらないものもある。そのため、本章では「社会参加仏教」概念は用いず、広く「仏教徒の社会活動」と言うことにする。

ただし、社会参加仏教研究で提起された類型を用いることにしよう。社会参加仏教研究では、仏教徒や仏教教団の社会参加を「社会的サービス（social service）」と「政治的行動主義（political activism）」に区分する。以下、仏教徒の社会活動の二つのパターンとして、これらの概念を用い、近現代日本における仏教徒の社会活動を概観することにしたい。

明治期における仏教慈善事業の展開

日本の近代仏教史を通覧すると、政治的行動主義よりは社会的サービスに分類できる活動が圧倒的に多い。これは明治時代から今日に至るまでそうである。具体的には、日本の社会事業（社会福祉）に関わってきた。社会事業（社会福祉）の呼称は歴史的に「慈善事業」「感化救済事業」「社会事業」「厚生事業」「社会福祉」と変遷してきたが、仏教徒や仏教教団は仏教の立場からこれらすべての活動に携わってきたのである。

その活動はキリスト教の活動に影響を受けたものが多い。明治初期の仏教界はキリスト教界を激しく批判し、排耶論と呼ばれるキリスト教批判の言説を繰り広げたが、医療や児童保護、救貧活動（貧困者への支援）などを行ったプロテスタントの慈善活動に触発され、仏教徒も救貧活動や災害援助、児童保護、医療事業等の仏教慈善活動に取り組んだ。キリスト教への批判とキリスト教からの影響という相反する姿勢は、日本の近代仏教史を理解する際のポイントである。

たとえば、第八章で紹介した真宗本願寺派の青年仏教徒による反省会は、廃娼や禁酒、女子教育を推進するキリスト教の影響を受けた矯風《きょうふう》運動として始まったと評価されている。一八八五年（明治一八）、「禁酒進徳」を掲げて設立され、当時の禁酒運動の有力な一翼を担った。反省会に集まった青年仏教徒は仏教改革を掲げ、その具体的な活動の一環として、禁酒運動という社会的サービス型の活動を行ったのである。また、女子教育の充実を訴え、全国各地で行われていた仏教徒の慈善活動を機関誌『反省会雑誌』で紹介し、評価している。

産業資本主義の発達

日清・日露戦争を通じて日本の産業革命が達成され、産業資本主義が発展する。しかし、その一方、階級の分化や貧困層の増加が進展し、都市問題や社会問題が発生する。日清戦争後の貧民、労働者、職人、小作人の窮乏状態は、ジャーナリストの横山源之助が一八九九年（明治三二）に刊行した『日本之下層社会』に活写している。

こうした資本主義の形成に伴って発生した社会構造的な問題に対して、仏教界は仏教慈善活動を展開した。日清・日露戦間期には各宗派で慈善事業行政が組織される。たとえば、最も有名なのは、一九〇一年（明治三四）九月に設立された真宗本願寺派の大日本仏教慈善会財団である。事業の目的として、貧困者への治療、孤児の養育、下層階級の人びとの教育、罹災者の救助、感化活動（道徳的な影響を及ぼすこと）、刑期を終えた出獄者の保護などが挙げられている。

ちなみに、一九〇三年（明治三六）の内務省の調査によれば、全国の慈善団体二七三のうち、仏教関係の施設は八三を数え、全体の三分の一近くを占め、仏教徒や仏教教団が社会的サービスの担い手として果たした役割の大きさがわかる。

なお、一八九九年（明治三二）に結成された新仏教徒同志会の新仏教運動は、廃娼運動、禁酒禁煙運動、動物虐待防止運動、実費診療所等の社会的サービス型の活動に取り組んだ（第八章参照）。ただし、その一方、足尾銅山鉱毒事件の発生に際しては支援活動も行うなど、政治的行動主義型の活動も実践していた。

ほかに、政治的行動主義型の活動を実践した仏教徒としては、大逆事件に連座した曹洞宗の内山愚童《うちやまぐどう》（一八七四～一九一一）と真宗大谷派の高木顕明《たかぎけんみょう》（一八六四～一九一四）がいる。

愚童は天皇、政府、資本家、地主を批判したパンフレット『入獄紀念　無政府共産』（一九〇八）を秘密出版し、無政府主義を力説した。高木は日露戦争時に非戦論を主張した稀有な仏教徒である。しかし、両者の思想や活動は継承されることなく、二人とも宗派から僧籍を剥奪された。その名誉が回復されるのは、戦後を待たなければならなかった。

2　大正期における仏教社会事業と参政権運動

仏教感化救済事業の組織化

大正期における仏教徒の社会活動は、社会的サービス型を中心に広がりを見せる。「臥薪《がしん》嘗胆《しょうたん》」を合言葉に増税によって軍備拡張を行い、日露戦争（一九〇四〜〇五年）に臨んだ日本だが、その勝利によっても国家財政は回復しなかった。戦後の好景気はすぐに終わり、不況が続く。都市でも農村でも国民の不満は高まり、国家体制の構造的危機が深刻化した。

そうした危機的状況に対する政府の対策の一つが、一九〇八年（明治四一）の感化救済事業講習会の開催だった。政府は民間の慈善事業を奨励育成するために一五年間にわたってこの講習会を実施するが、第二回目は一三二名の出席者のうち、六九名が仏教関係者だった。一九〇九年（明治四二）、この講習会に参加した僧侶が中心になって、仏教同志会が結成された。超宗派の団体で顧問には各宗派の管長や門跡が就任したが、各宗派からの財政的な援助はなく、実質的には機能せずに終わった。しかし、ハンセン病の救護施設、無料宿泊所、労働者相談所などの事業を実施する財団組織の設立を計画するなど、先駆性があり、社会活動に取り組む超宗派的な団体が設立された意義は大きい。

また、この時期、大日本仏教慈善会財団以外にも、浄土宗（一九〇〇年〔明治三三〕）、天台宗（一九〇八年〔明治四一〕）、曹洞宗（一九一〇年〔明治四三〕）、真宗大谷派（一九一一

年（明治四四）、日蓮宗（同年）、真言宗豊山《ぶざん》派（一九一二年〔大正元〕）の各宗派で慈善事業、感化救済事業に取り組む団体が結成され、伝統教団による社会的サービス型の活動への取り組みが整備されていった。

伝統教団の中でもとくにこうした社会活動を牽引したのが、浄土宗である。戦前の浄土宗は「社会事業宗」と呼ばれるほど、社会活動に熱心に取り組んだ。その中心にいたのが、渡辺海旭、椎尾弁匡《しいおべんきょう》（一八七六～一九七一）、矢吹慶輝《やぶきけいき》（一八七九～一九三九）、長谷川良信《はせがわりょうしん》（一八九〇～一九六六）、秦隆真《はたりゅうしん》（一八九九～一九七五）ら「浄土宗社会派」と呼ばれる人びとである。海旭らが仏教感化救済事業を仏教社会事業へと飛躍させる役割を担った。

仏教社会事業の始まり

そもそも、「仏教社会事業」という言葉を創唱したのは、渡辺海旭だと言われている。仏教社会事業のリーダー、海旭の略歴を一瞥しておこう。

海旭は若い頃から浄土宗の中枢で活躍したが、（新仏教徒同志会を仲間とともに立ち上げたのち）一九〇〇年（明治三三）に浄土宗第一期海外留学生としてドイツに渡り、ストラスブルク大学で仏教研究に従事した。一〇年間の長きにわたる留学生活を経て帰国。宗教大学（現在の大正大学）、東洋大学の教授を務めるが、この留学で見聞きしたヨーロッパの社会運動や社会事業の経験をもとに、海旭は仏教社会事業の実践に乗り出す。

一九一一年（明治四四）三月、東京に浄土宗労働共済会を設立し、翌年には東京在住の仏教社会事業家の有志とともに超宗派の仏教徒社会事業研究会を結成して、社会事業の研究と調査に着手した。海旭らは、一九一四年（大正三）六月一三〜一五日、第一回全国仏教徒社会事業大会を東京の丸の内保険協会会館で開催。三〇〇名が集まった。一九二〇年（大正九）に東京で開催された第二回大会には四〇〇名が出席し、一般社会事業、少年保護、労働問題、衛生保険、免囚保護の五項目についての具体的な方策が協議されている。計四回の大会が催され、海旭らの取り組みは、仏教社会事業の全国的な組織化をもたらすきっかけとなった。

仏教徒社会事業研究会は一九二〇年（大正九）に『仏教徒社会事業大観』を公刊したが、本書から当時の仏教社会事業の特徴を把握することができる。紹介されている活動は、①統一助成研究事業、②窮民救助事業、③養老救助事業、④救療事業（生活困窮者に医療的な支援や救護を行うこと）、⑤育児事業、⑥感化教育事業、⑦盲啞教育事業、⑧貧児教育事業、⑨子守教育事業、⑩幼児保育事業、⑪授産職業紹介宿泊保護事業、⑫免囚保護事業であり、計三八七の事業と各伝統教団、各宗協同、超宗派の諸団体による活動が取り上げられており、その広がりを確認することができる。

こうして仏教社会事業が形成されていく中で、海旭は冒頭に紹介した講演を行い、「皆世を救ひ人を利するものは皆仏教である」、と強調した。海旭は、大乗仏教の精神に根ざした社会事業の実践にこそ、「浄仏国土・成就衆生」という理想世界の実現を見たのである。

以上のように、仏教社会事業は戦前の仏教界の主要な社会的サービス型の活動として組織化・制度化され、実践されたのである。

大正期の政治参加

一方、大正期の政治的行動主義型の活動として、仏教徒による政治参加がある。大正デモクラシーの風潮の中、伝統教団の各宗派からなる仏教連合会（一九一五年〈大正四〉創立）や、この連合会が母体になった仏教護国団（一九一六年〈大正五〉結成）が文部大臣へ働きかけ、僧侶の参政権を求める運動を繰り広げた。とくに一九二一年（大正一〇）二月に東京の増上寺で開催された仏教参政権問題仏教徒大会は、教団関係者や檀信徒ら千数百名が集まるほどの盛り上がりだった。

結局、この僧侶の参政権問題は、一九二五年（大正一四）五月の普通選挙法の成立によって、実現することになる。一九二八年（昭和三）二月、第一回普通選挙による衆議院議員選挙が実施されるが、浄土宗の椎尾弁匡の当選を筆頭に、地方選挙で百余名の僧侶が当選するなど、一挙に仏教徒の政治参加が進んだ。

このように、大正末から昭和初期にかけての政治的行動主義型の活動としては、参政権獲得運動、選挙への立候補という政治参加が仏教界のトレンドだった。

3 昭和前期から戦後、現代へ

昭和前期の厚生事業と平和運動

一九三一年（昭和六）九月、満州事変が勃発する。翌年三月には満州国が建国され、以後、中国大陸への日本軍の侵略が本格化する。国内では、事変前年の昭和恐慌の発生によって未曾有の不況が到来し、労働争議や小作争議が激化した。当時、「非常時」という言葉が流行した。

昭和初期以降も、社会的サービス型の活動が仏教社会事業として進展を見せる。それを担ったのは大正期に続き、伝統教団である。ただし、仏教社会事業は大正後期に仏教徒有志による救済活動から教団社会事業の段階へと移り、昭和初期には寺院社会事業へと移行した、と中西直樹は指摘する。昭和を迎え、地域における寺院の社会資源としての重要性が再認識されたことで、仏教社会事業の実施主体は地方の末寺まで拡大したという。事業内容の多様化と事業団体数の増加が見られ、事業団体数は大正末の一二三四から昭和初期（一九二九年〔昭和四〕）の四八四九に急増した。

伝統教団では方面委員制度、救療事業、防貧事業、児童保護、感化事業、児童教化、青年教化、婦人教化などの教化事業、隣保事業（セツルメント）等の活動が実施された。とくに、児童教化の大部分は寺院での仏教日曜学校と推測され、農繁期の託児所を行う保育託児事業もこの時期に増加していたと推察されている。寺院が地域社会の拠点として児童教化と託児事業を実施していたことが窺える。

一九三七年（昭和一二）七月に日中戦争が発生し、戦時総動員体制が整備されていく中、戦時中の社会事業は人的資源の保護育成を目的として、国民生活の確保を掲げた戦時厚生事業として展開されていく。仏教界もその要請に応え、一九三八年（昭和一三）五月に全日本仏教徒社会事業総連盟を結成し、その創立宣言でこう力説した。

> 現下時局の重大と社会情勢の推移に鑑み、本連盟は益々大乗仏教精神による社会事業の特色と真価を発揮して斯業の発達と国家の進展に貢献し、以て仏教報国の実績を顕揚せむことを誓ふ[2]

「仏教報国」の精神にもとづく国策への貢献が誓われており、仏教社会事業による社会的サービス型の活動が戦争協力に向かっていったことを確認しておこう（なお、仏教教団による戦争協力は日清・日露戦争の頃から見られ、従軍僧の派遣や戦病者、出征

戦前の四恩学園　1935年に大阪西成区東入舟町に設立されたヴォーリス設計の洋風園舎（写真左）。（出典：林文雄先生追悼文集刊行委員会編『願わくは衆生と共に』社会福祉法人四恩学園、1980年）

家族の慰問などが行われた)。

こうした仏教界の戦争協力は、一九四一年(昭和一六)一二月のアジア・太平洋戦争の開戦後、さらに強まる。仏教各宗派からなる大日本仏教会(仏教連合会が同年三月に改組したもの)は一九四四年(昭和一九)三月、神道、キリスト教の各連合会とともに、大日本戦時宗教報国会を結成し、仏教教団を含む宗教団体は戦時総動員体制のための国民教化活動に動員され、戦争遂行のための公的な役割を担った。

以上、昭和前期における伝統仏教教団の社会的サービス型の活動は戦時厚生事業に合流し、戦時総動員体制の一翼を担いながら、一九四五年(昭和二〇)八月一五日の終戦を迎えるのである。

なお、昭和初期以降の政治的行動主義型の活動を担ったのが、妹尾義郎《せのおぎろう》(一八八九〜一九六一)が率いた新興仏教青年同盟(一九三一年(昭和六)創立、以下、新興仏青)だった。新興仏青は社会的サービス型と政治的活動主義型両方の活動を実践した。前者としては、葬式や結婚式の簡素化、一村一墓地の計画、農民学校の開催、仏教共済組合の計画、子ども会の結成を行った。一方、後者については「仏教無産政党」の計画(実現せず)、地方市議会選挙への出馬(結果は当選と落選の両方)、町会議員選挙への出馬による当選、水平運動や労働運動の支援に取り組んでいる。

また、政治的行動主義型の活動として、満州事変発生以降、日本主義が興隆する中、反戦・平和運動と反ファシズム活動も実践した。一九三三年(昭和八)五月五日、新興仏青は

「ファシズム批判　新興仏教大講演会」を東京本郷の帝大仏教青年会館で開催し、二百余名の聴衆を集めた。

以後も機関紙や講演会などで反戦・平和を主張したが、そうした活動は政府当局からの弾圧を受け、結局、一九三七年（昭和一二）にメンバーや関係者が一斉検挙され（妹尾は前年に逮捕）、組織は壊滅する。その後、仏教界で政治的行動主義型の活動を表だって行う仏教徒はいなかった。

戦後の仏教社会福祉と宗教者平和運動

戦後、仏教徒や仏教教団の社会活動は新たな展開を見せる。ただし、戦前と同じく、戦後も社会的サービス型の活動が中心を占めた。戦前との違いは、プレゼンス（存在感）の程度である。戦前の日本は社会福祉制度が未発達だったため、仏教徒の社会活動は国家の福祉政策の補完的な役割を果たし、そのプレゼンスは大きかった。しかし、戦後は福祉国家体制の整備により、仏教徒の社会活動は相対的にその役割を低下させていく。

また、一九四七年（昭和二二）五月に施行された日本国憲法の第二〇条と第八九条にもとづく政教分離の原則により、宗教と福祉の機能分化が徹底された。仏教教団の社会福祉施設は社会福祉法人の傘下に入ることになり、仏教教団としてのプレゼンスを縮小させた。

以下、戦後の動向を概観していこう。

一九四八年（昭和二三）六月、東京の増上寺で仏教社会事業連盟の創立準備会が持たれた。また、関西でも仏教社会事業団体の再建が進み、真宗大谷派がいち早く一九四八年（昭和二三）五月に財団法人大谷派社会事業協会を設立している。一九五〇年（昭和二五）一月には日本仏教社会事業協会が結成された。

高度経済成長期には「三法体制から六法体制へ」（「生活保護法」「児童福祉法」「身体障碍者福祉法」に「知的障害者福祉法」「老人福祉法」「母子及び寡婦福祉法」が加わった）と表現されるように、社会福祉制度が整備されていく中で、全国仏教社会福祉連盟の結成（一九五四年〈昭和二九〉）など、仏教社会事業団体の組織化が図られていった。

なお、長谷川《はせがわ》匡俊《まさとし》編『戦後仏教社会福祉事業の歴史』（二〇〇七）によれば、戦後日本における仏教社会福祉事業の種類が①児童福祉、②高齢者福祉、③障害児・者福祉、④女性・母子福祉、⑤地域福祉、⑥医療福祉、⑦生活救済、⑧災害救済・支援、⑨更生保護・教誨活動、⑩ボランティア活動、⑪ターミナルケア、⑫福祉教育・職員養成、⑬同和問題、⑭国際福祉にまとめられている。戦後における仏教社会福祉が網羅する領域の広さがわかるであろう。

ただし、戦後の福祉国家体制では措置（国家の管理・庇護のもとで各施設等へ国からの補助金を分配する運営）を福祉政策の基本方針とするため、政教分離が徹底され、宗教理念を中心に社会福祉施設を運営することは難しくなった、と木原活信は指摘する。戦後における社会的サービス型の活動が抱えた困難が窺える。

ところが、事態は変わる。二〇〇〇年（平成一二）の社会福祉基礎構造改革（社会福祉の分権化・民営化）による福祉国家体制の後退を受け、社会福祉制度は国家管理・庇護による措置制度から、市民的契約にもとづく新しい社会福祉制度へと大きく転換した。くわえて、民営化は福祉事業に対する民間企業、ＮＰＯ法人などの新たなアクターの参入を認めることになった。そこで、ふたたび、宗教団体（仏教団体）が国や地域の福祉の担い手となる機運が生じたという。つまり、仏教徒や仏教教団のプレゼンスがふたたび高まる機会を迎えたのである。

一方、こうした社会的サービス型の活動に対して、政治的行動主義型の活動も戦後直後から継続的に行われてきた。戦争協力への反省にもとづき、仏教徒による宗教者平和運動を展開した。宗教者平和運動協議会（一九五一年〈昭和二六〉）、京都仏教徒会議（一九五四年〈昭和二九〉）、原水爆禁止宗教者懇話会（一九五八年〈昭和三三〉）などの諸団体が結成されている。運動の担い手の中には、かつての新興仏教青年同盟のメンバーたちがおり、戦前と戦後の活動の連続性を確認できる。

一九六一年（昭和三六）四月、京都宗教者平和協議会が結成され、この団体が中心となって、同年七月、京都の国際会館で第一回世界宗教者平和会議が開催された。「軍備全廃・原水爆禁止・核非武装」をテーマとして、一六ヵ国二六九名の世界各国の宗教者たちが集まった。日本からは、仏教、キリスト教、新宗教の宗教者二二六名が参加。会議終了後、準備委員会が設けられ、翌年四月には日本宗教者平和協議会（宗平協）が結成された。

宗平協は、「内なる平和と外なる世界の平和を」「平和の祈りを行動の波へ」をスローガンとし、一九六〇年代から七〇年代にはベトナム戦争に抗議するデモや集会の開催、インドシナ問題や靖国問題への対応、反核運動への参加などによって宗教者平和運動を牽引し、現在も一貫して政治的行動主義型の活動を行っている。ただし、宗平協など、宗教者平和運動に参加する仏教徒は教団の中では周辺的な存在であり、宗教者平和運動自体もその社会的な影響力は決して高くない。

現代における仏教徒の社会活動

宗教者平和運動は二一世紀に入り、新たな展開を見せている。二〇〇一年（平成一三）九月一一日のアメリカ同時多発テロ事件の発生によって、世界中で平和運動が高揚した。国内でも数多くの宗教団体が声明や談話を発表し、平和を訴えた。翌年には平和を実現するキリスト者ネットと仏教系新宗教団体の日本山妙法寺が中心になり、平和をつくり出す宗教者ネットが結成された。また、二〇〇四年（平成一六）六月に日本国憲法第九条を守るために結成された市民団体・九条の会に呼応して、二〇〇五年（平成一七）四月には京都で宗教者九条の和が設立された。

両団体はいずれも超宗教・超宗派の団体で現在も活動を継続している。二〇一五年（平成二七）の安全保障関連法案への反対運動にも両団体は積極的に参加し、政府に対する異議申し立てを行っている。

以上のように、政治的行動主義型の活動は二一世紀以降も着実に行われている。

社会的サービス型の活動もまた、新たな展開が見られる。貧困問題や自殺問題など、現代日本社会で深刻化している社会問題に対して対応を図る仏教徒たちもいれば、二〇一一年（平成二三）の東日本大震災以降、被災者への「心のケア」に取り組む仏教徒たちもいる。いわゆる臨床宗教師である。公共空間で心のケアを提供する宗教者を意味し、二〇一二年（平成二四）四月に東北大学に実践宗教学寄附講座が創設され、同年一〇月に第一回臨床宗教師研修が開始された。現在、各地の大学で養成講座が開設され、二〇一六年（平成二八）二月には「日本臨床宗教師会」が発足し、医療現場や福祉施設、被災地などの公共の場で心のケアに当たる臨床宗教師の養成が行われている。

　二〇〇〇年代以降、仏教徒や仏教団体のプレゼンスがふたたび高まる機会を迎えたと前述したが、東日本大震災以降、仏教に対する注目は高まっている。その際、社会から求められているのは、おもに社会的サービス型の

臨床宗教師研修の様子
（提供：東北大学大学院文学研究科実践宗教学寄附講座）

活動であろう。福祉やケアという需要に対して、仏教徒はどのように応えることができるのか。社会福祉士やカウンセラーとは異なる仏教徒独自の福祉やケアがあるのだろうか。社会サービス型であろうと、政治的行動主義型であろうと、仏教思想やその精神にもとづく社会活動がどのような意味や影響を人びとにもたらすか、これまで築き上げてきた仏教徒の社会活動の歴史的蓄積がその真価を発揮できるかどうか、今、そのことが問われている。

注

(1) 壺月全集刊行会編『壺月全集』下巻(壺月全集刊行会、一九三三)、八二ページ。
(2)『中外日報』昭和一三年五月一七日号、二ページ。

参考文献

磯村健太郎『ルポ 仏教、貧困・自殺に挑む』(岩波書店、二〇一一)
大谷栄一編『ともに生きる仏教――お寺の社会活動最前線』(ちくま新書、筑摩書房、二〇一九)
大谷栄一『近代仏教というメディア――出版と社会活動』(ぺりかん社、二〇二〇)
大谷栄一編『戦後日本の宗教者平和運動』(ナカニシヤ出版、二〇二一)
木原活信「社会福祉におけるスピリチュアリティ」(『基督教研究』七八巻一号、二〇一六)
末木文美士・林淳・吉永進一・大谷栄一編『ブッダの変貌――交錯する近代仏教』(法藏館、二〇一四)
谷山洋三『医療者と宗教者のためのスピリチュアルケア――臨床宗教師の視点から』(中外医学社、二〇一六)
中西直樹・髙石史人・菊池正治『戦前期仏教社会事業の研究』(不二出版、二〇一三)

日本仏教社会福祉学会編『仏教社会福祉入門』（法藏館、二〇一四）
長谷川匡俊編『戦後仏教社会福祉事業の歴史』（法藏館、二〇〇七）
藤山みどり『臨床宗教師――死の伴走者』（高文研、二〇二〇）
吉田久一『日本近代仏教社会史研究』（吉川弘文館、一九六四）
吉田久一・長谷川匡俊『日本仏教福祉思想史』（法藏館、二〇〇一）

第十一章　日本仏教と戒律　日本仏教の深層1

はじめに

日本の仏教僧は肉食妻帯するので、海外でも奇異の目で見られる。僧侶の肉食妻帯が正式に認められたのは明治以後だが、その底には最澄以来の日本仏教独自の戒律観がある。最澄は従来の具足戒を廃して、大乗の梵網戒を採用したが、その特徴は「真俗一貫」というところにあった。そのことは、仏教教団が世俗的に活動する面で利点があったが、他方で戒律の弛緩を招き、戒律復興運動を生むことになった。日本仏教の独特の戒律観を考えてみたい。

1　僧侶の妻帯

肉食妻帯の特殊性

これまで、日本の主要な仏教思想家の思想や、近代の仏教の展開を検討してきた。これから四章にわたり、視点を変えて、日本仏教の特徴とされるものについて、トピック的に取り上げ、それが歴史的にどのように形成されてきたかを考えることにしたい。最初に戒律の問題を考えてみたい。

アジアの仏教国の中で、日本の仏教の特徴としてしばしば取り上げられるのが、僧侶の妻帯と肉食である。また、必ずしも剃髪せず、有髪の僧も少なくない。日本では、多くの寺院の僧侶は家族とともに家庭生活を営み、俗人と同じような生活を送っている。そして、檀家の世話、とりわけ葬祭に従事するのを主たる仕事としている。いわば僧侶は世俗の職業の一つのように見られている。

それに対して、南伝の上座部仏教でも、チベット仏教でも、中国や韓国の仏教でも、僧侶はきれいに剃髪し、独特の僧衣を纏い、独身を保って異性との交渉を禁じられている。多くは大きな寺院で団体生活を送って、修行に専念する生活を送っている。食事は朝食と昼食を午前に取り、午後は食事をしないのが原則であるが、多少緩められている場合もある。東アジアの寺院では農耕など行うが、本来は生産活動に従うことは禁じられ、上座部の仏教では厳格に守り、托鉢によって食料を得て暮らしている。このような生活の規則は、後ほど見るように、戒によって定まっている。

ちなみに、南伝系やチベット系の出家者が身に纏っている僧衣は、原始仏教以来の伝統によるもので、もともとはぼろ切れを綴り合わせて作り、色も原色を避けることになっていた。そこから、「糞掃衣《ふんぞうえ》」「壊色《えじき》」などと呼ばれる。サンスクリット語でカーシャヤであり、それを音写した語が「袈裟《けさ》」である。東アジアでは、生活習俗の違いから、袈裟はもともとの日常衣ではなくなり、儀式のときに身に着ける装飾的な上衣となり、金襴《きんらん》のような華美なものも使われるようになった。異なる文化圏に宗教文化が伝播し、変容する典型的な例である。

こうした他のアジア地域の僧侶に較べて、日本の僧侶はいかにも様子が異なっている。僧侶が儀式以外の時にはスーツを着ていることも少なくない。このことは、眼で見てすぐに分かる特徴なので、話題にもなりやすく、日本仏教が戒を守らずに堕落しているかのような印象を与えがちである。だが、そのように決めつけるのは、必ずしも適当でない。そこで、その歴史的経緯を検討してみたい。

肉食妻帯の許可

僧侶の肉食や妻帯が正式に認められたのは、古いことではなく、一八七二年（明治五）に僧侶が肉食妻帯してかまわないという太政官の布告が出されて以後のことである。江戸時代には、浄土真宗（一向宗）のみが、宗祖親鸞《しんらん》に倣うということで、肉食妻帯が認められていたが、それ以外の宗派は認められていなかった。もっとも、日本では早くから実質的に出家者が妻子を持つことは行われていたが、少なくとも公的には認められないことであり、表沙汰になると厳罰に処せられた。こうしたところから、江戸時代に浄土真宗と他宗の間で、妻帯の可否をめぐって論争が行われている。浄土真宗側からは、世俗の人を教化するのには同じ姿のほうがよいとか、無理に欲望を抑えるのはかえって不自然であるなどの理由を挙げて、妻帯を正当化しようとした。

それがなぜ、明治になって僧侶の肉食妻帯が認められたかというと、それまで僧侶に認められていた宗教者としての特権をなくし、一般の国民と同じように戸籍に組み込んで、納税等の義務を課するためと考えられる。明治政府は、四民平等のスローガンのもとに近世の士農工商の身分制度を廃止し、一般庶民にも姓を認め、一八七一年（明治四）に戸籍法を作って、翌年には国民を新しい戸籍に編入して統制するようになった。

近世には、僧侶は士農工商の身分の枠の外で寺社奉行管轄下に置かれ、保護されていた。その代わりに、寺院には宗門改めのような治安や住民管理の役割が課せられ、幕府のもとで一種の国家宗教的な位置を占めてきた。明治になってその特権を奪われて、法的には僧侶は俗人とまったく同じ扱いを受けることになった。即ち、僧侶は聖職者から世俗の職業人に変わったわけである。それならば、僧侶の肉食妻帯を国家が禁じ、特殊な生活形態を強いる必然性はない。もちろん肉食妻帯をしないことも自由であるが、それは個人の問題であって、法的に規制すべき問題ではなくなった。

明治維新前後の神仏分離や廃仏毀釈による打撃に加えて、肉食妻帯許可は仏教界を揺るがす大きな出来事となった。保守派の僧侶は抵抗して、独身主義を守ろうとした。その代表的な人物として、浄土宗の福田行誡《ふくだぎょうかい》（一八〇九〜一八八八）がいる。福田は廃仏毀釈の嵐の中で仏教界の立て直しの中心となって活躍し、また、近代的な最初の活版大蔵経である『大日本縮刷大蔵経』の出版にも尽力したが、戒律こそ仏教の根本だと主張して、戒律復興を目指し、僧侶の肉食妻帯に反対した。

世俗社会の中での定着

このような抵抗はあったものの、全体としては次第に僧侶が結婚して子供を儲け、家庭生活を営むのが当たり前になっていった。仏教界には、それを積極的に推進する動きも見られた。例えば、日蓮宗の田中智学《たなかちがく》（一八六一〜一九三九）は、自らも一度出家したのちに還俗して、日蓮主義の運動を起こした。その中で、『仏教夫婦論』（一八八七）や「仏教僧侶肉妻論」（一八九一。雑誌『師子王』に連載）において、僧侶の結婚を積極的に肯定し、それによって仏教が社会の中に定着することを図った。『仏教夫婦論』は、夫婦こそ社会の大元だとして、男尊女卑の風潮を批判し、男女同等の夫婦関係を基礎において仏教の再建を図ろうとした。「死人ヲ相手ニスルヲ止メテ活タ人ヲ相手ニスベシ。葬式教ヲ廃シテ婚礼教トスベシ」と主張して、死者のための仏教ではなく、生者のための仏教としようとした。実際、一八八七年には仏教式の結婚式を執り行っている。

『仏教夫婦論』が一般的に夫婦の問題を論じているのに対して、「仏教僧侶肉妻論」では特に僧侶の肉食妻帯を論じている。智学は、末法という時代においては戒律の立場から見ても、肉食妻帯は認められるべきものと主張した。『宗門之維新』（一九〇一）においては、僧侶が家庭を持ち、住職を世襲することで寺院の永続の基礎となると論じられている。

このような智学の予言は実際に実現し、僧侶が結婚し、寺院は実質的に世襲されるようになった。そのことで地域社会の中で安定的に持続することが可能となった。それは、世俗社会からの離脱としての仏教から、世俗社会の中で機能する仏教への転換と言うことができる。地域に根差した寺院のあり方は、近世の寺檀制度の下で形成されてきていたが、それが世襲によって新たな基盤を得たということができる。いわば、日本型の社会参加仏教の基礎となる形態と言ってもよいであろう。

ただし、実を言えば、僧侶の結婚と寺院の世襲は、今日に至るまで仏教教団の側では必ずしも適切に理論づけられているわけではない。多くの宗派ではタテマエ的には戒律を維持していることになっており、現実と乖離している。とりわけ寺族（住職の配偶者や家族）の位置づけが必ずしも明確でないことは、女性差別として、しばしば問題にされる。また、女性が住職となることに制約があることなども指摘されている。今日、このような問題は、仏教とジェンダーの問題としてさらに考え直さなければならない段階となっている。

2　大乗戒の採用

戒律とは何か

ところで、歴史的にさかのぼると、日本仏教の中で戒律の問題はどのように考えられていたのであろうか。そのためには、そもそも戒律とは何か、原始仏教以来の展開を振り返っておく必要がある。習慣的に「戒律」という熟語を用いるが、厳密に言うと、「戒」と「律」は同一ではない。「戒」（シーラ）は自発的に身に付け、それが習慣となることである。それに対して「律」（ヴィナヤ）は定められた規則を意味する。あるいはまた、「戒」は個々の規則の条目、「律」はそれらをまとめた文献を意味することもある。

原始仏教以来、戒《かい》・定《じょう》・慧《え》が三学と呼ばれ、仏教において学ぶべき根本とされる。「定」は禅定で、心を鎮め、集中させる瞑想で、仏教の中心的な修行である。「慧」は智慧で、理論的な研究によって正しい真理の理解に達すること、あるいは瞑想によって達せられる叡智を意味する。「戒」はそのような修行の前提となる正しい生活習慣を身に付けることである。

また、仏教の聖典を三つに分類して、経（蔵）・律（蔵）・論（蔵）に分け、三蔵と言う。「経」はブッダの語った教え、「律」は規則をまとめたもの、「論」は教理的な理論書である。三蔵をインドから中国に齎したのが三蔵法師であり、略して三蔵とも言う。

このように、戒律は仏教にとってきわめて重要なものである。出家を希望する人は、戒を守ることを誓ってはじめて入門を許され、修行者の仲間に入って修行を行うことになる。戒律を守ることを誓う儀式を受戒と言うが、それには三師七証《さんししちしょう》と言われ、三人の師と七人の証人となる出家者が必要で、いずれもきちんと戒律を守っている人でなければならない。戒を授ける側からは、授戒と呼ばれる。

こうして受戒を経た一人前の男性の修行者が比丘《びく》であり、女性の修行者は比丘尼《びくに》である。僧（僧伽《そうぎゃ》、サンガ）というのは、比丘、または比丘尼の集団であるが、その成員である個人をも僧と呼んだり、僧侶という言い方もされるようになった。比丘・比丘尼になる前の見習いを沙弥《しゃみ》・沙弥尼《しゃみに》と呼ぶ。女性の場合、男性よりも厳しく、沙弥尼の後、式叉摩那《しきしゃまな》という段階を経てから、比丘尼となることができる。さらに、在家の信者は、男性が優婆塞《うばそく》、女性が優婆夷《うばい》と呼ばれる。広義の仏教教団はこの七種類の人たちからなり、七衆と呼ばれる。以下に表示する。

	修行者	見習い	在家者
男	比丘	沙弥	優婆塞
女	比丘尼	沙弥・式叉摩那	優婆夷

比丘や比丘尼の守るべき戒はきわめて多く、比丘が約二五〇、比丘尼が約三五〇にのぼる。それらを総じて具足戒《ぐそくかい》と呼ぶ。このような戒の体系が律蔵として纏められたのである。律蔵は、インド仏教の初期の展開の中で部派が分裂していくと、それぞれの部派ごとに少しずつ異なった内容で伝承された。それが各地の仏教の相違をなす根本となっている。

即ち、南伝仏教では上座部、チベット仏教では根本説一切有部《こんぽんせついっさいうぶ》の戒律が用いられているのに対して、中国では最初はいくつかの戒が並行していたが、唐の道宣《どうせん》（五九六～六六七）によって、法蔵部の四分律《しぶんりつ》を用いることが確定した。これらは部派ごとに異なっていても、基本的なところは一致していて、寺院で比丘が集団生活を行う際の規則が細かく定められている。その具足戒を受戒することで、修行者は一人前の比丘として認められ、僧伽に加わって修行することが可能となったのである。

これらの規則はインドの生活が前提となっているので、自然環境や社会組織の異なる中国では実際にはそのまま守ることは難しかった。そこで、禅宗が盛んになると、実際の中国での寺院生活に適した規則が清規として定められるようになった。しかし、それによって具足戒が用いられなくなったわけではない。具足戒を受戒することで、正式の比丘となることは変わらなかった。また、具足戒のうち、波羅夷罪《はらいざい》（教団追放の罪）に当たる婬・盗・殺・大妄語のような重罪は厳しく禁じられた。また、国家制度の確立とともに、出家しようとするものは、国家の許可のもとに寺院に入って沙弥となり、ある期間を経て初めて受戒が可能となるようなシステムが作られた。このように、寺院に入って沙弥となることを得度《とくど》と言い、その時に出される許可証が度牒《どちょう》である。基本的にはこのようなシステムが日本に導入されるのであるが、そこに大きな変更が加えられることになる。

日本への戒律伝来

日本へは、鑑真《がんじん》（六八八〜七六三）が七五三年に来日して具足戒を伝え、はじめて三師七証のもとでの授戒儀礼が行われ、正式な戒律を具備した僧伽が成立した。それにより、僧となるためには、東大寺・下野《しもつけ》薬師寺・筑紫観世音寺の天下三戒壇が定められ、そこで受戒することが義務付けられた。国家によって、得度・授戒制度は管理され、年間の正式な得度者の人数は宗派毎に定められ、年分度者と呼ばれた。

しかし、もともと鑑真以前に仏教教団はすでに成立しており、中国以上に日本では具足戒は現実から乖離していた。それ故、鑑真によって授戒の方式は整備されたが、多分に儀礼的なものであり、必ずしもきちんと実践されるというわけではなかった。また、寺院に入ると租税を免除されるので、その特権を求めて、国家認定の得度者でなくても、自分勝手に得度して寺院に入る私度僧《しどそう》が増加した。得度もせず、優婆塞のままで寺院の労役に従事する人たちもいた。例えば、修験道の開祖とされる役行者《えんのぎょうじゃ》（役小角《えんのおづぬ》。六三四〔伝〕～七〇六〔伝〕）は役優婆塞《えんのうばそく》とも呼ばれ、在家のままの修行者であったと考えられる。

実質的に戒律が必ずしも守られなかったことは、平安初期の説話集『日本霊異記《にほんりょういき》』にも、僧侶が女性と交わった話が出ていることから明らかである。そもそも『霊異記』の作者景戒《けいかい》（七〇〇～七五二）もまた、薬師寺の僧でありながら、家庭を持っていた。『霊異記』で理想視される行基《ぎょうき》（六六八～七四九）もまた、長い間正式の受戒を経ない沙弥のままで活動し、菩薩と仰がれた。

このように、すでに早い時期から日本では必ずしも具足戒はきちんと機能しなかった。そうした状況の中で、戒律に対する見方そのものが大きく変わる事態が生じた。それは最澄《さいちょう》（七六七～八二二）による大乗戒壇の主張である。最澄は、一九歳の時に東大寺で受戒したが、南都の仏教界が世俗化してきちんと修行されていないことを嫌って比叡山に籠り、一二年間、山を出ることなく、ひたすら修行に明け暮れた。その後、八〇四年に入唐し、翌年帰国して、比叡山延暦寺を拠点として、新しい仏教の確立を目指した。最澄が主として伝えたのは天台宗であったが、他に禅・密教・戒律をも伝え、比叡山はそれらを兼学する総合的な仏教道場となった。

最澄は、一方で『法華経』に基づく一乗思想を鼓吹した。一乗思想は三乗思想に対するものである。三乗思想が、小乗の声聞《しょうもん》（仏の教えを聞いて悟る者）・縁覚《えんがく》（単独で修行して悟る者）と大乗の菩薩との別を説くのに対して、一乗思想はすべての人が仏性《ぶっしょう》を持ち（悉有仏《しつうぶっ》性《しょう》）、仏の悟りを得ることができると説く理想主義の立場である。それが一仏乗と呼ばれ、真の大乗であるとされる。最澄による新しい戒律の思想も、この立場から主張されることになった。

最澄の大乗戒思想

最澄が延暦寺に独自の戒壇を創設することを考えるようになったのは、せっかく若い僧が比叡山で修行を始めても、受戒のために東大寺に行くと、修行の厳しい比叡山に戻らず、そのまま南都に留まってしまうことが多かったからだといわれる。そのような実際上の理由もあったであろうが、より根本的には、その新しい戒壇は大乗戒壇でなければならないと主張したことが重要である。

上述のように、従来の戒は南伝系はもちろん、チベット系の仏教も、東アジアの仏教もすべて部派のものを用いていて、それは現代まで続いている。ところが、最澄は部派の戒は小乗のものであるから大乗仏教にはふさわしくなく、大乗仏教は大乗独自の戒を用いなければならないと主張した。そこで取り上げられたのが梵網戒《ぼんもうかい》である。

梵網戒は『梵網経』（中国での偽経と考えられる）に基づくもので、十重四十八軽戒（十の重い戒と四十八の比較的軽い戒）を説いている。十重戒は、不殺・不盗・不婬・不妄語の他、不酤酒《ふこしゅ》（酒を売らない）・不説罪過（他人の罪を説かない）・不自讃毀他《ふじさんきた》（自分を讃め他人を罵らない）・不慳《ふけん》（物惜しみをしない）・不瞋《ふしん》（いきどおらない）・不謗三宝《ふほうさんぼう》（三宝を謗らない）の一〇である。酒を飲まないことではなく、売ることを禁止したり、三宝を謗らないことなど、出家者の戒律としては不自然なところがある。実際の僧院生活の規則としては不十分なところが多いが、中国では菩薩の精神を体現する菩薩戒として用いられ、出家者・在家者のどちらにも通用するものとして授戒された。

梵網戒は鑑真以前から日本でも研究されており、鑑真自身も具足戒とともに日本にもたらしている。聖武上皇らに授けているように、やはり出家者だけでなく、在家者にも通用するものと見なされている。このように、梵網戒は具足戒に替わるべきものではなく、それを補完するものと位置づけられていた。

ところが、最澄は大乗仏教である以上、小乗の部派の戒である具足戒を用いるべきではなく、純粋な大乗戒である梵網戒を授けることで、比丘の資格を与えるべきであると主張したのである。これは仏教圏のどこにも見られない破天荒な主張であり、出家者と在家者の間の線引きをも曖昧にしかねない恐れもあった。実際、最澄は梵網戒の特徴として「真俗一貫」ということを挙げ、出家者と在家者の差がないことを、むしろ利点と考えている。

なぜ最澄はこのような梵網戒をあえて採用して、「真俗一貫」を主張したのであろうか。最澄はそれによって戒律が弛緩するということは考えていなかった。むしろ一二年間の籠山《ろうざん》（比叡山に籠って修行すること）を弟子に課し、きわめて厳しい修行を要求した。しかし、そのような修行を経て要請されるのは、「忘己利他《もうこりた》」と言われるような菩薩であり、人々のために尽くすことが求められた。そのような菩薩の最高のものは「国宝」として国の精神的指導に当たることとされた。このように、厳しい修行を経た上で、人々のために尽くす菩薩こそが理想とされているのである。

最澄は、このような理想を実現するために、延暦寺に大乗戒壇を設けることを目指したのである。最澄は『山家学生式《さんげがくしょうしき》』(六条式・八条式・四条式がある。八一八〜八一九)によってその主張を朝廷に提出したが、南都の僧綱と論争になり、その経緯を『顕戒論《けんかいろん》』に纏めた。大乗戒壇は南都の反対に遇って最澄生前には実現せず、八二二年のその没後に認可された。こうして、他に例のない大乗戒を基にした仏教が日本に成立した。いわゆる鎌倉新仏教の諸派もともと比叡山の天台宗から出ているので、梵網戒を用いるのがふつうである。延暦寺で受戒した僧は具足戒を受けておらず、アジアの他の仏教国の中で、日本だけで認められた唯一の戒律ということになる。それ故、中世に日本の僧が中国に留学した際、中国の寺院では正式に受戒していない沙弥という扱いになり、改めて具足戒を受戒しなければならないような事態も生じた。そのため、留学僧は東大寺で具足戒を受戒したという偽の戒牒を持参するというようなこともなされた。

こうして、最澄による大乗戒の主張と大乗戒壇の成立によって、一方でもともとの戒律の原則が大きく揺らぐ結果が生じたとともに、それによって日本的な仏教の世俗化と社会参加仏教が生まれる基になったということができる。

3　戒の変貌

戒律の内面化

最澄の広大な菩薩の理想と厳しい実践は、必ずしもそのままに後代に受け継がれたとは言えないが、それによって戒律観は大きく変貌して、日本独自の形で展開したことは間違いない。最澄の弟子の光定《こうじょう》（七七九～八五八）は、大乗戒壇設立のために尽力したが、『伝述一心戒文《でんじゅついっしんかいもん》』を著して、「一心戒」を主張した。「一心戒」は禅の影響によるものとされるが、戒は形式ではなく、「一心」を確立することにあるとして、戒の内面化を主張した。即ち、その精神さえ体得すれば、戒の条目を守ることは必ずしも必要なくなる。また、天台密教の完成者安然《あんねん》（八四一～？）は、受戒成仏を主張したが、これは受戒の儀式を受けることが直ちに成仏になるというもので、戒を守ることよりも、受戒の儀式に重点が置かれるようになった。

そこから発展して、戒体論の議論が盛んにおこなわれるようになった。「戒体」というのは、受戒によって悪を止め善を修する力が身に具わるというもので、それは一旦身に付いたら失うことがない（一得不失《いっとくふしつ》）と言われる。それが成仏に結び付くのであれば、実際には戒律の条目を守る必要はないことになる。こうして受戒という形式が重視される一方で、実際の戒は形骸化されていくことになった。日本仏教の戒律無視は、このようなところにも源泉を持っている。

こうして、もともと生活規律であった戒に対する考え方は大きく変わることになった。日《にち》蓮《れん》（一二二二～一二八二）は、最澄の戒はいまだ『法華経』の迹門《しゃくもん》（前半部分）段階のものであり、本門（『法華経』の後半部分）の戒壇を作る必要があると主張した。本門の戒壇が何を意味するかは必ずしもはっきりしないが、外面的な戒律の遵守ではなく、『法華経』を信じ、『法華経』の題目（南無妙法蓮華経）を唱えることと考えられる。それが個人の心的な問題であるのか、それとも国家的な規模で特定の場所に築かれるべきであるかについては議論があるが、近代における国柱会や創価学会の運動は、国家的な戒壇（国立戒壇）の設立を目指すものであった。

親鸞と戒律否定

戒そのものの無用化を正面から主張したのは親鸞（一一七三～一二六三）であった。親鸞は結婚して子供があり、その子孫が廟を守って、それが後に本願寺となった。本願寺は代々その子孫によって継承されている。それに倣って、親鸞の門流（現在では真宗・浄土真宗と呼ばれる）は、僧侶であっても受戒せず（得度はする）、江戸時代にも妻帯が許された。それ故、近代における僧侶の結婚許可は、ある意味では日本仏教全体が真宗化したということもできる。

親鸞は、最澄の作と伝えられる（おそらくは偽書の）『末法灯明記《まっぽうとうみょうき》』を重視しているが、そこには、末法においては、戒律を守らない無戒や破戒であっても、形だけの「名字《みょうじ》の比丘」（名前だけの比丘）でも尊重されなければならないと説かれている。親鸞は、法然の教団が弾圧された時に（一二〇五）、還俗させられて越後に流罪となった。その後、自ら「愚《ぐ》禿《とく》」という姓を名乗り、「非僧非俗」の立場を取った。還俗したので、僧ではないが、それによって俗人になったのではなく、あくまでも仏教の正しい継承者・実践者として「非俗」だというのである。「非僧非俗」とは、『末法灯明記』に言う「名字の比丘」に他ならず、末法における僧侶のあり方を意味している。それ故、破戒や無戒ということは、直ちに俗人と同じということではない。あくまで僧侶の立場で初めて成り立つことである。それ故、親鸞は生涯僧衣を身に付け、髪を剃った僧形でいた。しかし、戒がないことで、僧と俗人とを分ける基準はますます曖昧化することになった。

戒律復興の運動

このように、戒を解体してしまう傾向に対して、仏教界の復興に際しては、しばしば戒による僧侶の生活規律の確立の必要が主張され、実践された。とりわけ中世には宋の影響下に、戒を復興したり、清規に基づく厳格な修行生活の実践がなされた。戒の復興で有名なのは叡尊《えいそん》（一二〇一～一二九〇）らの運動である。叡尊たちは、当時の戒律の衰退を歎き、一二三六年に志を同じくする四人で自《じ》誓授戒《せいじゅかい》（師がいない時に仏を師として自ら授戒の儀礼を行うこと）を行って具足戒を受け、大和の西大寺を拠点に戒律復興の運動を起こした。叡尊

叡尊像（西大寺／奈良国立博物館）

の弟子の忍性《にんしょう》（一二一七〜一三〇三）は、鎌倉の極楽寺を拠点として、関東にも教線を伸ばした。

注目されるのは、彼らの活動は戒を守って寺院の中で修行に邁進するというのではなく、むしろ積極的な社会活動に努め、病人や貧者の救済、死者の埋葬、交通機関の整備など、社会事業や福祉事業に関わる仕事に従事したことである。とりわけ忍性は非人やハンセン病者の救済に力を尽くした。もともとの戒律は世俗とは離れたところで修行を行うための規則であったはずだが、彼らの活動はそれとは反対に、世俗の中に出て人々の救済に努めるものであった。その点で最澄の精神を受け継いでいるとも言える。どうしてそのようなことが可能であったのだろうか。これは、戒には滅罪の力があり、忌むべきものとされた穢れに打ち克ち、それを清浄化することができると考えられたからである。それ故、当時、穢れとして恐れられた遺体や病者にも直接触れたり、金銭を扱うこともできたのである。彼らは密教の影響を強く受けていて、今日、その流れは真言律宗と呼ばれて継承されている。

このような戒の力は広く認められ、俗人が病気の時に受戒することがしばしばなされた。これも戒の力で罪を滅し、生命を延ばすことが期待されたからである。戒を授ける戒師は持戒堅固な僧であることが条件であり、浄土念仏を唱えた法然は、当時は戒師としても知られていた。また、臨終に受戒する作法も発展した。これは戒の力で来世の幸福を得ようとするものであり、現在では、死後に戒を授け、戒名を与えるということが、多くの宗派で行われている。戒名を授けるときの謝礼は、寺院の重要な収入源となっている。

仏教の堕落時代のように考えられてきた江戸時代も、実は戒律復興が盛んに唱えられ、新しい戒律運動が活発化した時代であった。その特徴は、内面化されて実質的な機能を果たさなくなった大乗戒から、もとの具足戒へと戻る運動が盛んになったところにある。天台宗では、安楽律院を拠点とした安楽律は、もとの四分律を採用しようという運動で、大乗戒を主張する一派と大きな論争になった。また、浄土宗の徳門《とくもん》普寂《ふじゃく》（一七〇七～一七八一）や真言宗の慈雲《じうん》飲光《おんこう》（一七一八～一八〇五）も、釈尊時代に戻ることを求めて、それまで小乗として蔑視されてきた具足戒の見直しを主張した。

以上のように、日本における戒律はもともとの比丘の生活規律という側面だけに限らず、きわめて多様な形態に変貌しながら、大きな役割を果たしている。このような戒の変貌は単純に堕落とは言えず、多様化することで仏教が世俗社会の中で活動することを可能にしてきたのである。今日の日本仏教のあり方がそのままよいとは言えないが、肉食妻帯だからと言って批判することは、必ずしも適切とは言えないであろう。

参考文献

石田瑞麿『女犯——聖の性』（ちくま学芸文庫、筑摩書房、二〇〇九）
末木文美士『思想としての仏教入門』（トランスビュー、二〇〇六）
西村玲『近世仏教思想の独創——僧侶普寂の思想と実践』（トランスビュー、二〇〇八）
船山徹『東アジア仏教の生活規則　梵網経——最古の形と発展の歴史』（臨川書店、二〇一七）
松尾剛次『忍性——慈悲ニ過ギタ』（ミネルヴァ書房、二〇〇四）

第十二章　葬式仏教　日本仏教の深層２

はじめに

日本の伝統仏教は、しばしば葬式仏教と呼ばれて蔑視される。今日の葬式仏教は明治以後に再編されたところがあるが、もともと葬式を通して死者と関わることは、仏教の重要な役割であり、今日再認識される必要がある。そこには、業《ごう》と輪廻、廻向《えこう》、即身成仏、往生など、仏教思想のエッセンスが詰まっている。仏教思想の歴史的展開の中から葬式仏教を捉えなおし、その意義を考えてみたい。

1　近代の葬式仏教

葬式仏教は方便か

日本の仏教はしばしば「葬式仏教」と軽蔑的に呼ばれる。僧侶の役割は葬式を行い、墓を守り、死後の法要を行うことに限定され、それが寺院の中心的な収入になっている実態を批判したものである。

それに対して、すでに明治時代から仏教は死者のためのものではなく、生者の生きる力になるものだという主張がなされてきた。前章にあげた田中智学の言葉はそれを代表する。とりわけ欧米の方法を取り入れて大きく発展した近代の仏教学は、インド仏教の解明によってこのような主張を裏付けようとした。釈尊の教えはよく生きることを教えるものであって、死後の問題は本質でないというのである。そこから、葬式仏教は仏教を日本の民俗に妥協したもので、民衆に仏教を広めるための方便であり、本来の仏教ではないということが、ほとんど常識的に言われるようになった。仏教の根本にあるとされてきた輪廻の説でさえ、バラモン教の教説を取り入れたもので、本来の仏教とは関係ないとも言われている。

それに対しては、二つの疑問点が指摘されるであろう。第一に、はたして現在の葬式仏教の形態は古くから日本で行われてきた習俗と言えるのか、という問題である。第二に、はたして葬式仏教の考え方は、本来の仏教の考えに合わないものなのか、という問題である。

第一の問いに対しては、肯定と否定の両面から答えられる。肯定的な答えは、第二の問いと関わるもので、死者供養は早くから日本で行われており、それは大乗仏教の根幹的な思想と関わるところがある。これについては、後で考えることにしたい。否定的な答えは、制度化された葬式仏教は比較的新しい形態であり、古くからということはできない。葬式仏教は通常、近世の寺檀制度に由来するというが、じつは寺檀制度のもとでの葬式仏教と近代になってからの葬式仏教とは必ずしもその社会的意味は同じではなく、今日の葬式仏教の形式は近代的な様態である。その点から見ていこう。

葬式仏教の伝統

今日の葬式仏教の儀礼的な形態は、中世の禅宗の形式の影響が大きいと言われる。禅宗では、印可を受けて悟りを開いた一人前の僧（尊宿《そんしゅく》）の葬儀と、修行途中で亡くなった僧（亡僧《ぼうそう》）の葬儀は性質が異なっている。一人前の僧は、現世で人々に対する教化を終えて、今度は他の世界で教化に従うという意味で「遷化《せんげ》」と呼ばれる。これに対して、修行中に亡くなった僧に対しては供養して、悟りに到達できるように手助けすることが必要で、そうでないと迷ったままの状態に留まることになってしまう。その亡僧に対する葬法を転用して、在家者の葬儀の方法が形成されたと言われる。もちろん他の宗派もそれぞれ独自の方式があるが、それが中世後期に整備され、近世の寺檀制度の中で定着していく。

寺檀制度は、日本の国民は必ずどこかの寺院に所属することが義務付けられた制度である。近世にはキリスト教が禁止され、徹底的に弾圧された。そこで、宗門改めの制度が作られ、キリスト教徒でないことを証明するために、必ずどこかの寺院の信者として登録されることが義務付けられた。それは基本的には家単位で行われ、寺院は菩提寺とか檀那寺と呼ばれ、家のほうは檀家と呼ばれる。檀家の「檀」は、もともと布施を意味する「ダーナ」に由来し、寺院を支えるパトロン（檀那、ダーナパティ）が原義である。この寺院への登録名簿が宗旨人別帳であり、近代の戸籍に相当するものである。こうして寺院を基盤として、幕府の民衆支配が貫徹することになった。これは寺院と檀家の関係の上に成り立つ社会制度であるから、寺檀制度と呼ばれる。

寺檀制度の下においては、寺院が住民の葬式を担当して、儒教式の葬式は一部を除いて禁止された。近世は儒教の時代と言われながらも、実際には儒教の儀礼が用いられることは少なく、儒教は主として倫理や教育の面に限られた。また、神道にはもともと独自の葬儀の方法はなく、幕末になって、神葬祭と呼ばれる神道式の葬式のやり方が考案されたが、広く普及するに至らなかった。それ故、近世に仏教的葬式儀礼が普及したのは事実であるが、近代の葬式仏教とは必ずしも同じ機能を果たしたわけではない。

第一に、寺院は葬式も担当したが、そもそもの寺檀制度の目的が住民の把握と統制にあったのであるから、死者の問題が主ではなかった。寺院は住民の生活全体と関わっていたのであり、葬式はその一部として機能していた。第二に、家単位と言っても、もともとはそれ程厳格なものではなかった。また、近世には中流の農民でもかなり家の意識が形成されてきていたといわれるが、そもそも近世には庶民は姓が認められなかったので、家の継続ということにも限界があった。家墓《いえはか》と言って、家単位で墓を作ることは近代になってからのことであり、近世にはなかった。

近代の家父長制と葬式仏教

このように、近世の寺檀制度がもとになっているとはいえ、近代の葬式仏教は近世とは異なる意味と性質を持つものである。それでは、近代の葬式仏教はどのような意味を持つのであろうか。日本の近代は天皇を頂点とする国家体制を築いたが、その基礎となるのは家父長制的なイエ制度である（以下、近代日本の特殊な意味を込めてカタカナ表記する）。

家父長制的なイエ制度というのは、イエを個人を超えて永続するものとして、それを長男が家父長として継承する制度である。相続は単に財産上の問題ではなく、家督相続としてイエというもの自体を相続するのであり、相続者は家父長としての絶大な権限を有するとともに、イエの成員を保護し、イエを次代に引き継ぐ重い責任を有することになる。このようなイエ制度は、近世には武士や上層の農民から、ある程度中流の農民などにも広がっていったが、近代になると、それをさらに一般の庶民にまで及ぼして義務化し、そこに天皇中心の国家体制の基盤を置くことになった。

この点をもう少し見てみよう。近代日本の家父長体制を形作る大きな柱として、大日本帝国憲法・皇室典範・教育勅語・民法を挙げることができる。大日本帝国憲法（一八八九年）は言うまでもなく国家の骨格をなすものであるが、その第一条で「大日本帝国ハ万世一系ノ天皇之ヲ統治ス」と規定され、天皇中心国家であることが明示される。その際、「万世一系」というのは、天皇家というイエが家父長制的に維持されてきたことを示している（もちろん現実にはそうではないが）。その皇室の家父長制的な継承を定めたのが皇室典範（一八八九年）である。

その皇室をモデルとして、一般の国民（臣民）もまた、イエを基盤として相続する法体系が民法である。もともと民法はフランス系の個人中心の原案が作られたが、帝国大学教授の法学者穂積八束《ほづみやつか》（一八六〇～一九一二）が「民法出デテ忠孝滅ブ」と批判して大論争が起こり、結局、ドイツ系の民法を取り入れて、イエを中心とした制度が確定した（一八九八年施行）。

しかし、法的な整備だけでは家父長制的なイエ制度は必ずしも十分に根付かない。そこでそれを補完するものとして、初等教育の場から道徳として植え付けようとしたのが、教育勅語（一八九〇年）である。そこでは、親に孝、天皇に忠という忠孝の儒教的倫理が教えられ、家族倫理と国家倫理が結合された形で国民に浸透することになった。このように、近代の天皇中心国家は、イエを基盤に作られている。

寺院と檀家

ところで、このように日本社会の基礎をなすイエのシンボルが先祖の位牌と墓である。位牌は、中国では儒教の伝統で死者を祀るのに用いられたが、日本では葬送儀礼を仏教が担当したために、家に仏壇を設けて、そこに位牌を安置し、祖先を祀るのが一般的である。墓地はもともと必ずしも寺院と関係ない場所にも多く作られたが、近世以来、寺院が葬式を担当する中で、寺院の敷地内に墓地を設けることが多くなった。

明治維新の際、神道中心政策の中で神葬祭を進め、仏式の葬儀を否定するために、仏式で多く用いられた火葬を禁止したこともあったが（一八七三）、すぐに解禁されている（一八七五）。墓地についても神葬祭専用の墓地が用意されたが、必ずしも普及せず、それらの墓地は公営の墓地となっていった。最終的に、「墓地及埋葬取締規則」（一八八四）によって、墓地の規制が行われることになった。しかし、もともとの寺院墓地はそのまま継承され、墓の管理や墓前での儀礼はその寺院が担当した。

このように、イエのシンボルとしての位牌と墓は仏教の方式で維持され、近世の寺檀制度を生かして、近代のイエ制度の下で、新しい形での寺院と檀家の関係が作られるようになった。近世の仏教が国家的に保護され、住民統制という役割を負っていたのに対して、近代は仏教が政治から切り離され、当初廃仏毀釈と神道中心政策によって危機的な状況にあった。しかし、仏教がそれを乗り切って生き延び、大きな勢力を保ち続けたのは、このように近代のイエ制度に巧みに適応して、それを支える役割を果たしたことによる。

そこでは、生者の管理という役割は行政に委ねられ、死者への対応が仏教界に期待されることになった。とりわけ、神道が国家神道化して、一般庶民の葬祭に関わることができなくなると、その役割は仏教に期待されることになった。このことは法制的にはどこにも規定されてないことであり、また、仏教界で意図的にそのことを狙ったわけでもないにもかかわらず、きわめて巧妙な形で実現することになった。これが近代日本に特有の葬式仏教の形態である。それが寺院の経済を支え、妻帯許可による寺院の世襲とともに、近代の仏教界は、それなりの安定を得ることになった。

第二次世界大戦後、それまでの家父長的天皇制国家体制は解体したが、イエの意識が残っていたために、しばらくの間は葬式仏教の形態はそのまま継続した。しかし、一九七〇～八〇年代には核家族化が進んで家の意識が薄れ、その上に、社会全体が少子化、高齢化する中で、従来のイエに頼った葬式仏教は成り立たなくなってきた。葬儀の簡略化が進み、家族葬など身内だけの葬儀が増え、さらには宗教的儀式を含まない直葬という形式も広まってきた。また、墓地の継承が望めないために、集合墓、永代供養などの方式が増え、散骨により墓を作らない自然葬も行われるようになっている。こうして従来の檀家制度が次第に維持できなくなって寺院経済が成り立たなくなり、寺院の側も後継者不足で、廃寺や兼務寺院が増えている。

今日の日本仏教は大きな転換点に立っている。従来のイエ制度に依存した葬式仏教の体質をどのように変えることができるかということであり、さまざまな試みがなされている。社会参加仏教への関心も、そのような中で強くなっている。しかし他方、東日本大震災などを経て、死者と関わる伝統的な仏教の必要性もまた、説かれるようになっている。今日の仏教界は、過渡的な状況にある。その中で、仏教の本来の使命に立ち返りながら、どのように新しい方向を見出すことができるかが、大きな課題となっている。

2　仏教の死生観と廻向の原理

業と輪廻の原理

次の課題として、葬式仏教が本来の仏教の考えと合わないのか、という問題を考えることにしよう。上述のように、最初期の仏教が輪廻を前提としていたかどうかについては、なお議論があるが、少なくともかなり早い時期に、輪廻を前提として、そこからの離脱を説くことに、仏教の核心があるとされるようになっていた。輪廻（サンサーラ）の説は、業（カルマ）の説と深く結びついている。業というのは、もともとは行為という意味であるが、輪廻と結びつくとき、行為の持つ潜在的な影響力という意味になる。即ち、行為をなした時、それで終わってしまうのではなく、その影響力が残って、行為をなした人に対してはたらく、というものである。その際、「自業自得」で、自分でなした行為の結果は、自分で受けなければならない。業の原則は、「善因楽果、悪因苦果」であり、よい行為をすれば、幸福が得られ、悪い行為をすれば、不幸な結果となる。

このような業の原則は、現世で完結するものでなく、死後の来世が関わってくる。そこに、業の原則が輪廻と結びつく必然性がある。現世の幸不幸は前世の行為の結果であり、現世の行為の結果は来世に得られることになる。こうして生死が繰り返される。それが輪廻である。輪廻の領域は六道《ろくどう》とされる。六道は、悪いほうから地獄・餓鬼・畜生・修羅・人・天である。悪い行為をすれば悪い領域に生まれ、よい行為をすればよい領域に生まれることになる。また、人に生まれても、行為の善悪によって境遇に差が生まれるとされ、それは現世の差別を合理化する危険を持っている。

このような輪廻の連続は、どこまで行っても果てしがない。今が幸福であっても、いつ不幸な境遇に堕ちないとも限らない。そこで輪廻の連続自体が苦として捉えられ、そこからの離脱が望まれることになる。それが、解脱と言われる境地である。輪廻の苦と、そこからの離脱の希求は、仏教のみならず、インドの宗教・思想の共通の課題であった（ただし、六道は仏教で説かれるものであり、必ずしも他と共通ではない）。

仏教では、その解脱した状態は涅槃（ニルヴァーナ）とも呼ばれ、また、目覚め（悟り、ボーディ）とも呼ばれる。ブッダ（仏陀）というのは、この目覚め（悟り）に到達した人という意味である。その状態に達するには、苦が生まれる法則を正しく理解し、苦を生む行為のもととなる煩悩を断つことが必要である。

無我と輪廻の主体

仏教では無我を説く。これは、何か自己とか霊魂とかいうような実体があるという見方を否定するものである。その点でインドの主流の宗教思想と異なり、むしろ対立する。主流の宗教では、自己の根底にはアートマンという不変の霊魂があると考えるが、無我（アナートマン）というのは、そのアートマンという見方を否定するということである。もっとも、初期仏教では全面的なアートマン否定ではなかったと言われるが、今は立ち入らない。

アートマン説をとると、アートマンが輪廻するということで分かりやすいが、無我とすると、何が輪廻の主体なのか、分かりにくい。仏教では、人は色《しき》（物質的要素）・受《じゅ》（感受作用）・想《そう》（表象作用）・行《ぎょう》（意志作用）・識《しき》（意識作用）の五蘊《ごうん》からなっていると説く。身体的要素（色）と精神的要素（受・想・行・識）である。

それならば、死んだらそれらが解体して何もなくなってしまうのではないか、という疑問が生ずる。そこから、輪廻は仏教と矛盾するという人もあるが、そうではない。もしそうとすれば、一度限りの人生を楽しく過ごせばそれでよいことになってしまう。それならば、困難な修行の必要もないであろう。

そこで、仏教では輪廻の主体をどう考えるのであろうか。それは、五蘊が目に見えない微細な形を取り、男女の愛欲に目をくらまされて母胎に入るというのである。こうして煩悩によって強固なものにされた五蘊の塊は、死によって解体されずに輪廻を繰り返すことになる。それが苦のもとになるのである。そこから離脱し、涅槃に至ることが切実な課題となり、そこに修行の必要が生まれることになる。それは戒・定・慧の三学の実践によって達せられる。

廻向の原理

このように、業による輪廻はあくまでも自業自得で、個人単位で完結している。そこに他者が関与することはできない。初期仏教や部派仏教では、このように個人の自律性が中核に置かれ、他者との関係はその理論には必ずしも入ってこない。それが、大乗仏教になると、大きく転換されることになる。それが菩薩という考え方である。菩薩については改めて第十四章で考えたいが、基本は他者とともにあり、他者なくしてあり得ないということであり、それ故、「自利利他」と言われるように、自分だけの利益でなく、他者の利益が求められなければならない。

そのためには、他者に対して自己の善行の結果を振り向けることが必要になる。自分のしたことのよい結果を自分ではなく、他者が享受するのである。言ってみれば、自己の労働の報酬をそっくり他者の収入とするようなものである。これを廻向（パリナーマ）と呼ぶ。とりわけ、相手が死者であれば、直接相手の利益を図ることができないので、生者が死者の手助けをしようとするならば、廻向の原理が不可欠となる。しかし、廻向の原理を認めると、仏教の根本原理に関わる問題が生ずる。もともと業と輪廻の原則からすれば、自業自得であって、そのメカニズムに他者が関与することはできないはずである。廻向の原理はそれと真っ向から対立することになる。初期仏教でも廻向ということは全く認められなかったわけではないが、中心的な原理としては採用されない。

それに対して、大乗仏教では、自業自得の原則を崩しても、積極的に廻向を認める。そこに自他の区別の曖昧さが生ずることになる。それを可能とするのが「空」の理論である。「空」の思想は、二項対立的なさまざまな問題は言語によって作られたものとして、実体性を持たないと考え、その対立を超えるところに悟りの世界があると考えるものである。例えば、生と死は根本的に対立するかのように見えるが、実際はそれほどはっきりと分けられるものではない。例えば、脳死を死と認めるか、という問題のように、人為的な線引きがなされないと、両者の境界は曖昧である。

自と他の区別にしても同様であり、必ずしも自と他の区別は絶対的とは言えないことになる。そこで、空の理論を背景に、自分の善行を死者に振り向けることが認められるようになってくる。それによって、死者供養が可能となる。例えば、経典の読誦は大きな功徳があるが、その功徳を死者に振り向ければ、死者の幸福に資することが可能となる。

このような理論を背景にした死者供養は、インドにもあったが、大きく発展するのは東アジアにおいてである。目連《もくれん》（？〜前四八六）尊者が自恣《じし》の日（夏安居《げあんご》の最終日）に僧たちを供養して、その功徳によって地獄で苦しんでいた母親を救い、それが盂蘭《うら》盆《ぼん》の起源となったとされるが、そのことを説く『盂蘭盆経』は中央アジアの成立と考えられている。このように、死者のために功徳を廻向することはすでに中国でも広く行われて、死後の供養も七七・四十九日から一周忌、三回忌などの方法がなされ、それぞれの時期に裁きを行う十王の信仰が発展した。日本では、そのような中国の仏教を受けながら、新たな発展を示すことになった。

3　往生と成仏

即身成仏の思想

日本で葬式仏教が発展したのは、もちろん近世から近代へかけての政治的、社会的な変化に仏教が適応したところにあるが、その理論的な根拠となる思想は、日本に古くから展開していた。その点を考えてみたい。

まず指摘されるのは、空海《くうかい》（七七四〜八三五）の即身成仏の思想である。空海によれば、地・水・火・風・空・識の六大は、この世界を成り立たせている原理であるとともに、修行者の身心の原理でもあり、それがそのまま悟りの原理であるから、我々ははじめから悟りの中に入ることになる。それを自覚していくことで、現世で悟りが開かれ、仏の境地に達するというのである。

インドでは基本的に仏の悟りに達するためには、きわめて長い時間、輪廻を繰り返して修行する必要があると考えられたが、東アジアでは悟りがきわめて現実化して考えられるようになる。中国では禅の頓悟思想が発展するが、日本ではそれとともに、密教の即身成仏思想が、その後の現実重視的な仏教の基盤となった。禅に較べて、密教は複雑な理論と儀礼の体系を発展させたところに特徴がある。それは、中国では道教に近いところがある。

即身成仏思想はそれだけでは死者儀礼の根拠にならないが、悟りが身近に引き寄せられることで、死者の成仏を可能にする思想に展開する要素を持っていた。すでに最澄が、三生《さんしょう》(三回の生まれ変わり)までは即身成仏として認められると説いており、死後の成仏の可能性を認めている。

浄土教と即身成仏

一〇世紀後半になると、浄土教が盛んになり、阿弥陀仏の極楽浄土に往生することを求める思想が発展した。その思想的基礎を確立したのが源信《げんしん》(九四二〜一〇一七)である。源信は『往生要集《おうじょうようしゅう》』において、阿弥陀仏の極楽浄土への往生を勧めた。浄土は六道輪廻を繰り返すこの世界を超えた理想世界であり、死後その世界に行くための行法として念仏を重視した。念仏はもともと仏の姿を観想することであるが、より簡便な方法として、阿弥陀仏の名前（名号）を唱える称名念仏も認められた。それまで明確でなかった日本仏教の来世観が、ここに明確な形をとって示されることになった。源信はまた、二十五三昧会《ざんまいえ》という結社を指導したが、これは往生を目指す実践的な結社であり、死後の遺体の処理まで含めて定められた。

院政期には、このような浄土往生の思想は密教的な即身成仏の思想と結びつくようになった。このような密教的な浄土教を完成させたのが、覚鑁《かくばん》（一〇九五～一一四三）である。当時、五輪塔が墓標として用いられるようになってきたが、覚鑁はそれを理論的に基礎づけようとした。五輪塔は、下から方形・円形・三角・台形・宝珠の五つの図形を重ねたもので、多くは石造の塔である。これらは、次のように、五輪（地・水・火・風・空）に該当し、また仏の梵字、人間の身体や環境世界のあり方にも対応する。

地	a	肝臓	東	方形
水	va	肺臓	西	円形
火	ra	心臓	南	三角
風	ha	腎臓	北	台形
空	kha	脾臓	中央	宝珠

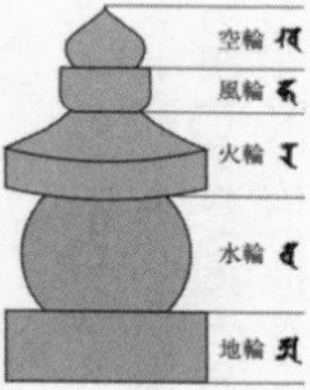

五輪塔

梵字は、仏としての聖的な側面であり、それが身体の五臓と結びつけられ、さらに方位等の外界の世界とも対応付けられる。それが、五つの図形をした塔に集約されるのである。それ故、塔はまさしく仏=世界=身体の統合された場と見ることができる。とりわけ、五臓との関係は、身体を観想の対象とすることで、仏の世界に一体化する即身成仏の行法として発展することになる。

覚鑁は、このようにして実現するこの世界の理想を密厳浄土《みつごんじょうど》と呼んだが、現世で即身成仏が実現できない場合、来世に往生して実現を目指すという形で、密教と浄土教を結び付けた。五輪思想は、生者の身体のシンボルであるとともに、死者の身体のシンボルでもある。それによって死者の即身成仏が実現されると考えられた。こうして死者供養が根拠づけられることになった。

死者供養の進展

もともと日本では死後の世界について十分な解明がなされていなかった。とりわけ遺体の処理は難しい問題であった。日本のように湿度の高い場所では、遺体は腐敗しやすく、その処理に困ることになった。古墳を築くような豪族は別として、通常は、遺体は山中に放置するか、またはせいぜい浅く埋葬するしかなかった。火葬もまた、多くの薪を必要とすることから、庶民の手に届くものではなかった。それ故、遺体は穢れたものとされ、避けられていた。

それが正面から問題になるのは、平安中期に源信らによって浄土教が進展してからのことであった。死者の成仏や往生を求めるということは、同時に遺体に残った死者の霊を鎮め、生者の世界に害をなさないようにするという目的もあった。そのために、密教的な呪力は大きな力を発揮した。光明真言など、死者を往生あるいは成仏させるのに役立つ真言も用いられた。

このように密教的な力で死者を往生あるいは成仏させる方法は、中世にはさまざまな他の形に転用して用いられた。例えば、戒の力は、密教的な力と同様の威力を発揮した。何故ならば、受戒することによって罪が滅せられ、清浄な悟りへと結びつくからである。中世の叡尊・忍性らの律宗は、このような戒の力によって穢れを克服し、死者供養を大きく進展させた。もちろん念仏も死者供養に大きな力を発揮した。また、禅も禅定の持つ力はきわめて強力と考えられ、死者を成仏させたり、悪霊を鎮めたりする威力を持つと考えられた。

このように、もともとの仏教の発想からすると、現世を超越して悟りを求めることが目指されたはずであるが、密教を源流に持つ行法の力は、現世を脅かす死者や悪霊を鎮めて救済することで、現世の秩序を保っていくところに強力な力を発揮するようになった。中世には、現世を超える領域を〈冥《みょう》〉と呼び、それに対して現世の人間の力の及ぶ領域を〈顕〉と呼んだが、仏教は〈冥〉の世界にまで及ぶ力を発揮することで、〈顕〉の世界の秩序を守る役割を果たしていたということができる。

このような仏教の力が、後世の葬式仏教を成り立たせる源流と考えることができる。近世に確立する仏教的な葬儀は、このような中世的な仏教の威力をもとに、それが次第に形式化し、儀礼として完成する中で形成されたということができる。その過程で、位牌のように、儒教に発するものも仏教儀礼の中に包摂されてゆく。中国においても、仏教は同じような機能を果たした面もあるが、日本の場合のように、それが社会的に大きな役割を果たすことはなかった。その点で、葬式仏教の進展は、日本仏教の大きな特質と見ることができる。

参考文献

梶山雄一『「さとり」と「廻向」』（講談社現代新書、講談社、一九八三。『大乗仏教の誕生』講談社学術文庫、講談社、二〇一二）
勝田至編『日本葬制史』（吉川弘文館、二〇一二）
菊地章太『位牌の成立——儒教儀礼から仏教民俗へ』（東洋大学出版会、二〇一八）
末木文美士『日本仏教の可能性』（春秋社、二〇〇六。新潮文庫、新潮社、二〇一一）
圭室諦成『葬式仏教』（大法輪閣、一九六三）
松尾剛次『葬式仏教の誕生』（平凡社新書、平凡社、二〇一一）

第十三章　神仏の関係　日本仏教の深層３

はじめに

神道と仏教は異なる宗教と考えられ、神仏習合は不純と思われがちであるが、近世以前には神仏は常に密接に関係して発展したのであり、神仏習合は一般的な形態であった。しかし、だからと言って神仏がただ無原則にごっちゃになっていたわけではない。神祇崇拝には仏教に同化しきれない要素があり、中世以後、そこから日本独自の神道の主張が生まれてきた。複雑な神仏の関係を解きほぐして考えてみたい。

１　近代の神仏関係

神道は宗教か

今日、神道は一つの独立した宗教と考えられている。実際、日本の大部分の神社は神社本庁のもとに統括され、宗教法人として登録されている。神道は仏教と異なる独自の宗教とみなされている。神社本庁が独立した宗教法人となったのは一九四六年であり、新しいことである。第二次世界大戦後、連合国最高司令官総司令部（ＧＨＱ）の指令によって国家神道が廃止されたことによる。それまでは、神道は宗教の枠外に置かれ、内務省神社局（一九四〇年からは神祇院《じんぎいん》）によって統括されていたが、神祇院が廃止されて、民間の一宗教になったのである。

このように、それまでは宗教でなかったものが、急に宗教の枠の中に入ってきたために、奇妙な混乱が生ずることになった。神道はその信者数をほぼ日本の全人口に近い約一億人いると届け出ており、それに対して仏教系の宗教の信者は九千万人を超えるので、両者を合わせると、総人口の倍近くの宗教人口がいるという笑い話のような結果が生まれた。そこから、日本人は二つの宗教を掛け持ちして、いい加減だというような批判もなされることがあった。

しかし、このように第二次世界大戦までは神道は宗教の枠に入っていなかったこと、さらにそれ以前の時代に遡れば、そもそも神道が仏教と独立しているということ自体が自明ではなかったことなどを考えると、はたして神道を仏教と同格の「宗教」として理解するのが適当であるかどうか、検討を必要としよう。

そもそも「宗教」という言葉は、もともとは仏教において用いられた術語ではあるが、それは言説化された仏の教えを意味するものであり、近代的なレリジョン religion の意味とは大きく異なっていた。それが、近代になってレリジョンの訳語として用いられるようになったのである。その際、キリスト教、とりわけプロテスタンティズムの影響が非常に強く、宗教は個人の内面の信仰に基づくものと規定された。それはきわめて一神教的な信仰を前提とする宗教観に基づくものであった。そうであれば、同時に二つの宗教を信仰することはおかしいことになる。

しかし、現実の日本の宗教はどうであったのか。寺檀制度から葬式仏教へと展開した仏教は、個人の信仰である以前にイエの帰属の問題であり、また、神社は地縁共同体を基盤として成立していた。多神多仏を前提とする神仏習合的な信仰は、特定の神への信仰に基づく一神教的な発想とは異なり、それと同じ範疇で宗教を理解することは困難である。

このことは、よく言われる「日本人の無宗教」という問題とも関わる。多くの日本人が宗教を問われると、「無宗教」と答えるが、それは欧米的な意味での無神論とは異なっている。欧米の無神論は、一切の宗教的な価値を否定する唯物論やニヒリズムを意味するが、日本の「無宗教」はそうではない。確かにかつてのようなイエや地縁共同体は崩壊し、それに基づく神仏の信仰は弱体化したが、現代人が神仏を否定するという強い意味での無宗教かというとそうではない。お寺や神社に参詣し、そのような宗教的な価値観や世界観を受け入れている場合がふつうである。それでも「無宗教」としか答えようがないのは、「宗教」という言葉の持つニュアンスが、実際の日本人の持つ宗教性を必ずしも適切に反映していないからである。宗教・仏教・神道などという言葉を用いるとき、このようにその言葉が必ずしも実態を的確に表現することができず、誤解を生ずる可能性があることを十分に認識しておくことが必要である。

復古神道と明治維新

神道と仏教が別のものとして認識されるようになったのは、一八六八年（明治元）に出された神仏判然令《しんぶつはんぜんれい》（神仏分離令）によるところが大きい。これは基本的に神社への仏教の関与を禁止するものであった。従来、多くの神社が仏教寺院の管理下に置かれ、神社に仏像を置くなど、神仏習合的であったのに対して、神道は仏教を離れて自立することになった。

しかし、このような神道の独立は突然起こったことではなく、それを引き起こす歴史的な流れがあった。仏教は近世においても支配的な宗教であったが、近世後半になると、その創造的なエネルギーが枯渇するようになり、それに対して日本独自の見方を主張するようなナショナリズム的動向が勢力を増すようになった。それが現実に尊皇攘夷の運動となり、徳川幕府を倒し、明治維新へと導くことになった。その思想的な源泉として二つの流れがあった。一つは水戸学派に由来する儒教的な国体論であり、もう一つは平田《ひらた》篤胤《あつたね》（一七七六～一八四三）に由来する復古神道である。

まず、儒教的な国体論を見ておこう。日本の儒教の中には、中国に理想を求める流れもあったが、近世末になると、次第に日本独自の国家のあり方を求める民族主義的な方向が強くなり、とりわけ水戸学派の影響が大きくなった。中でも、会沢安《あいざわやすし》（正志斎、一七八二～一八六三）の『新論』は、日本独自の国体を説き、大きな影響を与えた。それによると、「夫れ天地剖判《ぼうはん》して、始め人民ありてより、天胤《てんいん》四海に君臨して、一姓歴歴として、未だ嘗て一人の敢て天位を覬覦《きゆ》するものあらず」と説かれている。即ち、天地の始めから天の子孫である天皇が国を支配し、だれもその位を奪取しようとしなかったところに、日本の特徴があるというのである。

中国では、易姓革命《えきせいかくめい》ということが認められていた。即ち、悪政を行い、天から見放されると、その王朝は滅び、新しい王朝が天命を受けて成立するというものである。これは、『孟子』などに見られ、支配者は徳があってはじめて帝王として天下を支配することができるという徳治主義の原則に基づいている。それに対して、会沢の国体論は、このような易姓革命論を否定するものである。即ち、日本の天皇は、天命によるものではなく、天神である天照《あまてらす》大神《おおみかみ》（天照大御神）の子孫であることに支配の正当性の根拠を持ち、それ故天皇家の支配は歴史を通して変わることなく永続するとされた。後にこれは「万世一系」という用語で表されるようになった。この水戸学派の思想は吉田松陰《よしだしょういん》（一八三〇～一八五九）を通して長州藩の尊王攘夷運動の思想的源流となり、明治維新とその後の政府の政策にまで影響を及ぼした。

それに対して、復古神道の流れは平田篤胤に由来するが、さらに遡れば篤胤が私淑した本《もと》居宣長《おりのりなが》（一七三〇～一八〇一）によって大成された国学に基づいている。宣長は外来の儒教や仏教を批判し、日本には日本の学問があるとして、日本古来の精神を明らかにする学問を国学として発展させた。とりわけ『古事記』にもっとも純粋な日本古来の精神が現れていると考え、『古事記伝』を著して、『古事記』の精神を解明しようとした。

篤胤は宣長を受けて、日本古代の精神を明らかにしようとしたが、宣長のように、『古事記』という一つの文献に拠ることなく、『日本書紀』など、さまざまの文献を用いながら、独自の日本神話論を展開した。篤胤は、世界の神話はすべて日本神話がもとになっているという日本中心論を展開したが、その日本神話解釈においては、天照皇大神よりもさらに根源に天御中主神《あめのみなかぬしのかみ》を立てるなど、独自の説を主張した。復古神道の流れは、大国隆正（一七九二〜一八七一）らを通して政治性を強め、尊王攘夷運動の重要な思想的支柱となった。

このような思想的背景を持つことによって、明治維新は王政復古という復古的政策をとり、古代の律令体制に基づく祭政一致体制を目指した。日本の律令は中国と異なり、太政官とともに神祇官を立てていたが、それを受けて、明治新政府は神祇官を太政官と同等の位置に立つ制度を設けた。

政教分離へ

しかし、神祇官政策は必ずしも成功しなかった。内部の勢力争いがあったこと、欧米の文化を導入する新しい時代にふさわしくないということ、大きな勢力を持つ仏教を排除するのは難しかったことなどの理由による。神祇官は太政官の下の神祇省に格下げされ、それも廃止された（一八七二）。それに代わって教部省を設け、仏教をも巻き込み、大教院・中教院・小教院において宗教家を教導職として国家で要請することを試みた。しかし、これに対しては、島地黙雷《しまじもくらい》（一八三八〜一九一一）に指導された浄土真宗が反対し、大教院から離脱して（一八七五）、この政策は失敗に帰した。島地は信教の自由と政教分離を主張し、それはやがて大日本帝国憲法（一八八九）に明記されることになった。

このようにして、近代的な信教の自由と政教分離が確立して、仏教は国家から自由な民間の宗教となったが、それでは神道をどのように位置付けるかが問題となった。神道が宗教であるならば、政教分離の原則によって国家の保護を受けることができない。神道が宗教か否かについての論争の末、神道非宗教論が採用され、神社は国家の祭祀を行う場所として、国によって管轄される国立機関とされた。それとともに、神社の崇拝は信教の自由の枠外のものとして、国民の義務的なものとされることになった。神社を統括したのは、内務省神社局であり、後に神祇院と改称された。

国家神道の確立

こうして確立したのが国家神道であるが、それは非宗教として国家の統制下に立つことで、大きな制約をこうむることになった。神道は宗教ではないのだから、宗教的な活動は認められなかった。それ故、布教活動や個人の修行はもちろん、思想的な発展も制約を受けることになった。また、葬儀などの儀礼も認められなかった。幕末から明治初期には、神道を仏教から独立させるために、神道式の葬式である神葬祭の普及が図られたが、それも頓挫することになった。ただ、結婚式に関しては、一九〇〇年に行われた皇太子（後の大正天皇）の結婚式が評判を呼び、神前結婚が流行するようになった。それ以前に、田中智学が提唱した仏教式の結婚式はそれほど普及しなかった。それに対して、葬式は仏教がほぼ独占するようになった。

このようなところから、神道は慶事に関わり、仏教は凶事に関わるという分業が定着して、今日まで続いている。また、仏教がイエを単位とするのに対して、神道は地域の共同体を基盤とする。このように、神仏は近代になって、分離しながらも分業的に補いあう関係が継続した。私はそれを神仏習合に対する神仏補完と呼んでいる。一見奇妙に見える今日の神仏関係も、このような由来を持っていると見ることができる。

ところで、最終的に国家神道として確立する近代の神道は、従来の神道をそのまま継承しているわけではなく、大きな改変を受けている。何よりも、天皇中心の「国体」を支えるものとして、天皇の祖先である天照皇大神を頂点とする神々の序列を作り、神道を天皇家の祖先崇拝として意味づけた。もともとの古代の神話は、記紀相互間でも異なり、さらに『日本書紀』はいくつもの異説を収め、その神話は多様であり、決して一元化されていなかったことが知られる。その記紀神話を再編し、天照皇大神を最高神とする形で一元化した神話体系を作り、教科書を通して国民に普及したのである。

神社もまた、天照皇大神を祀る伊勢神宮を頂点とする神社の序列が作られ、社格として官幣社・国幣社が区別され、さらに大・中・小と序列が付けられた。伊勢神宮はそれらの上に立つとされ、正式には「伊勢」という限定が付かない「神宮」とされた。民衆によって信仰された小さな神社は廃止統合された。また、神仏習合的な性格が強かった神社は、祭神を古代の神々に変え、仏教的な要素を排除した。

この目的に沿って新しい神社が多く作られた。とりわけ歴代の天皇や維新の功臣を祀る神社が多く作られた。靖国神社はその代表的なものであり、明治維新の際の戦争（戊辰戦争）の官軍（天皇方）の戦死者を祀った東京招魂社に由来する。また、明治天皇を祀った明治神宮、神武天皇を祀る橿原神宮《かしはらじんぐう》や、維新の功労者などを祀る神社が新しく作られた。また、植民地である朝鮮や台湾にも朝鮮神宮、台湾神宮が創建された。今日でも、首都東京を代表する神社と言えば、明治神宮と靖国神社であろうが、いずれも近代の創建であり、よかれあしかれ、それによって近代の神道のイメージが作られてきているところがある。

2　神仏習合の形成

古代の神祇崇拝

以上のように、近代になって作られた国家神道は、それ以前の神道に基づいているとはいえ、その重要な部分は近代になってからの創作であり、決して古代から続く信仰ではない。しばしば、神道は日本古来の信仰であり、それが仏教と習合して神仏習合となり、明治以後には神仏分離によって、再び古代の独立した信仰に戻ったと説明されることがある。これは、戦前の神道研究者によって喧伝されたことであるが、まったく誤った理解である。古代においては、独立して神道と呼べるほどの宗教体系はなく、今日では通常、後代の「神道」と区別して神祇崇拝などと言う。

確かに『古事記』や『日本書紀』にかなり大規模に発展した神話が記されているし、「神祇令」を見れば、当時の神社がある程度確立していたことが知られる。しかし、それが「神道」として独立した宗教と言えるものになっていたかというと、それはあり得ない。「神道」という言葉は『日本書紀』の中に見えるが、それは「神に対する崇拝、あるいは儀礼」の意味であり、今日いわれるように確立した宗教体系ではない。ただ、しばしば「仏法」と対に使われており、「仏法」に対する土着の神の信仰が意識されていたということはあるであろう。

そもそも仏教が導入されることで、はじめて土着の神々が自覚されるようになったのであり、その点で、神々の信仰や儀礼は仏教との関係の中ではじめて成立したということができる。この点で、仏教以前に高度の文化が発展していた中国の場合と異なる。ただ、中国の場合も、道教が本格的に宗教として確立するのは仏教の影響によるものであり、その点で、神道の確立と似ている。

神仏習合の諸形態

このように、日本の神々が自覚され、それが体系的に理論化されるのは仏教の影響によるところが大きい。それは具体的にどのような形態をとったのであろうか。もっとも古い形態として、苦しんでいる神が仏によって救われるというタイプが知られている。インドの神は仏教に取り込まれて、六道の中の「天」に位置付けられた。「天」は六道の中ではいちばん上であるが、衰えてそこから堕ちる不安もあり、なお苦しみの世界の中にいる。そこで、仏教に救済を求め、経典読誦などの功徳によってその苦難から脱することを求めるというのである。そのために、神社の傍らに神宮寺を設けて、仏事を営むことがなされるようになった。このような事例はすでに奈良時代に見られる。これは明らかに仏教側からの理論づけである。すでに中国で、苦しむ神を仏教で救う話が見えており、それを日本でも適用したものと考えられる。

こうして、神々はその苦しみから脱すると、仏教の守護神的な性格を持つようになる。もともとインドの神々を天として仏教に取り込んだとき、それらの神々は仏教を守る役割を果たすようになった。ヴェーダでもっとも中心的な神とされる雷神インドラは、仏教では帝釈天《たいしゃくてん》となり、ブラフマー神を取り込んだ梵天《ぼんてん》とともに、仏教守護の代表的な神（天）である。

日本でもそのような性格を持つ神々が現れた。とりわけ仏教と縁の深い神として、八幡神《はちまんしん》が挙げられる。応神天皇の霊とも言われ、もともと宇佐八幡《うさはちまん》（宇佐神宮、大分県宇佐市）を中心とした北九州の神であったが、東大寺の大仏建立の際に上京して大事業を助けたという。八幡は僧形八幡のように、仏教式の姿をしている図像が描かれたり、彫刻として残されている。また、大菩薩の尊号を受けるなど、その後も仏教との関係が深い神である。

また、日本中で広く信仰される稲荷神も仏教と関係が深い。もともと食物や農業に関わる神であったが、空海の前に現れて東寺の守護を約束した。それが伏見稲荷である。後に仏教を介して入ってきたインドの神荼枳尼天《だきにてん》（ダーキニー）とも習合して、いっそう仏教との関係を深めた。ちなみに、ダーキニーは墓場に住み、死体の肉を食べる悪鬼的な性格を持つ神である。

仏教のもとに日本の神々を位置づける理論がもっとも成熟した形態が本地垂迹説《ほんちすいじゃくせつ》である。これは、本地である仏・菩薩が、劣った辺地である日本の衆生を救うために神として出現したというものである。その際、主要な日本の神に対しては、日吉は釈迦、伊勢は大日というように、個別に本地仏が定められた。もともと中国においても、偽経である『清浄法行《せいじょうほうぎょう》経《きょう》』に、仏が中国の衆生を教化するために、菩薩たちを遣わし、老子《ろうし》・孔子《こうし》・顔回《がんかい》（孔子の一番弟子）として教えを説いたという説が行われているので、おそらく日本の本地垂迹説もそれに基づくものであろう。本・迹の概念は天台の『法華経』解釈で中心的に用いられるもので、本地垂迹説は天台を通して形成されたものと考えられる。

このように、神仏習合と言っても、基本的に言えば仏教優位であり、仏教のもとに日本の神々を位置づけていくというやり方が取られている。仏教はインドから中国を経て、宗教というだけでなく、さまざまな科学技術をも含めた総合的で壮大な文化体系として日本に輸入された。それに対して、日本の神々は体系化や理論化も不十分であり、仏教の理論を借りながらようやく自らの理論装備をしていくという段階であった。それ故、仏教の優位は当然と言える。むしろ日本の神々が完全に仏教の中に取り込まれることなく、ある程度の自立性を持ち続けたことが注目される。

3　神道の形成と仏教

神仏習合と神仏隔離

仏教が広まったアジア諸地域では、東南アジアやチベットでは、土着の信仰は仏教の中に取り込まれ、仏教が国教化した。チベットでは土着の宗教が仏教の影響下にボン教として体系化されたが、大きな勢力とはならなかった。それに対して、中国ではもともと高度な文化が発展していて、中でも宋代以後には儒教が国教的な地位を占めるようになり、仏教は正統の位置を得ることができなかった。また、土着の宗教としての道教が仏教の影響下に形成され、仏教と並び人々の信仰を得るようになった。韓国もまた、李朝時代に儒教が正統化されるとともに、仏教は弾圧された。

このようなアジア諸国における仏教の位置づけと較べるとき、日本では当初仏教が優位を占めながらも、土着の神々がそのもとで逼塞するのではなく、次第に力をつけ、神々と仏たちは緊張感を持ちながら相互に関係しつつ今日にまで至っている。これは日本の特徴である。

仏教が優位に立った古代においても、神仏習合だからと言って、神仏が無秩序に一緒になるわけではなく、両者の間にはけじめがあった。前述のように、『日本書紀』では、「仏法」と「神道」が対に用いられていて、神々の祭祀は「仏法」の中に吸収されないものがあった。また、宮中や伊勢神宮では仏教が忌避されるなど、必ずしも全面的に仏教化するわけではなかった。このような現象を「神仏隔離」と言う。「神仏習合」と「神仏隔離」は矛盾することなく、同時に成り立つのである。

神道理論と日本優越論

そうした中で、仏教によって日本の神々を理論的に基礎づける作業が進められ、本地垂迹説などが発展した。それに対して、次第に日本独自のものが自覚されるようになり、仏教と異なる「神道」が理論的に主張されるようになってくる。その大きな舞台となったのは伊勢である。伊勢の内宮《ないくう》に祀られた天照大神は皇祖神として、日本を代表する神として重きをなした。伊勢は神仏隔離的な面を強く持ちながらも、中世には重源《ちょうげん》（一一二一～一二〇六）や叡尊《えいそん》（一二〇一～一二九〇）など、指導的な僧が参詣して仏教界とも密接な関係を持ち、中世の神仏の交錯する拠点となっていった。その伊勢を中心に発展したのが伊勢神道である。

伊勢神道は、もともと鎌倉期に外宮《げくう》（豊受大神《とようけおおみかみ》を祀る）の神官を中心に神道五部書が編纂されるなど、次第に理論的に装備されるようになっていった。折しもモンゴルが二度にわたって日本に襲来したこと（一二七四、一二八一）が大きな契機となって、日本という民族意識は高まった。一四世紀前半には後醍醐《ごだいご》天皇《てんのう》（一二八八～一三三九）が武士から政権を奪って天皇自身による政治を実現したこともあって（建武の新政一三三三～一三三六）、天皇を日本の中心と見る見方が神道理論の形成と深く関わることになった。天台僧の慈遍《じへん》（一二九

○頃〜？）や南朝の理論的指導者であった北畠親房《きたばたけちかふさ》（一二九三〜一三五四）によって、伊勢神道は天皇論と結びついて大きく展開した。

親房の記した歴史書『神皇正統記《じんのうしょうとうき》』は、「大日本は神国なり」で始まっている。「神国」というのは、もともとは日本は辺国であるから仏の感化が及ばず、それ故、本地垂迹によって神の教化が必要になるという意味であった。ところが、親房における「神国」は、逆に神によって守られ、神の子孫である天皇が支配する国ということで、日本の優越性を意味するようになっている。このような神国観が、次第に定着して、近代の天皇中心国家体制においても評価されるようになるのである。

こうした価値観の転換には、仏教思想が日本化して変化してきたことも関係する。中世には天台で本覚思想と呼ばれる思想が発展する。これは、あるがままの世界をそのまま最高の悟りの実現と見て、修行をして悟りを開くことを不要とする見方である。この立場からすると、従来低いものと見られていたこの迷いの世界がじつは最高の真理の世界として認められてくる。もともとから言えば、根本的な原理である「理」は、事実的な世界である「事《じ》」を超えたものであるが、本覚思想では「事常住」と言って、事実的なこの世界そのものが永遠的であるとされる。この理論が本地垂迹にも適用されると、「本地」の仏よりも「垂迹」した神のほうが高く位置づけられることが可能となる。これを反本地垂迹説と呼び、鎌倉後期に著された光宗《こうしゅう》（一二七六〜一三五〇）の『渓嵐拾葉集《けいらんしゅうようしゅう》』などに見られる。

神仏関係の展開

こうして日本中心観はかなり強く定着していくようになる。しかし、天皇中心的な神道理論がただちに中心になったかというと、そうは言えない。仏教に影響されながらも、そこから自立した神道理論を確立したのは、吉田《よしだ》兼倶《かねとも》（一四三五～一五一一）であった。兼倶は『唯一《ゆいいつ》神道《しんとう》名《みょう》法要集《ほうようしゅう》』を著し、神仏習合的な神道に対して、唯一神道を主張した。そこで、「我が日本は種子を生じ、震旦は枝葉に現われ、天竺は花実を開く」という根葉果実説を唱えた。それによれば、中国の儒教もインドの仏教も、すべて日本の神道がもとになっているというのである。この説はもともと伊勢神道系の慈遍によって主張されたものであるが、兼倶によって普及することになった。

吉田神社大元宮（吉田神社大元宮）

しかし、兼倶の理論では必ずしも天皇論はその中心を占めていないし、また、伊勢が中心でもない。兼倶は京都の吉田神社の神官であったが、さまざまな謀略的な運動で吉田神社の勢力を伸ばし、そこに伊勢をはじめとする日本のすべての神々を勧請して、日本の神道の中心地として確立した。その後、江戸時代においても、兼倶に由来する吉田神道は神道界でもっとも権力を持ち、全国の神社の神官の免許は吉田家から与えられることになった。

吉田神道は、仏教から自立を図ったが、仏教を排斥したわけではなく、神仏は共存するものであった。豊臣秀吉による伴天連《ばてれん》追放令（一五八七）は、キリスト教を否定する理由として「日本は神国たる処」ということを挙げるが、その神国の内実は「仏法」を含むものとして了解されている。江戸時代になれば、キリスト教排撃のために仏教の重要性がいっそう増し、神仏関係は基本的には仏教の優位は揺るがず、多くの神社は仏教寺院の支配下に置かれていた。

その中で、豊臣秀吉《とよとみひでよし》が豊国神社《とよくにじんじゃ》に豊国大明神として祀られ、さらに徳川家康《とくがわいえやす》が東照大権現として東照宮に祀られるようになったことは注目される。家康の神化に関しては、実権を持つ天台僧天海《てんかい》（一五三六〜一六四三）の意見が用いられて、天台系の神道の形式（山王一実《さんのういちじつ》神道）を用いて祀ったのである。このように、権力者を神として祀るというのは、これ以前にはなかったことである。

そもそも人間が神になるというのは、もともと必ずしも一般的ではなかった。古代・中世においては、人間が死んで神になるのは、恨みを持って死んだ御霊神《ごりょうしん》の場合に限られていた。御霊神の信仰は平安初期頃から盛んになり、冤罪を被って憤死した早良天皇《さわらてんのう》（七五〇〜七八五）の霊を祀ったのが古い例とされる。その後、御霊神の典型として、大宰府に左遷されて憤死した菅原道真《すがわらのみちざね》（八四五〜九〇三）の霊がさまざまな厄災をもたらし、遂に天満天神として祀られたことがよく知られている。

ところが、秀吉や家康は御霊としてでなく、生前の支配者としての性格を死後も持ち続け、子孫の繁栄を見守るという目的で、神になろうとしたのである。秀吉の場合はともかく、家康の場合は、確かに東照宮がずっと徳川将軍家の守護神として、大きな機能を果たすことになった。このように権力者を祀るやり方が近代になっても引き継がれ、明治天皇を祀った明治神宮や、さらには維新の功臣を祀った神社などに引き継がれることになった。靖国神社のように、国家のために死んだ人を祀る神社も、政治性を持った新しい神社の形式として、それに近い性格を持っている。このような神のあり方は顕彰神と呼ばれる。

以上のように、近世に至るまで神仏習合は当たり前のことであり、徳川幕府の守護神的な東照宮にしても神仏習合的な性格を持つ神であった。それに反発し、仏教色を排除して、日本の本来の神の信仰の形態や政治体制を取り戻そうという運動が近世に次第に盛んになった。その中核となっていったのが水戸学派の儒学や国学系の神道であった。そうした状況の中では、神仏習合的な由来を持つ東照宮の位置づけは日本神話の中に十分な根拠を持たず、そうなると、それに基づく徳川政権そのものの正統性が疑問視されることになった。即ち、徳川幕府はあくまでも天皇を助ける役割を担うものとされ、その役割を果たせないのであれば、もはや存在する意味はないことになる。そこに、王政復古を求める尊王攘夷運動が盛んになる一つの根拠が求められる。そこから、明治以後の近代的な国家神道の形態が生ずることは、先に述べた通りである。政治の変転は単に世俗的な問題だけでなく、このような宗教的な背景が重要な意味を持つのである。

参考文献

阿満利麿『日本人はなぜ無宗教なのか』(ちくま新書、筑摩書房、一九九六)
伊藤聡『神道とは何か――神と仏の日本史』(中公新書、中央公論新社、二〇一二)
伊藤聡・門屋温監修『中世神道入門――カミとホトケの織りなす世界』(勉誠出版、二〇二二)
佐藤弘夫『神国日本』(ちくま新書、筑摩書房、二〇〇六。『「神国」日本』講談社学術文庫、講談社、二〇一八)
島薗進『国家神道と日本人』(岩波新書、岩波書店、二〇一〇)
末木文美士『中世の神と仏』(山川出版社、二〇〇三)
末木文美士『日本宗教史』(岩波新書、岩波書店、二〇〇六)
村上重良『国家神道』(岩波新書、岩波書店、一九七〇)

第十四章　見えざる世界　日本仏教の深層4

はじめに

近代的な世界観は、合理的・科学的に理解できる領域のみを実在とし、それを超えた非合理的な世界を否定したが、今日それでは通用しなくなった。過去の日本で見えざる世界と中心的に関わってきたのが仏教であった。中世の顕と冥の世界観や歴史観、近世のキリスト教や儒教との対論、神道による見えざる世界の復権など、思想の流れを追ってみたい。その上で、近代に見えざる死者との関係を探求した二人の思想家を取り上げてみたい。

1　顕と冥の世界

現世主義に抗して

近代は、科学的合理主義の時代である。何らかの方法で物質的に実証できるもののみが実在すると考えられ、それ以外のものは実在そのものを否定された。もっとも極端には、人間機械論や物理主義のように、人間もまた物質的な物理的法則に還元されるとさえ主張された。比較的最近でも、人間の心のはたらきはすべて脳科学で解明されるという説が話題となった。人間の社会行動や歴史もまた、科学的な法則によって捉えられるとされ、そこから経済学・社会学などの社会科学が成立発展し、人間の心を解明する心理学も発展した。こうした科学主義は唯物論に帰着することになる。マルクス主義で主張された唯物史観（弁証法的唯物論）は、歴史の発展をも含めて、科学的な法則があると主張する。

その中で、宗教は時代遅れの迷信で、次第に過去のものとなり、宗教なしで人類の幸福がもたらされると考えられるようになった。すでに「教育勅語」を基にして明治末頃から起こった国民道徳論の流れでは、宗教はやがて道徳によって取って代わられると主張されるようになった。やがてマルクス主義が盛んになると、「宗教はアヘン」という言葉さえも公然と主張され、宗教批判が強まった。宗教学者の間でも、近代化が進むと、世俗化によって宗教の影響力が次第に弱まっていくという説が有力な時期があった。

このような科学的合理主義は確かに大きな成果を上げた。しかし他方、科学技術を無条件に賛美できなくなっていることも確実である。福島の原子力発電所の事故は、夢のエネルギーと考えられてきた原子力の恐ろしさをまざまざと見せつけた。遺伝子治療は病気の治療に大きな成果を上げたが、はたして遺伝子レベルにまで手を付けることがよいのかどうか、問題は複雑さを増している。それとともに、合理化が進むと宗教が消滅するというような単純な進歩主義が成り立たないことも分かってきた。冷戦終了後の世界を見ると、かえって宗教の問題が大きくなったことが知られる。科学や合理主義では解決できない問題を宗教がどう扱ってきたかの検証が必要となっている。

顕と冥の世界観――『愚管抄』の場合

宗教は目に見える現実だけでなく、その裏にある見えないものとの関係を重視する。仏教もまたその例外ではない。前章までに述べたように、日本の仏教は死者や神仏という目に見えないものとの関係を扱ってきた。そのことを自覚的に論じていくのに使われた術語がある。それは、「顕」と「冥《みょう》」の対の概念である。「顕」は、目に見えるこの世界であり、その奥にある見えないものの世界が「冥」である。「冥」はまた「幽冥《ゆうめい》」とも言われ、または「幽」だけでも用いられる。

「冥」と「顕」の対概念は、もともとインドには遡ることができないが、中国仏教ではかなり広く使われていて、「冥顕《みょうけん》」という熟語は、天台宗の開祖である天台智顗《ちぎ》（五三八～五九七）の著作である『法華玄義《ほっけげんぎ》』などにも見える。そのような中国での用語が日本でも用いられるようになったものと考えられる。この語を縦横に用いて歴史を解明しようとしたのが慈《じ》円《えん》（一一五五～一二二五）であった。

慈円は関白を務めた九条兼実《くじょうかねざね》（一一四九～一二〇七）の弟で、天台座主にもなったが、源平の合戦から承久の乱（一二二一）へと続く歴史上の大きな転換期に生きて、歴史を貫く法則がどのようなものであり、その中でいかに政治が正しく行われるかという問題を正面から考えなければならなかった。こうして書かれたのが、日本で最初の歴史哲学書とも言うべき『愚管抄』である。そこでは、歴史を貫く「道理」を求めて、「顕」と「冥」の関係という問題を追求することになった。

　慈円は日本の歴史の展開に七段階を立てたが（巻七）、そのうちの第一段階は、「冥と顕が和合して、道理を道理として通す」時代であった。これは過去の理想的な状態であり、神武から一三代の成務までに該当するという。第二段階は、「冥の道理は次第に移り変わっていくが、顕の人はそれを理解できない」段階であり、仲哀から欽明までに当たるという。第三段階は、「顕では道理として誰もが認めても、冥衆《みょうしゅう》の御心にかなわない」段階で、敏達から後一条の道長時代までに当たるという。第四段階以後は「末の世」であり、もはや「冥」は直接には関わることがなくなる。こうして、「今は道理ということはないのであろうか」というような時代になってしまったというのである。

　ここで言われる「冥」の領域は、おそらく日本の神々が中心に考えられているのであろう。「冥」の神々は、日本の歴史の展開にも直接かかわっているとされる。例えば、藤原氏が摂関家として天皇の政治を補佐するのは、皇室の祖先であるアマテラスと藤原氏の祖先であるアマノコヤネの契約に基づくという。

　さらに、神々だけでなく、死者の霊など、さまざまな「冥」の世界のものたちが考えられている。慈円は、武士に政権が移った時代状況について、「〈顕〉には武士の世になったことを、祖先の神々も定められたことは、今は道理にかなって必然である。さらには平家の怨霊も多くいる。まったく〈冥〉に因果が応じていくのだと、心ある人は思うべきである」（巻六）と論じている。「平家の怨霊」が大きな問題となっていたことが知られる。

こうした世界観の根底には仏教的な世界の転変の思想がある。仏教によれば、世界は成《じょう》劫《こう》・住劫《じゅうこう》・壊劫《えこう》・空劫《くうこう》の四劫を繰り返すという。即ち、世界が成立し、留まり、崩壊し、何もなくなるという四つの時期の繰り返しである。その中の住劫はまた、寿命が延びたり縮んだりすることを繰り返すが、現在の歴史はその中の一部分に過ぎない。天皇の継承もまた永遠ではなく、百王で終わるという。その終末まで、できるだけ秩序あるよい体制を維持していかなければならないというのが、『愚管抄』の政治論である。

王法と仏法

このような秩序を維持するためには、仏法の力が重要となる。王法と仏法の協調こそがあるべき姿である。中世は王法仏法相依の時代とされ、王法と仏法はしばしば車の両輪にも喩えられる。仏法は単に「冥」の世界に留まるものではない。大寺院は巨大な荘園を所有して豊富な経済力を有し、僧兵による大きな軍事力も持ち、「顕」の世界でも実質的に一大政治勢力となっていた。

専制的な権力を奮った白河法皇が、「賀茂河の水、双六の賽、山法師（比叡山の僧兵）」の三つを自由にならないものとして挙げたことは有名である。そもそも天皇を退位して仏門に入った法皇が政治権力を握る院政自体が、王法と仏法の両方の権力を併せ持つという性格を持っていた。このように、仏教は「冥」の見えざる世界をバックにして、神仏の罰をかざしながら、現世での強力なパワーを誇ったのである。

当時の仏教界は、比叡山の天台宗と、興福寺を中心とした南都の諸宗が拮抗し、真言宗は南都と親和的であった。これらの大寺院は相互に対抗しながらも、全体として仏法護持ということで一体化していた。その内容は八宗からなる。即ち、倶舎《くしゃ》・成実《じょうじつ》・律《りつ》・法相《ほっそう》・三論《さんろん》・華厳《けごん》の南都六宗に、平安初期に成立した天台宗と真言宗を加えたものである。ただし、ここで言われる「宗」は、今日考えられるような宗派的なものではなく、むしろ学問分野を意味している。これら八宗はまた、密教とそれ以外の顕教とに分けられ、両者をまとめて顕密という言い方がしばしばなされた。密教の中には、真言宗の密教（東密）と天台宗の密教（台密）がある。

このような八宗からなる顕密仏教に対して、一二世紀後半頃になると、新しい仏教の運動が盛んになってくる。一つは禅であり、もう一つは浄土教である。一三世紀末になると、それらを含めて十宗体制が確立することになる。そうした中で、王法・仏法のバランスを取った相依関係も変化する。例えば、日蓮においては、仏法は世俗の王法を超えたものであり、世俗の権力は正しい仏法の確立に力を尽くすところに使命があるとされる。こうした宗教と政治の一元化の流れの中に、中世終わりの一向一揆やキリスト教の広がりも考えることができる。

冥顕論の変転

冥と顕という術語は、『愚管抄』のみに限定されたものではなく、中世の歴史論に広く見られるものである。例えば、源平の戦いを描いた歴史物語である『平家物語』にも見られる。『平家物語』でも、背後にある神々がこの現世を動かしているという思想が根底に置かれている。

もう少し時代を下るとどうなるであろうか。前章にも述べたように、北畠親房の『神皇正統記』に至ると、『愚管抄』の下降史観に対して、「神国」の思想に基づいて天皇の永続が認められるようになる。その時代に、やはり伊勢神道に基づく神道理論の確立に大きな一歩を記した慈遍《じへん》（一二九〇頃〜？）は、『愚管抄』の冥顕思想をさらに展開させて、『旧事本紀玄義《くじほんぎげんぎ》』において世界の始原を論じた。慈遍によると、もともと冥と顕は隔たったものではなかったが、陰陽が分かれる中で冥と顕との区別が生まれたという。顕が生の世界であるのに対して、冥は死の世界である。

仏教から神道の自立を図った吉田兼倶の『唯一神道名法要集』に至ると、仏教を「顕露の教え」と呼び、それに対して神道を「隠幽の教え」と呼んでいる。反本地垂迹説に基づいて、神道のほうが仏教より根源の隠れた教えと位置付けられるのである。

冥顕という言葉を直接使わなくても、この世界の奥にある見えざる世界は、日本人の世界観の中で大きな役割を果たしてきた。ただ、それは時代の変転の中で、様々な形をとることになる。中世はそれがもっとも顕著な形で共通認識とされていたのである。それが時代が下ると、さまざまな思想の交流の中で、見えざる世界に依拠しようという仏教のあり方も変わってくる。その点を以下で見ることにしたい。

2　諸思想の交流と仏教

キリスト教と仏教

天文一八年（一五四九）、イエズス会のフランシスコ・ザビエル（シャビエル）が鹿児島に上陸し、キリスト教が初めて日本に伝えられた。その後、一七世紀の初めに禁止される頃には、キリスト教の信者数は三〇万から四〇万人にものぼる一大勢力となった。これまで、神仏しか知らなかった日本人にとって、一神教はなかなか理解が困難であった。一神教的な神（God）を日本語でどのように訳したらよいかというところから模索しなければならなかった。「ダイニチ」（大日）という訳語は密教と混同されるだけでなく、卑猥な隠語的な意味もあるというので、すぐに変えられ、結局、デウス（Deus）という音写語を用いるようになった。中国では「天主」が用いられた。

では、仏教との相違はどのように考えられたのであろうか。伝道の初期からイエズス会士は仏教的な常識から発する様々な日本人の疑問に答えなければならず、そこにおのずから比較宗教的な観点が養われ、また、仏教を外から見るとどうなるかという興味深い論点が示されている。

中でももっとも注目されるのが、不干斎《ふかんさい》ハビアン（一五六五～一六二一）の『妙貞問答《みょうていもんどう》』（一六〇五）である。ハビアンはもともと禅寺で修行し、キリシタンに転宗した日本人修道土である。その立場から、仏教的な常識を持った日本人をキリスト教に導こうとして著わされたのが『妙貞問答』である。

『妙貞問答』は妙秀と幽貞という二人の尼の問答で展開し、上巻で仏教を批判し、中巻で儒教と神道を批判したうえで、下巻でキリスト教の教えを説くという構成になっている。その際、「現世《げんぜ》安穏《あんのん》、後生善所《ごしょうぜんしょ》」という民衆の間に定着した仏教的な希求を手掛かりとして、仏教などではその願いを満たすことができず、キリスト教のみがその願いを真実に実現する教えだという展開になっている。

では、なぜ仏教では「現世安穏、後生善所」が実現できないのであろうか。仏教でも浄土を説くではないかと考えられるが、ハビアンは、仏教は結局最終的にはすべてが「無」に帰するのであり、浄土もまたその例外でないという。それに対して、キリスト教のデウスは実在するものであり、楽園であるハライソ（天国）もまた無に帰することのない永遠の実在の場所であるという。それによって、キリスト教の優越は明らかだというのである。

確かに仏教では「空」を説き、あらゆるものの実在性を否定する。浄土にしても、究極的な実在ではなく、方便的なものと考えられることが多い。「空」を直ちに「無」と同じに考えるのは、実は不適切であり、本来、「有」でも「無」でもないのであるが、教学的な議論に立ち入らず、単純に考えると、「空」は「無」と誤解されることも少なくない。また、禅ではしばしば「無」の語を用いる。すでに、宣教師たちが来日した際、仏教の教理を「無」と解し、キリスト教の「有」の立場と対比させるということが行われていた。時代が下って、一八、一九世紀になっても、西欧では仏教を「無」の宗教と決めつけることが行われた。キリスト教の立場からすれば、「無」を主張することは虚無主義（ニヒリズム）であり、悪魔の主張である。

キリスト教対仏教の論争は、その後、キリスト教が禁止されることで、十分な展開を見ることがなく終わった。ハビアンもまた、後に棄教して『破提宇子《はでうす》』というキリスト教批判を書いている。ただし、その棄教は弾圧によるものではなく、修道会への不満から、尼僧と駆け落ちしたのだという。禁教後も、キリスト教の影響を完全に消すために、仏教側からのキリスト教批判がなされ、鈴木正三《すずきしょうさん》（一五七九～一六五五）の『破吉利支丹』、雪窓宗崔《せっそうそうさい》（一五八九～一六四九）の『対治邪執論《たいじじゃしゅうろん》』などが書かれたが、一方的な批判のみであり、有効な議論にはならなかった。

仏教と儒教

近世は長い間仏教が衰退し、儒教の時代になると考えられてきた。しかし、今日、そのような単純な常識は通用せず、むしろ仏教が大きな役割を果たしてきたことが知られている。特に近世初中期の一七、一八世紀頃には仏教も思想界の一翼を担い、創造的な発展をしている。中世においては仏教が何といっても中核的な思想であり、それに対抗しうるものはなかった。神道にしても、仏教をもとにして、そこから展開してきた。

それが近世になると、上述のようなキリスト教をはじめ、儒教や国学、神道、さらには心学や民衆信仰など、さまざまな思想や宗教が多様に展開し、仏教もその中の一つとして、論戦の中に投げ込まれるのである。ただ、寺檀制度の形成の中で、全国の津々浦々にまで寺院が建立され、人々の生活と直接関わるようになったのであるから、その点で仏教の影響力は大きいものがあった。

仏教と儒教との関係に関していえば、儒教の側からの仏教批判が厳しいが、両者が相互に正面から論争を交わしたものとして、林羅山《はやしらざん》（一五八三～一六五七）と松永貞徳《まつながていとく》（一五七一～一六五三）の『儒仏問答』を挙げることができる。羅山は、はじめ仏教を学んだが、やがて朱子学に傾倒し、幕府に重用された儒者である。対する貞徳は俳人として知られる一方、日蓮宗不受不施派の熱心な信者であった。両者の議論は多岐にわたるが、中心となる議論は、羅山の側が「理」による世界の転変を説くのに対して、貞徳の側が「理」で捉えきれない、現世を超えたものの存在を説き、三世の因果を主張するところにある。

近世初期の仏教の論調は、基本的にこのように三世の因果を説くところにある。儒教などが現世主義的な立場を取るのに対して、前世や来世という見えざる世界にこだわるのである。三世因果論は、単にこの世界を超えた領域を説くというだけでなく、それによって現世の道徳を成り立たせるという意味合いがある。その点で、中世における不可知の「冥」ではなく、三世が因果関係によって結ばれるという一種の合理的、機械的な法則性が重視されるようになっている。近世初期の仏教思想家として重要な鈴木正三は、さまざまな因果の話を集めて『因果物語』を著した。また、初期の仮名草子のいくつかの作品は、儒教の現世主義と仏教の三世説との論争を扱っており、この問題がかなり広い読者を得ていたことが知られる。

見えざる世界の復権

儒教の合理主義が進展する中で、「鬼神」の問題が大きく取り上げられるようになる。「鬼神」というのは、死者の霊魂やさまざまな神々のことで、もともと中国の朱子学でも、重要なテーマであった。儒教的合理主義では、このような鬼神は認められないが、他方で、儒教の根本は祖先祭祀にあるので、祭祀を受ける鬼神を全面否定することはできない。この問題を受けて、新井白石《あらいはくせき》（一六五七〜一七二五）は『鬼神論』を著した。白石は、仏教の輪廻説は否定するが、強い魂は死後もはたらきを示すとして、祖先祭祀の可能性を認めた。儒教の立場からは、それが限界ともいえるが、さらに合理主義を徹底した町人学者山片蟠桃《やまがたばんとう》（一七四八〜一八二一）は、徹底した唯物論の立場を取り、鬼神の存在を否定した。

このように、死後のあり方に関して様々な説が立てられるようになると、死生観の混乱が生じ、何を信じてよいか分からないような状況に至る。日蓮宗から転じた神道家増穂残口《ますほざんこう》（一六五五〜一七四二）によると、日本の古典では死後の霊魂の行方を説かないので、「愚俗の男女」は、「依りどころなく昔から地獄・極楽の果報のみを聞きなれて、嘘か本当かきちんと理論的に理解することができない。儒教の心魂が散滅するという説は、ひたすら高邁なことで、納得できない。儒でもなく、仏でもなく、両極の間を漂っている人もいる」（『神国増穂草』）と、その混乱を伝えている。

そうした中で、国学者や神道家の間で、儒でも仏でもない、日本人の死生観を明らかにしようという動きが生まれるようになった。本居宣長（一七三〇〜一八〇一）では、死後の魂は「よみの国」に行くものとされ、そこは「きたなくあしき所」であって、「此世に死する程悲しき事は候はぬ也」（『鈴屋答問録』）と、死は望ましくない悲しいこととされて、それ以上は論じられなかった。ところが、平田篤胤（一七七六〜一八四三）に至ると、『鬼神新論』を著して、儒者の霊魂消滅説を論駁して、死後の霊魂の存在を積極的に認め、さらに『霊能真柱《たまのみはしら》』（一八一二）で、死後の霊魂の行方を探求する。篤胤によれば、死後の霊魂はこの世界を離れるのではなく、この世界に留まるのであるが、生者からは見えないのだという。その霊魂のいる場所として、霊廟がある場合はそこに、ない場合は墓所に留まるのだという。

篤胤はさまざまな神秘現象にも関心を持ち、仏教の輪廻に類する生まれ変わりもあり得ることとしている。このように、一旦は近世の合理主義的傾向の中で否定的に見られるようになった死後の問題が、幕末近くなって再びクローズアップされることになる。それが明治維新の原動力となり、近代の神道の出発点となるのである。歴史は単純に合理化や世俗化に進んでいくわけではない。見えざるものの世界をもう一度考え直してみる必要がある。

３　近代の中の死者と仏教

死者をめぐって

一九九五年の阪神大震災、そして二〇一一年の東日本大震災と、日本は大きな災害に見舞われ、大勢の人の生命が失われた。災害は日常生活の中に突然に乱入し、老若男女を問わずに、あっという間にその生命を奪い去る。ある場合には、紙一重で死と生が分かれてしまう。生き残った者には、しばしばやり場のない罪悪感が残る。

近代の合理主義の下では、死や死者の問題は正面から問われることはなかった。仏教に関しても、死者と関わる葬式仏教は方便に過ぎず、本来の仏教はいかに生きるかという生き方を教えるものだと、多くの研究者によって主張された。確かに戦争は大勢の死者を生んだ。しかし、戦後は死者をどう慰霊するかよりも、復興ということが第一の課題であって、死者の問題は置き去られていた。かえって今日になって、靖国問題や南京大虐殺の問題が大きく浮上している。従軍慰安婦問題もまた、同じように戦争の犠牲者に関わる問題である。

社会が上昇傾向にあり、経済成長がなされ、豊かな社会への希望に溢れているときは、死者の問題は必ずしも大きくならない。その時には、死者は未来のための礎であり、意義ある犠牲として顕彰される。ところが、社会の成長が止まり、もう一度過去を振り返らなければならなくなる時に、死者は逃れようのない姿で立ち現れる。死者とどう関わるかが、大きな問題とならざるを得ない。それが今日の状況である。

そのようなわけで、近代においては、死者の問題を正面に据えて、死者とどう関わるかという問題は、思想や宗教の中心的な課題ではなかった。ごく少数の思想家だけが死者との関わりという問題を取り上げたが、彼らの思想は長い間無視されてきて、注目されるようになったのは最近のことである。ここでは、そのような先駆的な思想家として、田辺元《たなべはじめ》（一八八五〜一九六二）と上原専禄《うえはらせんろく》（一八九九〜一九七五）の場合を取り上げてみたい。これらの思想家は、キリスト教の影響を受けつつも、仏教をベースに死者とどう関わるかを問うたのであり、今日における仏教の新しい可能性を探るうえで、大きなヒントを与えてくれる。その他、死者との関わりを重視した近代の思想家としては、宮澤賢治を上げることができる。賢治は若くして亡くなった妹トシとの交流を求め、それが原点となって死者との関わりを模索した。『銀河鉄道の夜』はその美しい結晶である。

死者との実存協同——田辺元

田辺元は、西田幾多郎《にしだきたろう》（一八七〇〜一九四五）の後任として京都大学の哲学の教授を務めたが、多くの学生を戦場に送り出した反省から、『懺悔道としての哲学』を唱え、晩年は軽井沢に隠棲した。その中で夫人を亡くし、最後の力を振り絞って構想したのが「死の哲学」であった。それは、これまでの近代の哲学がすべて「生の哲学」であったのに対して、「死の哲学」を復活させなければならないという。それは、生者に対して死後にまで愛を持ち続ける死者が、生者の側の愛に対応して死から復活して働き続けるというのである。そのような死者と生者の愛による協同のはたらきを、田辺は「実存協同」と呼んでいる。

田辺は、その具体例として、禅の文献である『碧巌録《へきがんろく》』第五五則をあげる。これは、禅の師匠である道吾《どうご》とその弟子漸源《ぜんげん》の物語である。漸源は生死の問題が解決できず、ある人の弔問に訪れたとき、棺を打って「生か死か」と道吾に問いかけた。それに対して、道吾は「生ともいわじ死ともいわじ」と、その問いを退けた。後に道吾が亡くなった後、漸源はようやくその師の言わんとしていたことを悟った。道吾は死後も弟子を導き続け、漸源はその導きによって悟りを開いたのであり、そのときにはじめてずっと導き続けてきた師の愛を自覚したという。

田辺元（筑摩書房）

このような死－復活は、キリストの場合にも見られる。しかし、キリスト教では、死－復活は（最後の審判の時を除けば）キリストのみに起こり得ることであり、ふつうの人間には起こりえない。しかし、仏教ではそれが可能である。死してもなお他者を思いやるような「実存協同」を成り立たせるのが菩薩である。田辺の死の哲学は、この点で、菩薩の哲学ということができる。

田辺は、このようにして、私たちが生者だけで世界を形作っているのではなく、そこに死者を迎え入れ、死者とともに生きるのでなければならないことを明らかにした。田辺は、ビキニ沖におけるアメリカの水爆実験（一九五四）において日本の第五福竜丸が被爆した事件に大きな衝撃を受けた。核の時代はもはや「生の哲学」では解決できず、「死の哲学」が不可欠であると説いた。その時代には受け入れられなかったが、今日、田辺の予言は現実味を帯びている。

死者が裁く――上原専禄

上原専禄は、西洋中世史を専門とする歴史学者で、一橋大学学長ともなり、戦後の新しい進歩的な歴史学を指導した。ところが、晩年に妻が病死し、その後東京を離れて京都郊外に隠棲し、社会との関係を断った。上原は妻の死に医療過誤があったのではないかという疑いから、死者が告発し、死者とともに社会の不正と闘うという思想を展開するようになった。もともと日蓮信仰に篤く、死者の問いかけを受けながら、自らの身を顧みずに国家への異議申し立てをやめなかった日蓮の思想を現代に生かそうとしたものである。

上原の晩年の文章は、『死者・生者』（一九七四）に集められているが、そこでは、死者を彼方に追いやろうとする日本の仏教が厳しく批判されている。中でも「死者が裁く」という文章は圧巻である。そこでは、「アウシュビッツで、アルジェリアで、ソンミで虐殺された人たち、その前に日本人が東京で虐殺した朝鮮人、南京で虐殺した中国人、またアメリカ人が東京空襲で、広島・長崎の原爆で虐殺した日本人、それらはことごとく審判の席についているのではないのか。そのような死者たちとの、幾層にもいりくんだ構造における共闘なしには、執拗でガンコなこの世の政治悪・社会悪の超克は多分不可能であるだろう」と述べられている。

田辺が、「実存協同」によって死者と親和的であろうとするのに対して、上原の死者論はもっと厳しい。苦しみ、死へと追いやられた死者こそが、社会の不正を告発し、裁くことができる。生者は死者の力を借りるというよりは、告発し、裁く死者を受け止め、その手伝いしかできない。過去を水に流し、表面的な和解によってでは、本当の未来を築くことはできない。死者の重い訴えをどのように受け止めることができるのか、それが私たちに問われているのである。

第十二章で葬式仏教の問題を取り上げたが、かつては否定的にしか見られなかった葬式仏教が、近年死者との関わりという点から再評価されつつある。死者とどのように関わるかは、今日、大きな問題として考え直していかなければならない。

参考文献

池見澄隆編『冥顕論――日本人の精神史』（法藏館、二〇一二）
伊藤聡『神道とは何か――神と仏の日本史』（中公新書、中央公論新社、二〇一二）
大桑斉・前田一郎編『羅山・貞徳『儒仏問答』――註解と研究』（ぺりかん社、二〇〇六）

末木文美士『鎌倉仏教展開論』（トランスビュー、二〇〇八）
末木文美士『近世の仏教――華開く思想と文化』（吉川弘文館、二〇一〇）
末木文美士『他者・死者たちの近代――近代日本の思想・再考Ⅲ』（トランスビュー、二〇一〇）
末木文美士『反・仏教学――仏教vs.倫理』（ちくま学芸文庫、筑摩書房、二〇一三）
末木文美士編『妙貞問答を読む――ハビアンの仏教批判』（法藏館、二〇一四）
森和也『神道・儒教・仏教――江戸思想史のなかの三教』（ちくま新書、筑摩書房、二〇一八）
ロジェ＝ポル・ドロワ『虚無の信仰――西欧はなぜ仏教を怖れたか』（トランスビュー、二〇〇二）

第十五章　日本仏教の可能性　まとめ

はじめに

本書では、第一章で末木が日本仏教の位置づけを概観したうえで、第二〜六章では頼住が日本仏教のもっとも中核となる思想の問題を祖師たちを中心に検討し、第七〜十章では大谷が今日非常に注目されるようになった近代仏教について取り上げた。第十一章から第十四章では、末木が従来の研究では見落とされがちな日本仏教の特徴について論じた。本章では筆者三名がそれぞれの担当章を振り返るとともに、論じきれなかったところを補い、それに基づいて今後の日本仏教のあり方についての展望を論ずることにしたい。

1　仏教思想の観点から

仏教を哲学・思想として読み解く――テクストとの対話

第二章から第六章では、聖徳太子、最澄、空海、法然、親鸞、道元、日蓮のテクストを手がかりとして、仏教を哲学・思想として読み解いた。第二章では、仏教を考える視点として、人間や共同体にとって「超越的なるもの」の果たす意義を説明した上で、仏教が、「超越的なるもの」として、日本の思想文化に与えた影響の大きさを儒教と対比しつつ説明した。さらに、「十七条憲法」の「和」に着目して、仏教の発想が、どのように日本に根付いたのかを検討した。

第三章では、平安仏教の最澄と空海を取り上げ、最澄については法華一乗思想と大乗戒の観点から、空海については曼荼羅的思惟の観点から、それぞれの思想を検討した。

第四章では、鎌倉仏教について理解する視座を検討するとともに、法然と親鸞を取り上げ、阿弥陀仏や浄土、念仏に対する見方について説明した。

第五章では、道元の主著である『正法眼蔵』を取り上げ、そこから読み取れる道元の「修証一等」「行持道環」の思想を検討し、全時空における連続性、修行と悟りの連続性の持つ意味を解明した。

第六章では、日蓮の生涯にそってその思想を検討し、その中心思想であった「法華一乗」「一念三千」を説明するとともに、日蓮が、自らが直面した苦難をどのように意味づけたのかを検討した。

各章の検討においては、大乗仏教の基本思想である「縁起―無自性―空」について特に留意した。

以下ではその意義を考えたい。

さて、従来の日本仏教研究は、いわゆる鎌倉新仏教を中心としてきた。それは、日本の仏教研究が、近代になってウェスタン・インパクトのもとに再出発したという事情を反映している。たとえば、鎌倉新仏教史観の端緒となった「東西の宗教改革」において、原勝郎《はらかつろう》（一八七一～一九二四）は、親鸞《しんらん》の阿弥陀仏の絶対他力に対する帰依の主張を宗教改革者ルターの「信仰のみ」の強調と重ね合わせ、また、和辻哲郎《わつじてつろう》（一八八九～一九六〇）は、道元思想の哲学的研究の出発点となった「沙門道元」において、道元研究を宗門から解放することで道元は「人類の道元」となると高らかに宣言している。

彼らを嚆矢とする、西洋の思想・宗教を基準として親鸞や道元《どうげん》を検討して、それらを世界に通用するものとして称揚し、さらに、その母胎としての鎌倉新仏教を高く評価するという主張は、この後、広く浸透した。しかし、一九六〇年代に発表された黒田俊雄《くろだとしお》（一九二六～一九九三）による権門体制論によって、このような考え方は、少なくとも相対化されることになった（第四章「鎌倉仏教を捉える視座」も参照。ただし、中世国家論としては、権門体制論のみならず東国国家論も依然として有力である）。

黒田は、中世仏教の正統は南都六宗と平安二宗からなる顕密仏教であるとし、親鸞や道元らのいわゆる鎌倉新仏教は当時は異端に過ぎなかったと主張した。この議論によって、呪術的かつ折衷的な貴族仏教を克服して内面の信仰を重んじる民衆的な鎌倉新仏教が台頭したとする、従来の「鎌倉新仏教史観」が疑問に付されることとなった。

確かに、社会を統制するイデオロギーとして宗教を捉える観点からは、黒田に端を発するこのような見方は肯定されるであろうし、他のあらゆる研究上の概念と同じく、いわゆる鎌倉新仏教が、近代以降に構築された概念であることは論を俟たない。しかし、このことは、ただちに、親鸞や道元の思想それ自身の意義を否定するものではない。社会的な観点から見て正統であろうが異端であろうが、その思想家が、時代的風土的条件の中で、「人はどこから来てどこへ行くのか」「他者をどう理解し、何を為すべきか」等の人間としての普遍的課題に取り組んだことの意義は否定され得ない。

彼らの思索のあとは、テクストとして開かれた形で残され、現代を生きる我々が自らの課題を探究する糧となっている。「異端」というレッテルが貼られようが貼られまいが、テクスト自身の価値には変わりはない。普遍的課題に取り組み深く思索したが故に古典として価値を持つ、それらのテクストから何を読み取るのかは、もちろん一様ではない。どのような問題意識をもって接するのかによって、テクストは相貌を異にして立ち現れてくる。テクストと対話しつつ、われわれは自らの問題をより深く問い、また、時代の課題を探究することが可能となるのである。

「共生」と仏教――和辻倫理学

仏教との関わりで現代の課題を考えるにあたって、ここでは「共生」を取り上げてみよう。近年、社会的格差の増大、セーフティネットとしての人間関係の希薄化、マイノリティ差別など深刻化する諸問題を受けて、「共生」の重要性が叫ばれている。人間にとって、共同的な生を営むこと、すなわち「共生」は基本的な事柄であるから、それぞれの時代において「共生」が模索されてきた。しかし、近代は、とりわけ「共生」が困難な時代であると言える。

なぜならば、デカルト（一五九六〜一六五〇）の「コギト」（我思う）に明らかなように、近代とは「認識主体としての自己」を基本単位とする時代であり、そこでは、世界の中心に立つ「我」が、理性によって世界を操作・支配するという、自我と対象、自我と他者との二元対立図式が前提となっているからである。その図式の下では、他者も世界の諸存在も、最終的には自己と対立するものとして捉えられてしまうし、そこに何らかの協働が成り立つ場合でも、常に相手からの反対給付を計算した「ギブ・アンド・テイク」の条件付きの関係ということになる。

もちろん「ギブ・アンド・テイク」の関係自体がすべて直ちに問題であるわけではないのは当然ではあるが、しかし、このような発想方法は問題を孕んでもいる。つまり、短期的な顕著な見返りを期待できない相手に対する関係が忌避されることになる。しかし、そもそも「共生」が、多様な者たちの相互作用を前提としていることを考えると、見返りを期待できない者（たとえば、社会的弱者など）が最初から排除されるような関係は、「共生」と呼ぶに値しないだろう。

このように孤立的な自我から出発する近代的人間観の問題性を鋭く指摘したのが、先にも触れた和辻哲郎である。彼は、若くしてニーチェ（一八四四〜一九〇〇）やキルケゴール（一八一三〜一八五五）に関する世界的水準の研究書を公刊するなど、西洋の思想文化の研究を行っていたが、ある偶然の機会に道元の著作を読み、日本にも西洋に勝るとも劣らない思想家がいたことに感激し、道元の研究を雑誌に掲載した。しかし、道元の思想を十全に理解するためには根本的に仏教を研究することが必要であることを痛感して原始仏教の研究を開始し、さらに中観《ちゅうがん》や唯識についても研究を広げたのである。

これらを通じて、和辻は、仏教の中心思想として「空」を見出し、さらに、この「空」を、倫理学者としての自己の体系形成の中軸に据える。原始仏教の研究に没頭していた時期、和辻は西田幾多郎に招かれて京都帝国大学の倫理学講座で教鞭をとっていたのである。

和辻が、インド仏教研究を通じて見出した「空」とは、あらゆるものが固定的な実体・本質を持たず、さまざまなものとの関わり合いの中でそのようなものとしてその時、その場で成立しているに過ぎないという事態であった。この「空」の理解を、和辻は、ヘーゲルの弁証法と結び付けて「空の弁証法」と呼んだ。それは、「空が空じる」、すなわち、「空」それ自身が自らを否定することであるとした。そして、和辻は、「空」を全体性とし、さらに、「空」を「空じる」(否定する) ことで、個体性が現れるとした。この「空が空じる」ということを意味し、「空の弁証法」は、個と全体とが互いに否定し合いながら展開していくということを意味し、和辻にとって、これこそが、人間存在の基本的な構造だったのである。

和辻によればつまり、自己は自己以外のあらゆるものとの関係の中で初めて自己となり、さらに、自己が個として存立することは、全体から背き出て全体を否定し、個となることであるが、そこで終わりなのではなくて、今度は個であることを否定し全体に還帰する、このような全体—個—全体……という否定の無限の連続過程こそが「空の弁証法」である。ありとあらゆるものとの関係の中で自己が自己として成立し、さらに関係の総体である全体との緊張関係において、自己が自己であることを超えつつ新たな自己になっていくのである。

和辻が倫理学体系を形成した時期は、まさに金融恐慌から昭和恐慌へと続く、日本の資本主義の矛盾が激化し、社会不安が著しく高まった時代であり、和辻はこのような時代背景の下で、利益社会批判を展開した。和辻は、当時の資本主義社会を利己的な「町人根性」の社会であるとして、厳しい近代批判を繰り広げたのである。

近代的人間観を超えて、われわれが「共生」を考える時に、孤立したコギトから始めるのではなくて、間柄（人間関係）の中での自己形成を強調する和辻哲郎の「間柄」の倫理学は示唆的であるし、その成立に決定的役割を果たした仏教の存在も見逃せないのである。

道元の「布施」観

最後に、「共生」に関する道元の言葉を引いて、頼住からの補足を締めくくりたい。道元は、『正法眼蔵《しょうぼうげんぞう》』「菩提薩埵四摂法《ぼだいさったししょうぼう》」巻で、菩薩が衆生を教え導く四つの方法を述べている。それは、衆生に対して施しをなす「布施《ふせ》」、親愛に満ちた言葉をかける「愛語《あいご》」、行為を通じて利益を与える「利行《りぎょう》」、分け隔てなく活動を共にする「同事《どうじ》」である。

これらは世俗でも行われるが、仏教の場合「自他一如」（自己と他人とは一体である。ただしこれは同一性の強制ではなく関係的成立による多様性の承認である）の基盤の上で行われるのが特徴であると道元は指摘する。特に興味深いのは、布施について「すつるたからをしらぬ人にほどこさんがごとし」と言っていることだ。

俗人が他者に何かを施す際には、自己の何かの所有物を他者に与え、それによって他者は何かを新たに所有すると考える。つまり、所有をめぐる自他対立図式が前提されている。しかし、「すつるたから」という言葉が示すように、道元は、「布施」とはそもそも自己のものではない物が、誰かの所に「捨てられる」に過ぎないと言う。ここで言う「捨てる」とは、不要物の所有権を放棄することではなく、そもそも自分が所有しておらず、執着もしていない物を他者に施すということだ。

元来、「自他一如」であれば、自他の区別も所有という観念もなく、「布施」といっても己の所有物を与えたり与えられたりということではなく、必要な物が必要な人の所に落ち着くということに過ぎない。このような「布施」を可能とする「自他一如」こそ、われわれが「共生」を表面的なものとしてでなく、真の意味で理解する上で大きな手がかりとなるであろう。

（頼住光子）

2　近代仏教の観点から

日本の近代仏教史から見えたもの

日本の近代化は明治維新（一八六八年）を起点とするが、すでに一五〇年以上を経ている。つまり、日本の近代仏教の歴史も一五〇年を超えているわけである。もちろん、仏教が日本列島に伝わった六世紀から現在に至る時間の流れを考えると、近代仏教の歴史は短いが、それでも現代の日本仏教のあり方やその捉え方が「近代」という時代の刻印を色濃く受けていることを、第七章から第十章までの説明でご理解いただけただろうか。

ここであらためて各章の要点を振り返っておきたい。

第七章では「近代仏教」の定義を確認した。近代以降の「仏教」概念には個人の内面的な信仰にもとづくビリーフ（教義・信条）中心主義が見られることを指摘した。ただし、日本仏教の理解にはビリーフのみならず、プラクティス（儀礼）も理解することと、両者の関係性に注目することが重要である。また、「近代仏教」は「伝統仏教」が近代化したものとだけ捉えるのではなく、近代以降もそれらが併存しており、その複雑な関係性を理解することが求められる。

第七章から第十章では、日本の近代仏教史の一端を紹介した。第七章では明治初年の神仏分離・廃仏毀釈への仏教界の対応に始まり、紆余曲折を経て、近代日本の祭政教関係が明治二〇年代に制度化される過程を説明した。第八章では日清・日露戦間期に仏教の近代化と呼ぶべき新しい仏教の動きが次々と起こり、それが教養化して社会に根を下ろす歴史的過程を考察した。日本の近代仏教がグローバル化する歴史を検討したのが、第九章である。日本の仏教徒が海外に渡航し、欧米の仏教徒が来日して、国境を超えたグローバルな展開と交流が行われた。このグローバル化も明治初期に始まり、明治二〇年代に活発化している。日本の近代仏教史では明治二〇〜三〇年代が大きな画期となったのである。

現代の「常識」から考えると、宗教は個人の内面的な信仰にもとづく私事であると考えがちである。また、仏事はイエや家族の私的空間での儀礼にすぎないと思われがちでもある。しかし、近世に本末制度、寺檀制度、寺請制度によって制度化された日本仏教は江戸時代には行政機関の末端を担い、公的な役割を果たした。明治時代になり、行政機関からは排除されたが、近代の家父長制的なイエ制度と結びついて、一定の公的役割を果たした。また、近現代日本社会の公的空間ならびに公共空間で社会的サービスや政治的行動主義による社会活動を積極的に行ってきた。そうした日本の仏教徒の社会活動の変遷を概観したのが第十章である。現在も日本の仏教徒は人々の心のケアや社会問題の解決に取り組んでいる。

「寺院消滅」という危機

以上を通じて、近現代日本社会でも日本仏教は一定のプレゼンス（存在感）を示していることを明らかにした。しかし、第二章で指摘されているように、日本をはじめとする先進諸国では宗教の役割は低下しつつある。また、第十二章で問題提起されているように、今日の日本仏教は大きな転換点に立っており、従来のイエ制度に依存した葬式仏教の体質をどのように変えることができるかが問われている。

そもそも、日本仏教の存立の前提にある日本社会が大きな転換点を迎えていることにもあらためて注意を払う必要がある。日本社会は、二〇〇八年（平成二〇）の一億二八〇八万人をピークに人口が減少しており、すでに人口減少社会に突入している。また、日本社会はすでに死亡者数が出生者数を上回る多死社会に突入しており、「人口減少社会」であると同時に、「超高齢多死社会」であるともいえる。

地方に目を転じれば、近年、「限界集落」や「地方消滅」など、地域の過疎化が問題になっている。政府の過疎対策は、約半世紀前の一九七〇年の過疎地域対策緊急措置法（過疎法）の制定によって本格的に着手され、二〇一四年（平成二六）一一月には地方創生法が成立したが、過疎化解消の兆しは一向に見えない。

こうした日本社会の変動は当然のことながら、寺院の存亡に直結する。少子高齢化や人口減少は寺院の後継者や檀信徒の減少をもたらす。消滅するのは地方だけではなく、寺院もまた消滅の危機を抱えているのである。無住寺院や兼務寺院の増加に見られるように、近年、「寺院消滅」が仏教界で問題になっている。このことを具体的なデータを紹介しながら、確認してみよう。

二〇二一年（令和三）一二月現在、日本における寺院の数は七万六六三〇ヵ寺を数える（『宗教年鑑』令和四年版）。よくいわれることだが、コンビニエンスストアの数よりも寺院の数の方が多いのである。しかし、『朝日新聞』の調査によれば、無住寺院が一五六九ヵ寺、兼務寺院が一万四九六ヵ寺、両方で約一万二〇〇〇ヵ寺を数えるという（二〇一五年一〇月一一日の連載記事「文化漂流　揺れる寺社」）。消滅可能性を抱える現状が窺える。各宗派は「寺院消滅」を防ぐために実態調査の実施や対策部署の設置など、対策に取り組んでいるが、特効薬があるわけではない。

「地域寺院」という可能性

ここで「地域寺院」という概念を提起してみたい。この概念は、大正大学地域構想研究所・BSR推進センターが刊行する雑誌『地域寺院』(二〇一六年六月創刊)で提唱された。

社会学者の櫻井義秀は、現代人の寺院のあり方をBeingとDoingに区分している。Being型とは「地域社会に寺院があること」を意味し、地域の人々の安心感やコミュニティの連帯感に大きな影響を与えていることである。また、Doing型とは何かしら特別な実践をしている「実践型の寺院」のことである。第十章で取り上げた「社会活動する仏教」は、このDoing型を意味している。

しかし、日本の仏教寺院の多くはBeing型である。近世以降、寺院は寺檀制度を通じて地域社会に密着し、地域社会の人びとの間に信頼感や連帯感、社会的ネットワークを育み、地域の結び目の役割を果たしてきた(ただし、しがらみという負の側面もある)。いわば、日本仏教は「地域仏教」であるということができよう(その一方、仏教の近代化とは仏教が地域や寺院から出て行き、社会や世界に出て行くことともいえる)。

ただし、ここで注意すべきことは、Doing型とBeing型が対立するものではないことである。それは両立するものである。近代以降のさまざまな宗派の寺院の活動を見ると、法要や儀礼などの宗教活動を行う一方、子ども会や婦人会などの社会活動も実施している。すなわち、Being型とDoing型が両立した「地域仏教」が日本仏教の基本的な存在形態であり、今後、こうした「地域仏教」の宗教的・社会的な役割があらためて注目されてしかるべきであろう。

ただし、これからも僧侶や寺院が檀信徒のみを対象とした活動を行うのか、そうではなく、檀信徒以外の地域の人びとに対してもアプローチするのか、また、行政や学校、社会福祉協議会、NPO団体などと協働できるかどうかが試金石となるであろう（実際にこれらをすでに実践している寺院もある）。つまり、寺院が地域全体の結び目となれるかどうかが問われている。

地域の過疎化が進行する中でそれを食い止める役割を寺院に求めることは意味がないし、不可能であろう。ただし、衰退し、過疎化する地域社会の活性化に何らかの役割を求めることはできるのではないか。そうした役割や可能性を考えるうえで、日本仏教のこれまでの歩みを知ることは大いに参考になるであろう。

（大谷栄一）

3　仏教土着の観点から

仏教土着という問題

第十一～十四章では、ともすれば見逃されがちな日本仏教の特徴を「日本仏教の深層」と題して論じた。「深層」というのは、表面から見えないけれども、その根底にあって表面の現象を支えている基盤となっているのではないか、と考えるからである。仏教が日本に定着し、土着化していく中で、他の地域とは異なり、日本に適合していく形態をとっていく中で、次第に形成されてきた諸形態と言ってよいであろう。

第十一章では、日本仏教に関してしばしば批判的に取り上げられる僧侶の肉食妻帯の問題から、その由来を求めて、他の仏教圏では見られない日本独自の大乗戒の問題に行き当たった。第十二章では、これもしばしば日本仏教に関して批判的に指摘される葬式仏教の問題を取り上げた。葬式仏教はもともとの仏教から外れているように見えるが、仏教の死生観を考え、大乗仏教の廻向の思想を基盤に置いてみると、それなりに必然性をもって生まれたことが分かる。

第十三章では、神仏習合の問題を取り上げた。これも日本の宗教の無節操であることの証拠のように、批判的に取り上げられることがあるが、そもそも神道が今日のような形態になったのは近代になってからのことであり、私たちの神道の常識はかなりの部分が国家神道によって変容したものである。それ以前に遡れば、長い間神仏は密接に関係しながら、にもかかわらず完全には一体化しないという、微妙な関係を保ってきた。

第十四章では、近代的合理主義の立場からする現世主義に対して、長い歴史の中で育まれてきた「見えざる世界」との交流の問題を、仏教だけでなく、神道なども含めて考察した。

日本の伝統ということ

最近、日本の伝統を見直そうという志向が、さまざまな方面で見受けられるようになった。西洋近代をお手本にして、それを見習うことに終始してきた日本の近代を反省し、長い歴史を持つ日本の文化を見直そうということは、喜ぶべきことである。しかし、それが本当に古くからの伝統に根ざすことなく、ともすれば表面だけに流れてしまう恐れもないわけではない。政治家が伝統というとき、本当の意味での伝統ではなく、戦前の日本への回帰を意図している場合も少なくない。

私は、日本に三つの伝統があると考えている。それを非常に単純に小伝統・中伝統・大伝統と呼ぶ。小伝統というのは、第二次世界大戦後の伝統である。今日その限界が言われるようになっているとはいえ、戦後は『日本国憲法』の下で、七〇年以上の期間、戦争のない平和な状態が保たれていた。それは一つの重要な伝統として、今日の日本人の根底を作るものであり、それを単純にすべて否定することはできない。

次に中伝統というのは、明治以後の第二次世界大戦までの近代の伝統である。近代の科学技術の力で圧倒し、植民地化を進めていく欧米に対して、如何に立ち向かうかということが、日本の近代の最大の課題であった。それに対して、日本は欧米の近代科学や社会システムを取り入れるとともに、その中に取り込まれない防波堤として、「万世一系」の天皇を頂点とする独自の国家体制を作りあげた。それが「国体」と呼ばれるものである。それは『大日本帝国憲法』に結実する。中伝統の強みは、「万世一系」に象徴されるように、日本の伝統の古さとよさを喧伝し、それによって国民全体を統合できたところにあった。しかし、実はそこで言われる「伝統」は、本当の意味での伝統そのものではなく、中伝統的に改変され、新たに作り直された伝統であった。そのことは、国家神道に典型的に見られる。近代仏教は、この中伝統の中で変容しながら展開した仏教である。

近代以前の伝統を大伝統と呼ぶことにする。それは、古代から近世まできわめて幅が広く、その中には、仏教ももちろん、儒教や神祇信仰も含まれる。中世は仏教が中心的であり、近世になるとさまざまな思想が相互に交流したり、対立したりしながら発展していく。そうした大伝統のあり方は、近代とはかなり大きく異なり、近代的な常識では割り切れない発想に基づいている。それ故、近代になってから、中伝統において大伝統を中伝統的に改変し直すことが必要になったのである。

もちろん過去の思想を呼び起こし、それを生かすのには、今の時代に適合するように解釈し直していくことは当然である。しかし、その解釈が恣意的に捻じ曲げたものであってはならない。元の時代に戻しながら、過去と現代が出会い、緊張感をもって対話していくところに、新しい解釈の可能性が生まれるのである。仏教もまた、そのような大伝統の中でさまざまな変容を経ながら、他の仏教圏と異なる日本の独自の仏教の形態を形成したのである。

「日本」と「仏教」再考

はじめにと第一章で、「日本」と「仏教」を結び合わせた「日本仏教」という概念をどう理解したらよいのか、という問題にいささか触れた。

中伝統における「国体」の思想をもっとも簡潔にまとめたものとして、昭和の戦争に深入りしていく時代に文部省が編集した『国体の本義』（一九三七年）がある。そこには、「仏教は印度に発し、支那・朝鮮を経て我が国に入つたものであるが、それは信仰であると共に道徳であり、又学問である。而して我が国に入つては国民精神に醇化せられて、国民的な在り方を以て発展した」と、仏教が日本の「国民的な在り方」へと変貌して定着したと述べられている。また、「敬神崇祖の精神が、我が国民道徳の基礎をなし、又我が文化の各方面に行き亙つて、外来の儒教・仏教その他のものを包容同化して、日本的な創造をなし遂げしめた」とも言われており、仏教も儒教も日本の「敬神崇祖の精神」の中に「包容同化」したとされている。もしそうとすれば、それは日本の外への通路を失い、日本という枠の中で閉じられ、完結することになってしまう。

しかし、仏教は本当に日本的な精神の中に「包容同化」されて、日本に閉じ込められてしまったのであろうか。そうは言えない。仏教はどこまでも外来の宗教として外とつながり、また外へと出ていくものである。確かに戦争中には、一部の仏教者が天皇本尊説を唱え、仏教を日本の枠の中に収めこもうとしたが、それが成功したとは思われない。どれほど日本化しても、やはり仏教として普遍性を要求し、外に開かれていく一面を失うことはない。

一九九〇年代に、仏教学者の袴谷憲昭《はかまやのりあき》や松本史郎《まつもとしろう》により批判仏教ということが主張された。彼らは、日本仏教の理論的な基礎をなす如来蔵思想や本覚思想を本来の仏教でないとして批判して、学界に大きな波紋を投げかけた。ここではそれに関する検討を行う余地はすでにないが、そのようなことが問題になり得るのは、仏教がもともと日本の枠に閉じこもらず、インド以来の大きな流れを前提としているからである。閉じたナショナリズムでなく、世界に開かれていく可能性にこそ、仏教の大きな魅力と未来へ向けての希望があると言えるのではないだろうか。

（末木文美士）

参考文献

鵜飼秀徳『寺院消滅』（日経BP社、二〇一五）
櫻井義秀・川又俊則編『人口減少社会と寺院』（法藏館、二〇一六）
末木文美士『日本の思想をよむ』（角川ソフィア文庫、KADOKAWA、二〇一六）
袴谷憲昭『批判仏教』（大蔵出版、一九九〇）
頼住光子『さとりと日本人』（ぷねうま舎、二〇一七）
和辻哲郎『道元』（河出文庫、河出書房新社、二〇一一、『日本精神史』から「沙門道元」のみを収録したもの）

学術文庫版あとがき

日本人であれば、特別仏教信者でなくても、何らかの形で仏教に触れる機会もあるから、漠然と仏教の雰囲気に親しんでいる人は多いであろう。また、仏教に関する知識や用語は断片的にいろいろな形で目や耳に入ってくるに違いない。今日、歴史の大きな転換点を迎えて、過去の日本の歴史や文化をしっかり学ぶことの重要性が増しているが、その大きな機軸をなしているのは仏教である。それとともに、仏教に個人として生きる指針を求めたり、あるいは社会の理想を探ろうという人も増えている。そのためにも日本仏教の正確な知識は不可欠である。

本書はこのような情勢に照らして、日本仏教に関する大まかな知識をもう一度きちんと整理して正確な理解を得るとともに、表面的な理解では見えてこない日本仏教の思想や文化に光を当てて、総体として立体的に見直してみようと意図した。そこで、頼住光子（倫理学）、大谷栄一（社会学）、末木文美士（仏教学）という分野の異なる三人が、それぞれの専門の知識や方法を生かして、日本仏教の思想、近代の仏教、日本仏教の深層という異なる視点から重層的に日本仏教を論じてみた。従来の入門書とは一味違う切り口になっているので、初心者にとって入門的な役割を果たすとともに、ある程度知っているつもりの人にとっても、新鮮な学び直しの機会となるであろう。「再入門」と称する所以である。

本書はもともと『日本仏教を捉え直す』というタイトルで放送大学のテキストとして出版され（一般財団法人放送大学教育振興会、二〇一八）、それに基づいて二〇一八～二〇二三年度の六年間にわたってラジオで講義が放送された。はなはだ好評を得て、この度タイトルを改めて講談社学術文庫の一冊として出版されることになった。講義の経験を踏まえて修訂を施し、一部形式を改めて、一層読みやすいものになったと確信している。

本来三名の共著であるが、テキストのときは事務的な必要から末木・頼住共編という形をとった。この度、出版社の要請で、末木の編著という形になったが、実質は変わらない。放送大学へのお誘いを頂いた魚住孝至同大学教授はじめ、同大学関係者や聴講者の皆様、学術文庫版出版の労を取られ、編集を担当してくださった園部雅一氏に心からお礼申し上げたい。

二〇二四年一月

末木　文美士

ま行

や行

ら・わ行

さ行

人名索引

配列は五十音順。

あ行

か行

や行

ら行

わ行

ま行

な行

は行

た行

さ行

事項索引

配列は五十音順。

あ行

か行

KODANSHA

頼住光子（よりずみ　みつこ）

1961年生まれ。東京大学大学院人文社会系研究科教授を経て，駒澤大学教授。東京大学大学院人文科学研究科倫理学専攻博士課程修了。博士（文学）。専攻は，倫理学，日本倫理思想史。主な著書に，『日本の仏教思想』『道元の思想』『『正法眼蔵』入門』『さとりと日本人』などがある。

大谷栄一（おおたに　えいいち）

1968年生まれ。佛教大学社会学部教授。東洋大学大学院社会学研究科社会学専攻博士後期課程修了。博士（社会学）。専攻は，宗教社会学，近代仏教研究。主な著書に，『日蓮主義とはなんだったのか』『近代仏教というメディア』『近代仏教スタディーズ』（共編著）などがある。

本書は、二〇一八年に財団法人放送大学教育振興会より発行、ＮＨＫ出版より発売された『日本仏教を捉え直す』を改題し、修正・加筆して文庫化したものです。

末木文美士（すえき　ふみひこ）

1949年生まれ。東京大学名誉教授・国際日本文化研究センター名誉教授。東京大学大学院人文科学研究科博士課程単位取得退学。文学博士。専攻は，仏教学，日本思想史。主な著書に，『日本宗教史』『日本の思想をよむ』『日本思想史の射程』などがある。

講談社学術文庫

定価はカバーに表示してあります。

日本仏教再入門《にほんぶっきょうさいにゅうもん》

末木文美士《すえきふみひこ》　編著

2024年4月9日　第1刷発行
2024年6月24日　第2刷発行

発行者　森田浩章
発行所　株式会社講談社
東京都文京区音羽 2-12-21 〒112-8001
電話　編集（03）5395-3512
販売（03）5395-5817
業務（03）5395-3615

装　幀　蟹江征治
印　刷　株式会社広済堂ネクスト
製　本　株式会社国宝社
本文データ制作　講談社デジタル製作

ISBN978-4-06-529958-6

「講談社学術文庫」の刊行に当たって

これは、学術をポケットに入れることをモットーとして生まれた文庫である。学術は少年の心を養い、成年の心を満たす。その学術がポケットにはいる形で、万人のものになることは、生涯教育をうたう現代の理想である。

こうした考え方は、学術を巨大な城のように見る世間の常識に反するかもしれない。また、一部の人たちからは、学術の権威をおとすものと非難されるかもしれない。しかし、それはいずれも学術の新しい在り方を解しないものといわざるをえない。

学術は、まず魔術への挑戦から始まった。やがて、いわゆる常識をつぎつぎに改めていった。学術の権威は、幾百年、幾千年にわたる、苦しい戦いの成果である。こうしてきずきあげられた城が、一見して近づきがたいものにうつるのは、そのためである。しかし、学術の権威を、その形の上だけで判断してはならない。その生成のあとをかえりみれば、その根は常に人々の生活の中にあった。学術が大きな力たりうるのはそのためであって、生活をはなれた学術は、どこにもない。

開かれた社会といわれる現代にとって、これはまったく自明である。生活と学術との間に、もし距離があるとすれば、何をおいてもこれを埋めねばならない。もしこの距離が形の上の迷信からきているとすれば、その迷信をうち破らねばならぬ。

学術文庫は、内外の迷信を打破し、学術のために新しい天地をひらく意図をもって生まれた。文庫という小さい形と、学術という壮大な城とが、完全に両立するためには、なおいくらかの時を必要とするであろう。しかし、学術をポケットにした社会が、人間の生活にとってより豊かな社会であることは、たしかである。そうした社会の実現のために、文庫の世界に新しいジャンルを加えることができれば幸いである。

一九七六年六月

野間省一

宗教

仏陀の観《み》たもの
鎌田茂雄著

仏教は一体どんな宗教であり、どういう教えを説いてきたのだろうか。本書は難解な仏教の世界をその基本構造から説き起こし、仏教の今日的な存在意義を明らかにする。只今を生きる人のための仏教入門書。

174

日本霊異記《りょういき》（上）（中）（下）
中田祝夫《のりお》全訳注

日本霊異記は、南都薬師寺僧景戒の著で、日本最初の仏教説話集。雄略天皇（五世紀）から奈良末期までの説話百二十篇ほどを収めて延暦六年（七八七）に成立。奇怪譚・霊異譚に満ちている。（全三巻）

335〜337

釈尊のさとり
増谷文雄《ますたにふみお》著

長年に亘って釈尊の本当の姿を求めつづけた著者は、ついに釈尊の菩提樹下の大覚成就、すなわち「さとり」こそ直観であったという結論を導き出した。釈尊の真実の姿を説き明かした仏教入門の白眉の書。

344

禅とはなにか
鎌田茂雄著

禅に関心をよせる人は多い。だが、禅を理解することは難しい。本書は、著者自らの禅修行の体験を踏まえ、禅の思想や禅者の生き方、また禅を現代にどう生かすか等々、禅の全てについて分りやすく説く。

409

空海の思想について
梅原　猛著（解説・宮坂宥勝）

「大師は空海にとられ」といわれるように、宗派を越え、一般庶民大衆に尊崇されてきた空海であったが、その思想は難解さの故に敬遠されてきた。本書はその空海の思想に真向から肉薄した意欲作である。

460

ギリシャ正教
高橋保行著

今なおキリスト教本来の伝統を保持しているギリシャ正教。その全貌が初めて明らかにされるとともに、キリスト教は西洋のものとする通念を排し、西洋のキリスト教とその文化の源泉をも問い直す注目の書。

500

宗教

キリスト教問答
内村鑑三著（解説・山本七平）
近代日本を代表するキリスト教思想家内村鑑三が、信仰と人生を語る名著。「来世は有るや無きや」などキリスト教の八つの基本問題に対して、はぎれよく簡明に答えるとともに、人生の指針を与えてくれる。
531

法句経講義《ほっくきょう》
友松圓諦著（解説・奈良康明）
原始仏教のみずみずしい感性を再興し、昭和の仏教改革運動の起点となった書。法句経の名を天下に知らしめるとともに、仏教の真の姿を提示した。混迷を深める現代日本の精神文化に力強い指針を与える書。
533

歎異抄講話《たんにしょう》
暁烏《あけがらす》 敏《はや》著（解説・松永伍一）
本書は、明治期まで秘義書とされた『歎異抄』をはじめて公衆に説き示し、その真価を広く一般に知らしめた画期的な書である。文章の解釈、さらに種々の角度からの解説により、『歎異抄』の真髄に迫る。
547

仏教聖典
友松圓諦著（解説・友松諦道）
釈尊の求道と布教の姿を、最古の仏典を素材にして格調高い文章で再現した仏教聖典の決定版。全日本仏教会の推薦を受け、広く各宗派にわたって支持され、全国にあまねくゆきわたった、人生の伴侶となる書。
550

八宗綱要《はっしゅうこうよう》 仏教を真によく知るための本
凝然大徳《ぎょうねんだいとく》著／鎌田茂雄全訳注
仏教の教理の基本構造を簡潔に説き明かした名著。凝然大徳の『八宗綱要』は今日なお仏教概論として最高のものといわれている。その原文に忠実に全注釈を加えた本書は、まさに初学者必携の書といえる。
555

沢木興道聞き書き《さわきこうどう》 ある禅者の生涯
酒井得元《とくげん》著（解説・鎌田茂雄）
沢木興道老師の言葉には寸毫の虚飾もごまかしもない。ここには老師の清らかに、真実に、徹底して生きぬいた一人の禅者の珠玉の言葉がちりばめられている。近代における不世出の禅者、沢木老師の伝記。
639

法句経《ほっくきょう》
友松圓諦著（解説・奈良康明）

法句経は、お経の中の「論語」に例えられる釈尊の人生訓をしるしたお経。宗教革新の意気に燃え、人間平等の人格主義を貫く青年釈尊のラジカルな思想を、四百二十三の詩句に謳いあげた真理の詞華集である。

679

神の慰めの書
M・エックハルト著／相原信作訳（解説・上田閑照）

「脱却して自由」「我が苦悩こそ神なれ、神こそ我が苦悩なれ」と好んで語る中世ドイツの神秘思想家エックハルトが、己れの信ずるところを余すところなく説いた不朽の名著。格調高い名訳で、神の本質に迫る。

690

禅と日本文化
柳田聖山《せいざん》著

禅とは何か。禅が日本人の心と文化に及ぼした影響、またその今日的課題とは何か。これら禅の基本的テーゼが明快に説かれるとともに、禅からの問いかけとして〈現代〉への根本的な問題が提起されている。

707

参禅入門
大森曹玄《そうげん》著（解説・寺山旦中）

禅を学ぶには理論や思想も必要であるが、実践的には直接正師につくことが第一である。本書は「わが修道の記録」と自任する著者が、みずからの体験に照らして整然と体系化した文字禅の代表的な指南書。

717

般若心《はんにゃしん》 経講話《ぎょう》
鎌田茂雄著

数多くのお経の中で『般若心経』ほど人々に親しまれているものはない。わずか二六二文字の中に、無限の真理と哲学が溢れているからである。本書は字句の解釈に捉われることなく、そのこころを明らかにした。

756

正 法眼蔵随聞記講話《しょうぼうげんぞうずいもんき》
鎌田茂雄著

学道する人は如何にあるべきか、またその修行法や心構えについて生活の実際に即しながら弟子の懐奘に気骨をこめて語った道元禅師。その言葉を分かりやすく説きながら人間道元の姿を浮彫りにする。

785

宗教

鎌田茂雄著
華厳《けごん》の思想
限りあるもの、小さなものの中に、無限なるもの、大いなるものを見ようとする華厳の教えは、日本の茶道や華道の中にも生きている。日本人の心に生き続ける華厳思想を分り易く説いた仏教の基本と玄理。

827

井筒《いづつ》俊彦《としひこ》著（解説・牧野信也）
マホメット
沙漠を渡る風の声、澄んだ夜空に縺れて光る星々。世に無道時代と呼ばれるイスラーム誕生前夜のアラビアの美しい風土と人間から説き起し、沙漠の宗教の誕生を描く。世界的に令名高い碩学による名著中の名著。

877

石田瑞麿《みずまろ》著
教行信証《きょうぎょうしんしょう》入門
浄土の真実の心を考えるとき、如来の恵みである浄土に生まれる姿には、真実の教えと行と信とさとりがあるという。浄土真宗の根本をなす親鸞の「教行信証」を諄々と説きながらその思想にせまる格好の入門書。

902

鎌田茂雄著
維摩経《ゆいまぎょう》講話
維摩経は、大乗仏教の根本原理、すなわち煩悩即《ぼんのうそく》菩提《ぼだい》を最もあざやかにとらえているといわれる。在家の信者の維摩居士が主役となって、出家者の菩薩や声聞を相手に、生活に即した教えを活殺自在に説き明かした。

919

鏡島元隆《かがみしまげんりゅう》著
道元禅師語録《どうげんぜんじごろく》
仏法の精髄を伝えて比類ない道元禅師の語録。道元の思想と信仰は、「正法眼蔵」と双璧をなす「永平広録」に最も鮮明かつ凝縮した形で伝えられている。思慮を傾けた高度な道元の言葉を平易な現代語訳で解説。

944

道元著／中村璋八他訳
典座教訓《てんぞきょうくん》・赴粥飯法《ふしゅくはんぽう》
典座とは、禅の修行道場における食事を司る役をいい、赴粥飯法とは、僧堂に赴いて食事を頂く作法をいう。両者の基本にあるものこそ真実の仏道修行そのものと説く。食の仏法の平等一如を唱えた道元の食の基本。

980

宗教

鎌田茂雄著
観音《かんのん》経《きよう》講話
宇宙の根本原理を説く観音経のこころ。時代と地域を超えて信仰されてきた観世音菩薩。そして最も広く読誦されてきた観音経。道元や明恵などの仮名法語を引用しつつ、観音経典の真髄を平易に解説した好著。

1000

鎌田茂雄著
法華経《ほけきよう》を読む
諸経の王たる「法華経」の根本思想を説く。文学的にも思想的にも古今独歩といわれる法華経。わずか七巻二十八品の経典の教えを、日蓮は「心の財第一なり」といった。混迷した現代を生きる人々にこそ必読書。

1112

荒井 献《ささぐ》著
トマスによる福音書《ふくいんしよ》
キリスト教史上、最古・最大の異端グノーシス派によってつくられたトマス福音書。同書は資料的に正典福音書と匹敵する一方、同派ならではの独自なイエス像を示す。第一人者による異端の福音書の翻訳と解説。

1149

宮家《みやけ》 準《ひとし》著
日本の民俗宗教
従来、個々に解明されてきた民間伝承を宗教学の視点から捉えるため、日本人の原風景、儀礼、物語、図像等を考察。民俗宗教の世界観を総合的に把握し、日本の民間伝承を体系的に捉えた待望の民俗宗教論。

1152

小田垣雅也著
キリスト教の歴史
イエス誕生から現代に至るキリスト教通史。旧約聖書を生んだユダヤの歴史から説き起こし、イエスと使徒たちによる布教やその後の教義の論争や改革運動を、世界史の中で解説した。キリスト教入門に最適の書。

1178

山田 晶著（解説・飯沼二郎）
アウグスティヌス講話
アウグスティヌスの名著『告白』を綿密に分析し「青年期は放蕩者」とした通説を否定。また「創造と悪」の章では道元との共通点を指摘するなど著者独自の解釈が光る。第一人者が説く教父アウグスティヌスの実像。

1186

宗教

道教の神々
窪 徳忠著

道教の神々の素顔に迫る興味尽きない研究書。日本の習俗や信仰に多大の影響を及ぼした道教。鍾馗や竃の神など、中国唯一の固有宗教といわれる道教の神々を紹介。道教研究に新局面を拓いた著者の代表作。

1239

宗教学入門
脇本平也著（解説・山折哲雄）

人間生活に必要な宗教の機能と役割を説く。宗教学とは何か。信仰や伝道とは無縁の立場から世界の多宗教を客観的に比較考察。宗教を人間の生活現象の一つとして捉え、その基本知識を詳述した待望の入門書。

1294

玄奘三蔵《げんじょうさんぞう》　西域・インド紀行
慧立《えりゅう》・彦悰《げんそう》著／長澤和俊訳

天竺の仏法を求めた名僧玄奘の不屈の生涯。七世紀、大唐の時代に中央アジアの砂漠や天に至る山巓を越えて聖地インドを目ざした求法の旅。更に経典翻訳の大事業に生涯をかけた玄奘三蔵の最も信頼すべき伝記。

1334

仏陀のいいたかったこと
田上太秀《たがみたいしゅう》著（解説・湯田　豊）

釈尊の言動のうちに問い直す仏教思想の原点。霊魂の否定、宗教儀礼の排除、肉食肯定等々、釈尊の教えは日本仏教と異なるところが多い。釈尊は何を教えどこへ導こうとしたのか。仏教の始祖の本音を探る好著。

1422

夢中問答集
夢窓国師《むそうこくし》著／川瀬一馬校注・現代語訳

仏教の本質と禅の在り方を平易に説く法話集。悟達明眼の夢窓が在俗の武家政治家、足利直義の問いに懇切丁寧に答える。大乗の慈悲、坐禅と学問などについて、欲心を捨てることの大切さと仏道の要諦を指し示す。

1441

歎異抄
梅原　猛全訳注（解説・杉浦弘通）

大文字版

流麗な文章に秘められた生命への深い思想性。悪人正機、他力本願を説く親鸞の教えの本質とは何か。親鸞の苦悩と信仰の極みを弟子の唯円が書き綴った聖典を、詳細な語釈、現代語訳、丁寧な解説を付し読みとく。

1444

《講談社学術文庫　既刊より》